许毅（1917–2010）

许毅财经学术思想研究

中国财政科学研究院研究小组 著

中国财经出版传媒集团
中国财政经济出版社

图书在版编目（CIP）数据

许毅财经学术思想研究/中国财政科学研究院研究小组著．—北京：中国财政经济出版社，2017.10

ISBN 978－7－5095－7779－0

Ⅰ.①许… Ⅱ.①中… Ⅲ.①经济学－文集 Ⅳ.①F0－53

中国版本图书馆 CIP 数据核字（2017）第 246699 号

责任编辑：杨 骁　　　　版式设计：齐 杰

封面设计：陈宇琰

中国财政经济出版社 出版

URL：http：//www.cfeph.cn

E－mail：cfeph @ cfeph.cn

社址：北京市海淀区阜成路甲 28 号 邮政编码：100142

营销中心电话：88190406 北京财经书店电话：64033436 84041336

北京京华虎彩印刷有限公司印刷 各地新华书店经销

787×1092 毫米 16 开 17 印张 210 000 字

2017 年 10 月第 1 版 2017 年 10 月北京第 1 次印刷

定价：58.00 元

ISBN 978－7－5095－7779－0

（图书出现印装问题，本社负责调换）

本社质量投诉电话：010－88190744

打击盗版举报热线：010－88190414 QQ：447268889

中国财政科学研究院研究小组成员

组　　长：刘尚希

副 组 长：王朝才　余爱水

小组成员：陈冬红　吴方伟　陈少强　柳　文

　　　　　申学锋　黄瑞新　杨良初

序言

许毅先生是我国财政经济界的旗帜性人物，尤其是他所主张的国家分配论一度成为我国的主流财政理论，也是中国财政科学研究院（原财政部财政科学研究所）学科建设和研究生教育的主要奠基人。作为国家研究力量的重要领军人物，他在财科院的发展历程中所做出的贡献是基础性的、支撑性的，铸就了财科院作为国家高端智库的辉煌历史，并共镶于国家改革开放的巨大成就之中。

许毅财经学术思想具有鲜明的马克思主义风格和浓郁的中国气派，是马克思主义政治经济学中国化、时代化的重要代表。我个人认为，许毅先生的治学风格、研究态度、学术思想及教育理念等等方面，都值得我们学习、继承，并发扬光大。

一以贯之的治学风格。许毅先生是从革命战争中走出来的党员学者，出生入死，奋斗不止，无论是在革命战争时期，还是社会主义建设和改革开放时期，一直是坚定的马克思主义者，始终胸怀国家复兴梦想和共产主义理想。正是这种崇高理想信念的支持，他不辱使命、敢于担当、勇往直前，有一股永远也使不完的干劲，始终保持着对真理的执著追求和高度激情。许毅先生始终坚持马列主义的立场、观点和方法，其学术研究不随波逐流，不见风使舵，有坚强的政治定力和学术定力。

实事求是的研究态度。许毅先生一贯强调，无论是政策的制定实施，还是实地的调查研究，都要贯穿辩证法的思维，本着实事求是的态度，结合中国发展阶段的具体实际，创造性地分析研究问题。许毅先生反复告诫我们，无论什么时候，我们都要始终坚持马克思主义的立场、观点、方法，而对于马克思主义原理结合实际的具体运用，则需要根据时间、地点和条件的不同和变化，进行必要的调整，要摒弃教条主义。所谓要从时间、地点、条件出发，最基本的一条，是必须要从我国当前仍处于社会主义初级阶段这个最大的现实出发，否则，无论是理论研究还是政策制定，都会脱离实际，出现偏差。许毅先生根据马克思主义的生产力和生产关系的原理，认为中国社会主义的实践及中国社会的改革变迁，源于适应中国生产力发展的客观需要，源于生产关系与上层建筑反映生产力发展要求而引发的必然调整与改革，这种调整与改革不是凭空产生的，更不是在所谓西方经济理论及各种思潮引导下实现的，而是中国社会发展的必然反映和具体体现。不承认这一点，就不是实事求是的态度，就不是唯物辩证法。可以说，许毅先生就是一个活学活用的马克思主义者。

前瞻性的财经学术思想。许毅先生的许多财经学术思想至今仍有现实意义，体现出他研究的前瞻性和历史价值。许毅先生主张利用资本本身来消灭资本，社会主义市场经济要利用资本来改造小生产，发挥市场在资源配置中的基础性作用，但也要注意到资本有其缺陷，要发挥好政府的作用。许毅先生在坚持国家分配论的基础上，提出了建立广义财政学的倡议，这种观点至今闪耀着思想的光芒。在所有制和产权关系问题上，许毅先生提出所有制关系与产权关系实际上是社会经济关系中，经济本质与经济运行的关系，前者属于生产关系范畴，后者是经济运行层次，是生产关系在实现过程中的延伸和具体化。离开所有制谈产权，就会使产权研究和界定失去前提，最终得出的只能是似是而非的结论；反之，如只停留于所有制层次的思考，忽视产权研究，就会失之抽象，使理论脱离现实，无法落地。在国有企业股份制改造问题上，许毅先生坚持公有制与利用产权工具相统一，既要保证公有制的主体地位，又要充分应用股份制这一有效的产权工具。在国防建设与经济建设关系问题上，他打破传统的思维定式，提出了军事与经济互动的新命题，倡导建立国防财政委员会，强化国防财政理论战略问题的研究；发展国防科技、国防工业，并适度开放，允许民营企业进入该领域，为国防科技发展注入活力，把科技强军的命题上升到国家战略的高度，开创了财政经济和国防建设理论研究的新领域。许毅先生作为综合平衡思想坚定的研究者和实践者，将这一理论置于政治经济学的高度加以阐述，他认为，综合平衡的实质是一个要素合理分配问题，研究综合平衡，最重要的是结构问题或比例关系。现在看来，上述思想观点无疑是正确的，对于当下财政乃至经济社会发展仍具有很强的现实意义和理论价值。

深邃的财经教育理念。许毅先生不仅是我国著名的经济学家、财政理论大家，也是一名财经领域的教育家。1978 年，财政部财政科学研究所成立了国家部委机关的第一个研究生部，同年招收第一批财政与会计专业硕士研究生，1982 年招收第一批财政与会计专业博士研究生。许毅先生强调，高端财经人才的培养必须坚持理论与实践相结合，要发挥财科所擅长财政政策研究和贴近财政实践的优势，突出理论联系实践的特点，要坚持用马克思主义经济学理论引领学科建设，要注重调查研究。在许毅先生的教育理念指导下，当时的财科所研究生教育接地气、有高度，培养出来的学生有很强的现实感、责任感，在各行各业很快成为岗位骨干，成为栋梁之才，其中不少成长为国家部委的领导干部，成为我国改革开放潮头的弄潮儿。现在的财科院研究生教育依然继承了这个优良传统，并发扬光大，不断提高研究生教育质量，培育符合时代需求的高端财经人才。

2017年是许毅先生诞辰百年，我院组织骨干力量研究整理许毅财经学术思想，这既是对许毅先生的纪念，也是对财科院优良传统的弘扬。我们希望，摆在读者面前的这本书，在缅怀和纪念许毅先生的同时，也能激励全国财政科研者秉承家国情怀、坚持真理、实事求是、勇于创新，为我国财政科研事业的发展、国家的进步和人民福祉的改善做出更大的贡献。

是为序。

刘尚希

2017年9月27日于新知大厦

目录

第一章

许毅财经思想概述

思想就是力量。一个有思想的人，才是一个力量无边的人。许毅之所以被公认为坚定的马克思主义者、著名经济学家、历史学家、财政学家，就是缘于他丰富深邃的思想。许毅财经思想，是信仰马克思主义、植根于中国社会主义深厚实践的一代经济学者的代表性成果之一，形成了较为完整的体系，具有重要的理论和实践价值。许毅财经思想立足于马克思主义基本原理和立场观点方法，深刻展现了他对真理的执着追求、坚定崇高的理想信念和鲜明的人民导向、实践导向、问题导向、时代导向、规律导向、科学导向。许毅财经思想，是在长期革命斗争、社会主义建设和改革开放伟大实践中逐步形成的，在马克思主义理论与实际相结合中不断丰富发展完善和与时俱进，并始终保持着创新性、前瞻性。当前，面对我国由大变强、实现中华民族伟大复兴的新任务、新机遇、新挑战，面对21世纪全球经济社会发展的新问题、新特点、新趋向，全面系统梳理概括许毅财经思想显得尤为必要和重要。在许毅诞辰百年之际，将其财经思想整体的呈现出来，是对这位已故思想大师、理论大家的最好纪念，希望能给后人以启迪。

一、许毅财经思想的来源

许毅财经思想内涵丰富，博大精深，自成体系，其中包括许毅经济思想、许毅财政思想、许毅财经史学思想、许毅财经教育思想、许毅财税改革创新思想、许毅民族地区发展思想、许毅破解“三农”问题思想、许毅军事经济思想、许毅财经发展战略思想等。这些思想的形成，主要源于其坚定的马克思主义信仰和共产主义理想信念、火热的革命激情、丰富的实践经验、坚持不懈的真理探索以及科学的思维方式。

（一）崇高的理想

革命理想高于天，是许毅思想境界的集中体现，也是他奋斗一生的动力源泉。1917 年 11 月，许毅出生在江苏省南通姜灶镇。由于家境贫困，他 13 岁就到当地海门大生第三棉纺厂当起了学徒工，逐步接触到《万有文库》《大众哲学》《生活周刊》等一些进步书刊，受到了新知识新思想的启蒙，对美好生活的渴望使他一直在寻找着进步的力量。“九一八”事变后，这位 16 岁的少年终于怀揣爱国救亡、对幸福生活与无产阶级革命事业的无限向往，投身到了中国共产党领导的革命队伍中，成为一名光荣的中国共产党党员。此后，长达几十年的革命生涯，沐浴了党的教育多年，使他更加清楚地认识到自己所追求的是为亿万劳苦大众翻身求解放的伟大事业，是共产党人为实现共产主义崇高理想而艰苦努力奋斗的伟大征程，理想信念更加坚定。回顾以往艰苦峥嵘的岁月，许毅感慨地说：“正是民族的危亡，才促使我去寻求一条救国之路。”他投身革命后，自告奋勇组织力量并勇敢担负起苏北敌占区救亡工作团联络部部长的使命，坚持到敌占区开展抗日救亡工作。作为当时新四军与国民党的联络员，他冒着生命危险在陈毅指挥的黄桥战役中屡立战功。1940年后，他在苏北又担任“联抗”政治部敌工科科长、联抗司令部大队教导员，负责党的组织建设和思想建设，不畏艰险，日夜征战在革命工作第一线。1941年为加强部队后勤保障工作，许毅被组织任命为“联抗”司令部粮秣管理处主任并兼任泰北办事处粮赋科长，从此，他就由统战工作、敌工工作和军事工作转入了革命财经工作，尤其1943年兼任江苏省紫石县财政局副局长和生产建设科科长之后，他与财政工作结下了不解之缘。1945年日本投降后，许毅又奉命到苏中行政公署财政厅任军粮特派员和苏皖地区一分区专员公署财经处担任粮库主任。烽火连天的革命斗争，使许毅积累了丰富的财经工作实践经验，铸造了他坚忍不拔、敢于并善于在复杂形势下开创新局面的领导风格。1946年，许毅负责的后勤保障工作为粟裕领导的苏中自卫战役取得七战七捷的辉煌胜利提供了坚实可靠的军需保障。淮海战役初，他担任华中支前司令部粮食局副局长兼任财粮部副部长，在1949年渡江战役期间，他又担任苏北粮食局局长兼苏北支前司令部财粮部副部长，曾组织一支近十万人的水路运粮大军支前。许毅一生出生入死、奋斗不止，无论是在革命战争时期还是社会主义建设和改革开放时期，都是坚定的马克思主义者，始终胸怀革命到底和为社会主义、共产主义奋斗终身的远大理想、坚定信仰。正是在这种崇高理想信念的支持下，他不辱使命、敢于担当、勇往直前，有着一股永远也使不完的力量。

（二）深厚的实践

与其他学者不同，许毅走的是一条从革命战士到学术泰斗的不平凡的光辉道路。1938 年，许毅为寻找救国真理投身革命，1941 年出生入死火线加入中国共产党，长期从事中共地下党组织以及革命根据地财经财务后勤保障等工作，是在火热的革命斗争实践中成长起来的革命战士，并以此而成就的著名经济学家、财经专家。建国初期，许毅参与了对敌对势力的第一次重大经济斗争，又一次指挥数十万水运大军，由苏北地区向上海和苏州突击运送粮棉，粉碎了敌对势力妄图从经济上搞垮共产党和新中国的阴谋。1950 年他被调任华东军政委员会财政部计划处长，开始从事城市经济工作，直至 1958 年任财政部基建财务司副司长、中国人民建设银行第二任行长等，一直在财经一线摸爬滚打。不同专业岗位上的实践和磨练使他更具广博的财经理论和丰富的实践经验，为后来长达半个多世纪的学术研究奠定了深厚的实践基础。1963 年许毅主动请求担负起财政部财政科学研究所所长的重任，从此开创了全国财政科学研究的新局面。1980 年中国财政学会正式成立，许毅任副会长兼秘书长后，协调推动了财政基础理论研究会、企业财务研究会、成本研究会、民族财政研究会、外国财政研究会、中国税务学会、中国投资学会等各种专业性学会和研究会的相继成立，并带动力促各省市建立了为各地政府经济决策服务的地方财政科研所，开创了繁荣财政学科研究的崭新局面，大家都亲切地称他为财政科研战线上的“总司令”。许毅是 1978 年国家恢复学位制后我国第一批研究员、硕士生导师和博士生导师，后又当选为国务院学位委员会经济学科评议组成员，是我国首批享受政府特殊津贴的专家。1981 年他又与杨纪琬等共同发起，创建了中国财务会计咨询公司。1983 年他继续推动成立了中华会计师事务所、中华标准账簿发行部、中南评估公司和中华会计师事务所群体，1995 年“中华群体”在全国已发展到 25 家，成为中国最大、人才最多、水平最高、信誉最好的中介机构，许毅被推举为理事长，是名副其实的中国财务会计咨询事业的开拓者。

特殊的经历造就了许毅特殊的品格，成就了他思想理论不竭的动力和源泉。

（三）执着的探索

在学术理论上，许毅坚持深入思考，决不盲从。特别是，他始终坚持以问题为导向，始终抓住现实重大问题不放，得出重大判断、重大结论。例如，许毅在对社会主义市场经济条件下政治经济学的研究探索中，面对经济全球化进程不断加深的世界形势，他敏锐地提出了社会主义建设的目的与人类社会化发展的关系问题，以及社会主义社会转型期应把握的原则问题和立场问题。他认为，商品生产本身是社会化的，从根本上说，商品交换、商品经济、市场经济乃至全球经济反映的都不是简单的公与私的问题，而是社会化的程度问题，它们体现了生产社会化程度由小到大的发展过程，社会化的程度越高，标志着生产力的发展水平越高。社会主义制度的先进性正体现在社会化程度深度和广度的不断拓展上，而且这不仅仅是一个国家内部的问题，需要从全球角度来观察和比较。他认为，社会主义国家实现了以生产资料公有制为基础，实现了工人阶级的领导，实现了以社会化大生产为基础，并且应当在发展过程中不断引导生产向着更高的社会化程度发展。但是，在社会主义初级阶段的中国，生产力的发展水平在全社会范围内远远没有达到发达的水平，生产社会化总体程度仍然很低，小生产在数量上仍占多数，虽然实现了商品的社会化生产，但也只是低层次的社会化、小商品的社会化，这一切与发展社会主义的要求还有一定差距。因此，他依据马列主义原理提出，社会主义发展的过程也就是生产不断社会化的过程，没有大生产为基础，没有生产的革命化进步，小商品的社会化发展走不远。共产主义的发展目标是实现全人类的解放，从而消灭剥削，消灭三大差别，消除两极分化，实现“三个大大”（生产的大大发展，劳动产品的大大涌现，人民群众文化水平的大大提高），而这一切必须建立在资本、组织、生产、流通、服务等都全面实现社会化的基础之上。我国现在的经济发展水平距离这个要求还相距甚远，要实现社会化的任务只能一步一步地发展，不可能一蹴而就。因此，只有在社会经济发展的过程中，不断对小生产进行革命性的改造，同时使生产关系随着生产力的发展变革而变革，初级阶段的社会主义才能获得健康协调、可持续的发展。又如，许毅研究发现，社会主义财政分配不是在某一特权阶级支配下为这一阶级狭隘利益服务的，而是为整个国民经济服务的。这个财政的本质与“公共财政”强调的政府为满足社会公共需要而提供公共产品的任务是不谋而合的，然而两者根本的区别在于对公共财政范围的界定上。社会主义财政发挥作用的范围绝不应该只局限于提供公共产品这个狭小的范围内，社会主义财政所讲的服务首先应当是“大服务”。所谓大服务，主要体现在方针、路线、政策、战略任务的制定和引导方面，表现为宏观意义上的服务，而不是拘泥于一时一事，这与全心全意为人民服务的思想是完全一致的。只有这样才能在市场经济中对资本加以充分运用，使其为建设服务，而不是做资本的奴隶。财政的大服务是为社会的总体服务，主要体现在调整产业结构、产品结构、区域经济结构、促进科技创新、不断提高经济效益、维护社会稳定和保障人民基本生活等方面，为了达到预期效果，在实施的过程中要严格遵循市场原则，强调三大经济规律的交互作用，达到以少量财政资金和相关政策引导社会资金流向的目的。当然，政府的服务最终也会体现到一个个建设项目上，特别是投入财政资金建设那些私人不愿做或无力做的项目。与战略任务相比，这里的每个建设项目都相对成为了小项目，然而它们却正是大服务的具体体现，是微观层面对宏观的体现。从中央政府与地方政府的关系来说，作为一个拥有960万平方公里广阔土地和十几亿人口的大国来说，东西南北地形气候不同，各个民族的特色不同，不可能有一个统一的政策适应所有的局面。因此必须建立分级负责制，也就是在全国一盘棋的统筹调节之下，明确其相应的事权和财权，不能把财政限制在狭小的预算管道内，各地方应当建立自己的预决算，不能是完全集中的高度统一，但又不同于国外的联邦制。如此等等，在许毅的革命和学术生涯中，这样的实例不胜枚举。他一生始终孜孜不倦，致力于理论与实践相结合的深入思考与探索，贡献卓著。事实表明，许毅不愧为理论与实践结合的典范、马克思主义中国化的重要推手。

（四）科学的思维

一是唯物辩证思维。许毅通过孜孜不倦地刻苦钻研，对马克思主义哲学思想和原理如痴如醉，理解把握入木三分。他不论对历史的解读、国际形势的判断、重大现实问题的分析和未来趋势的研判，还是基础理论的创建、发展，无不渗透着马克思辩证唯物主义的观点和方法，进而提出全面性、系统性、客观性、针对性很强的见解和结论，而不是拘泥于某个点或面而片面地看问题。例如，许毅财政思想所体现的辩证逻辑思维，从马克思社会再生产理论和六大扣除理论出发，结合我国社会主义建设初期的财政体制框架实际，研究和认识财政分配关系的本质，提出财政分配不是从属于一般分配范畴处于主导地位和环节的分配关系，而是还从属于生产关系上层建筑的范畴，但真正决定生产关系的决定因素当属生产力，生产关系再生产受生产力再生产规律制约，研究分配规律应先研究生产力再生产规律，研究利益分配关系，必须以调节生产关系适应生产力水平为出发点。用辩证的观点看问题，财政学研究的重点应从研究财政收支关系入手，进一步认识财政对积累与消费的关系的影响，以及财政对经济结构和社会结构的影响，研究分配结构与经济结构的内在联系。要把财政这一生产关系范畴的分配关系，上升到生产方式的高度认识，并提出如何制定和运用财政政策的理论依据。许毅还提出了广义财政学的思想，不断为我国经济建设发挥有效的理论指导作用。他不仅自觉坚持辩证地看待分析研究问题，还带领全体科研人员学马列，苦练唯物辩证法的基本功，每年大部分时间都在深入基层一线调研。例如，他带队先后大规模系统地对我国老工业基地设备更新、技术改造问题、国家与企业之间财务关系问题以及价格问题进行调查。1978 年财科所恢复建立后，他又带队对国民经济结构调整问题、经济体制改革问题、农村社队企业和农业生产经营问题做了较系统的调查研究，拿出了系列有价值的调查报告和建议。许毅还主张遵循辩证过程的分析，把握住事物的主要矛盾和解决矛盾的方法。例如，他在对社会主义财政同资本主义财政比较研究时，对西方国家赤字预算产生的原因、条件和结果的跟踪研究认为，社会主义市场经济条件下，在实施积极财政政策过程中，采用发行国债等手段，必然会产生一定赤字，对此应辩证地认识和把握。对因经常支出透支或用于军备竞赛和侵略的军事开支，即使是用于消费的，也是必须归还的一种财政透支，易引发通货膨胀。对不超过国民收入增长额而发生的财政赤字，只要用于扩大再生产就会促进经济发展。对解决有效需求不足和西部大开发等财政投资兴建的公路、铁路、机场等项目，属于生产性投资，能增收或促进经济发展而不易产生通货膨胀的认识，都展现了丰富的辩证逻辑思维和理论智慧。二是宏观战略思维。许毅研究视野开阔，立意高远，善于把握长远的和宏观的战略思维，着眼于国家核心利益、长远利益，有很强的预见性、前瞻性眼光。例如，许毅较早提出了军事与经济辩证关系的战略思想。早在 20 世纪 50 年代至 70 年代末，他就曾指出："面对敌人的侵略，如果不把较多精力放在抗击侵略上，那么市场稳定和经济建设都不可能实现。所以当时所谓'国防第一位'，就是说一切财经工作必须建立在抗美援朝战争的基础之上，一切物力、财力和人力都首先保证战争的胜利。换言之，只有消灭了战争，才能换来恢复经济与经济建设的环境，战争只是手段，和平与建设才是最终目的。""我们应认识到，在当今世界形势下，巩固和发展国防并不只是为了应对具体的外部威胁和战争，不能因为眼下我们不打仗就削弱国防，当前国家财政尤其要重点支持国防事业，因为从辩证法的角度看，国防力量越强，我们距离战争就越遥远，这是保障和平发展的重要基础。"对于当年抗美援朝、援越抗美的认识和见解，他高瞻远瞩，他指出："抗美援朝战争是年轻的中华人民共和国与美帝国主义的一次直接的军事较量，它打破了美帝国主义不可战胜的神话，维护了朝鲜民主主义人民共和国的利益，巩固和增强了新中国的独立、安全和国防力量，显示和提高了新中国的国威、军威和世界声望。"他主张中国在国际事务中永不称霸，又主张要依托强大国防力量在国际事务中积极发挥大国的作用，遏制单边主义、霸权主义、强权政治，力争有所作为。他分析认为，未来制约中国经济社会发展和引发军事威胁的，能源是个重要方面，中国现在的经济发展模式，决定中国未来将会在相当长时期内在能源上持续加大对外需求量；随着经济全球化的深入，中国在海外的利益将不断得到拓展；随着高科技的发展，对太空的研发也将会成为国际竞争的一个热点。所有这些，都需要国防力量的匹配，以保证中国在激烈的国际竞争中，争取主动，不断拓展战略空间。他主张，我们要早有预见，早做准备，早早行动，把目标放在长远发展上，而不能只顾眼前和局部等等。三是开拓创新思维。许毅接手全国财政科学研究工作后，就立即启动财政科研问题、社会主义经济建设规律性问题和国家财政基础理论的创新问题等开拓性的创新研究。

20世纪50年代，我国财政界沿袭当时苏联模式财政学主流学派“货币关系体系论”，理论上局限于从生产关系的角度认识财政问题，把财政看作社会产品和国民收入的价值分配，把分配与交换这两种不同的货币关系混同起来，对不同制度环境下财政职能作用不加区分，使财政变得无所不包、边界不清，实践中难以把握。面对此情形，许毅挺身而出，主动向财政部党组提出建议，当前对社会主义国家财政本质、财政职能等重大问题认识模糊，将不利于科学制定财政工作的指导方针政策，有必要召开专题讨论会探讨中国社会主义经济建设规律，研究国家财政的角色定位和运行规律的理论指导问题，被财政部领导采纳。从此，一场以许毅为旗手的财政理论创新拉开了序幕。1964年许毅牵头组织的首次全国财政理论讨论会在辽宁财经学院（现东北财经大学）如期召开。研究、教学和实际部门三方联手，开创共同研究探讨中国特色社会主义财政理论问题的先河，“国家分配论”在财政学界主流学派的地位得到确立，许毅《财政学》的公开出版成为新财政理论体系的重要标志。许毅对重大理论现实问题总有独到的见解，例如，在国防建设与经济建设关系问题上，他打破传统的思维定式，提出了军事与经济互动的新命题，倡导建立国防财政委员会，强化国防财政理论战略问题的研究；发展国防科技、国防工业，并适度开放，允许民营企业进入该领域，为国防科技发展注入活力，把科技强军的命题上升到国家战略的高度，开创了财政经济和国防建设理论研究的新领域。许毅主张，研究思考问题要从这个时期的国际国内形势、国情民情和社会发展现状出发，提出新思路、新举措才有价值有意义。例如，许毅很早就提出，从根本上我国是以公有制为主体、国有经济为主导、多种经济成分并存的社会主义社会，那种认为我国只能是单一公有制的观点是错误的，认为现阶段存在多种经济成分而经济结构是多元的观点也是不科学的，等等。许毅关于巩固和发展社会主义生产方式等一系列的政策主张，都被后来的实践所印证。

二、许毅财经思想的境界

许毅高度重视方法论的科学性。“变与不变”的执着是许毅一生科学运用马克思主义解决中国实际问题、构建中国特色社会主义理论始终坚持的治学理念和重要方法。在他看来，马克思主义的立场观点方法以后必须坚持，要始终坚持马克思主义不动摇，这是他坚持的“不变”；而运用马克思主义基本原理解决中国实际问题，应随着时间地点条件环境的不断发展变化而与时俱进，不能教条，要敢于创新，这是他坚持的“变”。“变与不变”是他发现并始终坚持着的研究问题的重要原则和方法。他本人的研究是一个随着时间和认识的发展而不断深入的过程，也已形成了“从历史和现实的实际出发总结理论，将理论应用于现实，再达到更高的理论高度”这样一个循环往复的良性动态过程。他一贯强调，无论是政策的制定实施，还是实地的调查研究，都要坚持运用“变与不变”的以马克思主义为指导的经典法则。

（一）实事求是

许毅认为，无论什么时候，我们都要始终坚持马克思主义的立场、观点、方法，而对于马克思主义结合实际地运用需要根据时间、地点和条件的不同和变化而进行必要的调整，也就是说，无论理论研究还是实际工作，都必须既坚持与马克思主义经典理论一脉相承，又要做到与时俱进。正是基于对中国国情的深刻认识和对马克思主义理论的深刻理解，许毅在诸多重大问题上保持着十分清醒的头脑，特别是在改革开放取得重大成就，中国特色的社会主义市场经济框架初步建立后，社会上产生诸多思潮和流派，片面理解中国的改革开放，甚至对中国特色社会主义内涵的理解产生模糊认识时，许毅坚持马克思主义理论与中国实践相结合，坚持中国特色社会主义理论指导，旗帜鲜明地反对机械僵化地照搬马克思主义，同时公开明确、旗帜鲜明地反对盲目照搬西方理论、鼓吹自由化的各种错误思潮。他对生产关系一定要适合生产力要求这一马克思主义基本原理和观点认识理解特别深刻，并由此认为，中国社会主义的实践及中国社会的改革变迁源于适应中国生产力发展的客观需要，源于生产关系与上层建筑反映生产力发展而引发的必然调整与改革，这种调整与改革不是凭空产生的，更不是在所谓西方经济理论及各种思潮引导下实现的，而是中国社会发展的必然反映和具体体现。不承认这一点就不是实事求是的态度，就不是马克思主义的态度。百余年，中国革命和社会实践中，每一个问题的最终解决无不是基于对中国国情的认识和实事求是的态度，要充分认识中国社会存在的具体问题，特别是生产力发展现状及生产力发展的需要是我们解决问题的关键所在。只有坚持这一点才能解决面临的问题，而坚持这一点也就意味着坚持马克思主义的立场、观点。因为马克思主义始终坚持在所有社会中生产关系一定要适合生产力的发展，这是一个基本规律。许毅高度重视方法论的科学性，他的研究工作是一个随时间和认识的发展而不断深入的过程，业已形成了从历史和现实的实际出发总结理论，将理论应用于现实，再达到更高的理论高度这样一个循环往复的良性过程。他强调，无论是政策的制定实施，还是实地的调查研究，都要本着实事求是的态度。一切研究都要从我国当前仍处于社会主义初级阶段这个现实出发，否则，无论是理论研究还是政策制定，都会脱离实际，出现偏差等等。可以说，这种实事求是的态度是真正领悟马克思主义和丰富中国特色社会主义理论的活的灵魂。

（二）问题导向

在治学理念和方式上，许毅秉持不唯书只唯实，坚持真理、敢于创新的态度和问题导向。尤其他长期在实际部门工作，不论担任华东军政委员会财政部、税务管理局、财政部工交司、基建财务司、中国人民建设银行等主要领导，还是在财税经济理论战线和研究部门担任要职，都能够坚持科学的研究方法和思想方法，坚持问题导向，客观地观察分析事物运动的规律，反对脱离实践的经院式研究，反对学究式的本本教条。著名国务院部门专家陆百甫曾称赞许毅："与有肝胆人共事，于无字句处读书。"许毅理论功底深厚，但他研究问题从不空对空。他一贯强调，无论是政策的制定实施，还是实地的调查研究，都要本着实事求是的态度，注意发现和抓住现实重大问题。长期以来，许毅本人的研究工作，形成了"从历史和现实的实际出发总结理论，将理论应用于现实，再达到更高的理论高度"的许式风格。与一般的学者不同，许毅学习书本但不迷信书本，从不信奉教条，而是敢于打破常规，从实际出发，坚持马克思主义，又与时俱进。许毅认为，一切研究都要从我国当前仍处于社会主义初级阶段这个现实出发，否则所作的理论研究和政策脱离实际，就会出现偏差。他强调，理论研究要为决策服务。作为对革命和建设有功的理论家和经济学家，许毅从事财政研究总是不忘深入基层，深入实际，倾听来自一线的问题建议。他不仅坚持自己这样做，还影响和带动部下和周围群体，全国各地到处都留下了他的身影和足迹。每年的各地调研和中央地方各种学术研讨座谈，几乎占去他三分之二的时间。由于掌握了大量第一手材料，许毅的调查报告和著作论文成果总是内容鲜活、材料丰富、分析透彻、言之有物，无不受到实际部门和理论界的广泛欢迎与社会各界的认可。

（三）坦荡率真

作为领导和大家，许毅具有高度的责任心事业心和使命感，坦荡诚恳、乐于助人，这是他一贯的许式风格。他谦逊热情，从不摆经济学家、机关首长的架子，善于深入实际，主动了解工作中遇到的问题，及时为同志排忧解难，不论谁有困难，他总是热心相助。他的坦荡率真，还表现在对完成任务贯彻始终的坚决性上。如对革命财经史料的抢救工作，难度大困难多，他没有知难而退，而是想尽办法克服困难知难而进，争取各方理解支持。许毅的思维是开放式的，他善于博采众长，吸收学习国外先进经验、取长补短。他曾讲，在当今经济全球化大背景下，任何国家都不可能闭关锁国地谋求发展。我们应积极与不同社会形态的国家加强经贸往来，这种往来应在保证本国根本利益不受损的前提下进行。改革开放的根本目的是发展和壮大我们的社会主义国家。他敢做敢为，敢想敢干，敢为天下先，例如，他打破传统思维争取多方支持，1979 年在财政部科研所研究生部率先招收西方会计硕士生，1983 年招收博士研究生，为我国经济建设培养了大批高级会计人才。作为革命者和学者，许毅具有高度的社会责任感、历史使命感和坚定的共产主义理想信念。他是十月革命的同龄人，党龄超过半个多世纪，在人生的各个阶段他无时无刻不把国家兴衰和民族兴亡放在心上。早在 1938 年他就与同学自发组织“战时抗日救亡宣传队”，宣传抗日救亡的道理；1963 年当我国财政科研人才紧缺时，他主动请求到财政科研岗位，专注于社会主义经济规律和财政运行规律的研究和培养财经人才；文革时期，他仍不顾一切坚持通读马克思《资本论》《剩余价值理论》，不停地思考人类社会如何进步发展问题，思想境界之高，更显本色。改革开放后，他的学术思想更加活跃，全身心地投入到新时期的财经理论研究中，孜孜不倦，笔耕不辍，我国财政学界从无到有、从弱到强的每一个发展过程和重要阶段无不饱含着许毅的心血。1978 年他组建的财政部科研所研究生部开启了培养我国高层次财经管理人才的先河，使大批专家学者成为我国首批研究员和硕士生导师。1981 年他作为全国第一批博士生导师被选入国务院学位委员会经济学科评议组成员。“得天下英才而教育之，一乐也。”许毅授业育人，为国家培养了大批高级财经骨干人才和领军人物，桃李满天下。他亲自带出的学生遍布全国各地，成为各条财经战线的中坚骨干。1981 年访美后，许毅在国内组织了一系列西方会计、税法讲习班，派送干部和研究人员到当时的八大会计公司实战岗位实习，为我国的财会制度和税收制度改革做了相应的人才准备。许毅用了近 16 年的时间，整理出版了清代以来的外债史，《从百年屈辱到民族复兴》四卷本大型系列丛书相继问世，实现了盛世修史。“以史为鉴，可以知兴替。”许毅通过对近代中国社会发展道路的探索，昭示了中国共产党怎样使中国摆脱“百年屈辱”，实现中华民族伟大复兴的光辉历程。“苟令国家生死已，岂因祸福避趋之。”许毅一切以国家和人民的利益为重的博大胸怀令人折服。有人这样评价许毅“为学者，他不拘泥，不教条，深入基层调查研究；为文者，他不八股，不浮夸，针砭时弊切中要害；为尊者，他不骄矜，不自大，提携后进不遗余力；为师者，他不追名，不逐利，诲人不倦循循善诱”。财政部老领导戎子和称赞他是“财经学界的先锋，理论战线的卫士”。

（四）人民至上

许毅一生德高望重，是思精研深的一代宗师，像一面旗帜，照亮一片天空，展示出一种大家风范和崇高境界，令人崇敬。许毅的崇高在于，他所有的研究和实践都是为劳动者大众服务的。他研究的近代史学巨著，是中国近代经济史中填补了空白的经典。恩格斯讲过："资产阶级把一切都变成商品，对历史学也是如此。资产阶级的本性，它生存的条件，就是要伪造一切商品，因而也要伪造历史。伪造得最符合于资产阶级利益的历史著作，所获得的报酬也最多。"（见《爱尔兰史》）资产阶级立场与广大劳动人民的根本利益是对立的，因此，阶级性和科学性必然走向反面。许毅的研究紧密贴近实际，植根人民，始终站在人民立场，时刻把人民群众的利益挂在心上，因而，达到了阶级性和科学性的统一。

尤为可贵的是，许毅对人民利益的维护，不是简单地停留在一般的直观的利益上，而是从世界发展规律、发展理论的高度和深度上，成为人民利益的代言人。他坚持把马克思主义同中国的实际结合起来，运用马克思主义原理分析问题、解决问题的理论著作，是不可替代的经典文献。在这些文献中，许毅运用马克思主义基本原理对生产力与生产关系、经济基础与上层建筑的辩证关系进行了一系列深刻透彻的分析阐述，其中始终贯穿着人民导向、人民立场，为后人树立了光辉的典范。

例如，针对当时苏联教科书的观点，许毅运用毛泽东"'每一个'国家都'具有自己特别的具体的社会主义建设的形式和方法'，这个提法好。"的观点，经过深入实际的调查研究提出，由计划经济向市场经济的转变，是在坚持社会主义方向前提下的变革，目的是通过改造不适应时代形势的经济体制来使我国的国民经济获得新的生机，并采取一切积极手段学习世界先进国家的发展经验和市场经济建设经验。他特别强调，必须牢记一个根本原则，那就是不同的社会制度之间可以往来，但是这种往来只是在工商业和经贸往来的具体操作方式上的接轨，我们的改革开放也是在保证自身根本利益不受损害的前提下与国际通行的经贸“游戏规则”的接轨，这属于方法的转变，属于制度层面的接轨，而不是方向的转变，在坚持社会主义制度这个根本问题上是不允许有任何动摇的。他认为，马克思主义政治经济学中的再生产理论明确了财政在社会再生产中的地位：财政作为再生产过程中的中介环节，与交换一起为生产环节的发展服务，最终为消费服务。国家的战略方针、政策归根结底还是要落到人民群众的实际需要上来。这里的消费不仅指眼前的消费，还瞄准2050年我国基本达到现代化后的消费。在全球化日益深化的今天，为赢得国际竞争的有利条件，必须把消费的目光从国内转向全世界，转化为我国产业政策和产品结构调整的内在动力。财政调节宏观经济的目标也应与这一消费目标一致，使财政的理论研究和实际工作都能充分体现“最广大人民群众的根本利益”的思想。许毅认为，在实践中国家通过财政对社会总产品的直接或间接的分配，达到调节社会各阶层分配关系的目的，灵活运用财政和货币政策，影响和调节生产力结构，实现促进社会再生产顺利进行的目标。因此，除了简单地对预算收入再分配和提供公共产品这些表层的功能外，财政政策更深层次、更根本的功能是通过分配和再分配来制导生产、交换和消费，从而使社会再生产得以顺利、高效地进行，使市场配置资源的作用得以顺畅发挥。财政作为国家制导经济的手段，最终的目的是使生产力与生产关系结构、产业结构、产品结构、技术结构、社会经济组织结构等不断发展完善，从而体现社会主义的本质特征。

（五）立足长远

许毅认为，研究问题、创新理论要有战略眼光，不仅着眼当前更要立足长远，不仅管用还要经得起历史和实践的检验。因此，许毅财经思想的影响至深，十分受用，表现也是多方面的：一是对国家战略决策和政策制定的影响深刻。许毅长期身处政治经济领域和理论政策研究核心层，可以说我国许多财经政策的出台都与他深思熟虑和悉心研究有关，他本身也曾是决策者。同时，他又是来自于实践一线，直接感受政策效果和导向的亲历者和见证人，这为他对国家发展战略和政策制定与决策影响提供了可能。事实上，许毅财经思想对国家战略和政策的制定及决策的影响表现在多方面：对大政方针的形成的影响，对政策具体到各领域实现的深度的影响，对调整和完善各项政策的影响，以及发挥着不可替代的重要的财经思想库的作用等。有些影响和作用是无形的、看不见的，它渗透在国家行为方式的各个方面，有些影响又是有形的、看得见的，国家建设的各个方面的丰硕成果和辉煌成就随处可见，有目共睹。例如，他针对建国初期的 1953 年我国以统一税赋和简化稽征为主要内容的税制改革，在执行过程中引起了物价的波动，工商业人士反映较为强烈的问题，结合自身工作实际对税制改革后的商品流转税的稽征过程进行了追踪调查研究，发现属于连续加工的工业产品在实现深加工过程中有被重复征税的问题、流通过程的第三道批发商存在着批零划分不清的问题，以及税收与物价相互制约的关系和国民经济活动中各经济主体的复杂矛盾性问题，提出了修正税制问题的调查和实施的政策建议。尤其许毅在财政部经济建设财务司、工交司担任要职期间，掌管国民经济最重要的物质生产部门的财务管理时，更加意识到按照经济规律办事的重要性，制定出台了符合当时我国国情的一系列政策主张等，不胜枚举。二是对中国特色社会主义财经理论创建的影响深入。例如，他是国家分配论的发现者、坚持者、捍卫者和发展者，为国家分配论的形成、发展和完善做出了重要贡献。在众多对财政实践的认识中，他做到了去粗取精、去伪存真，创建了管用并能够正确指导、实践证明正在正确指导并取得明显成就的财经理论，被公认为我国财政理论的主要奠基人和拓荒者。作为新中国财经事业的实践者和著名的经济学家，他是中国特色社会主义财政理论的主要开创者。尤其当年根据地财经工作的经历，为他后来的财经思想和理论体系的形成奠定了深厚基础。建国初期，面对百废待兴、清匪反霸、抗美援朝、军政开支很大、国民经济尚未恢复、财政十分困难的局面，他没有退缩，在加强对财政收入、重要物资、军政机构经费统一管理，把有限的财力集中起来有计划地使用，支持当时的“边稳、边建、边抗”等多方面需要的同时，开始积极探索创建符合当时国情的社会主义财经理论体系。例如，针对当时旧中国留下的财政学教科书西方经济学公共财政理论的内容明显脱离我国实际，从苏联引进的以货币关系论为基础的财政理论学说，又与当时“发展经济、保障供给”方针不吻合，迫切需要有社会主义财政新理论指导，他勇敢地担负起了探索新型社会主义经济建设规律、构建符合我国国情和建设需要的社会主义财政理论体系的历史使命，坚持以马克思主义为指导，与我国经济建设实践相结合，探讨研究社会主义财政经济基础理论。他创建的关于财政与经济辩证关系等一系列财经新理论和新成果深入浅出，使财经部门实际工作者更加清楚地认识到“财政政策的好坏固然足以影响经济，但是决定财政的却是经济。未有经济无基础而可以解决财政困难的，亦未有经济不发展而可以使财政充裕的。”改革开放后，他又紧密结合我国经济转型期的新问题，进一步提出了广义财政学的新理论新命题，继续对传统财政理论革新完善、拓展深化，始终走在时代前列。三是对培养财经界领军人物和高级专业人才功不可没。建国初期，我国面临财经人才十分匮乏的局面。1956 年毛泽东听取中央 20 个部委对经济工作的汇报后指示财政部等要尽快建立研究机构。不久，财政部财政科学研究所成立，但如何布局和开展财政研究则是个崭新的课题。当时在中国人民建设银行行长岗位上工作了五年的许毅，主动请缨到财政部财政科研所担纲，专门从事财政科学研究工作。他坦言："我从小爱读书，对做学问的兴趣一直比做官的兴趣大。中国社会主义建设的多次重大失误，我都亲身经历过。我痛感应该找一找经济建设的'理'，而从'大跃进'到庐山会议，再到三年经济调整时期，理论界对经济规律的痛苦认识过程，使我深深感到'知理'之难，知与行的统一之不易。"为此，他付出了毕生精力和心血，摸索出了一条艰难曲折的成功路，为国家培养出了大批有理论又有实践经验的财经栋梁之才，发挥了不可替代的重要作用。先是解决定位问题，选择优化培养模式和未来的发展方向。许毅上任后立即着手探索财政科研的规律、理清办所思路和指导思想，认清科研所和政策研究室的共性和差异。他认为，共性是同为领导部门的参谋机构，区别是：政研室为领导日常决策服务更直接，所选择课题具有紧迫性、不确定性和随机性；研究所则需要对实践中提出的理论问题作系统深入地思考研究，要把为中心工作服务和学科建设结合起来，所选择的课题更具战略性、前瞻性和相对稳定性。他还认为，业务部门的科研机构和大专院校的研究机构也有不同，学校的研究机构要解决的是在学科建设基础上，向学生系统传授知识并不断更新知识，业务部门的研究所对学科建设要紧紧围绕着为实践服务这个重心。因此，他既反对研究所搞经院式的研究而不重视与实践的结合，又反对单纯赶浪头而忽视静下来做系统研究或跟风而动、不能沉下来从事系统深入研究。由于指导思想和发展方向的正确，财政部科研所研究人员的科研热情很快被他激发出来了，从此不断创造辉煌，成为了中央财政决策部门和各地财经科研战线上的重镇。1964 年许毅以研究中国社会主义经济建设规律、国家财政在经济建设中的地位和作用为主题，在大连主持召开了首次全国财政理论讨论会，开启了当代中国财政科学理论研究的新纪元。许毅坚持认为"实践—理论—实践"的公式才是马克思主义认识发展规律的精髓。从此，为财经科研和财经高端教育人才培养奠定了正确方向和基础。60多年来，财政部财政科研所从无到有，从小到大，由弱到强，从无足轻重到不可或缺，从研究所发展到今天的中国财政科学研究院，不断壮大，培养出了大批奋斗在各行各业的财经杰出人才、领军人物，享誉海内外。

三、许毅财经思想的贡献

许毅是坚定的马克思主义者，是马克思主义中国化的重要参与者。

（一）马克思主义政治经济学理论创新研究及其贡献

建立社会主义基本经济制度方面的贡献。许毅认为，改革开放初期，商品经济在现阶段是不可逾越的。一是生产力发展不平衡和生产力水平低下，决定坚持和发展先进生产力代表的全民所有制的同时，允许个体经济和其他经济形式存在，这就决定了必须通过商品交换发展经济。二是在社会生产力没有大发展前，产品不可能极大丰富，劳动还存在差别，这就决定只能实行按劳分配，不能按需分配，并对收入分配深入研究。上述两点是决定商品经济客观存在的经济条件。

坚持巩固和发展社会主义生产方式的贡献。许毅认为，中国现阶段是公有制为主体、国有经济为主导、多种经济成分并存的社会主义社会，这是当前我国社会主义初级阶段最大的国情。那种认为只能是单一公有制的观点是错误的；那种因为现阶段存在多种经济成分，而认为社会经济结构是多元的观点，也是错误的。因为在一定历史阶段的社会经济结构只能是一种生产关系为主体，并有一定的上层建筑与之相适应，所以，是一元论。改革要改变越公越好的观念，对国有经济仍然存在的经营范围过宽问题继续进行调整的同时，还必须坚持以公有制为主体，国有经济为主导，以巩固和发展社会主义生产方式。

完善社会主义市场经济体制方面的贡献。许毅认为，关键是要搞好社会主义基本制度与市场经济的结合。他指出，在市场经济前面加上社会主义定语，是对社会主义经济基础生产资料公有制的主体地位和主导作用做了质的规定。公有制是生产力社会化的最高形式，是大生产的必然产物，发展商品经济，就有商品交换，就会形成市场；有市场就会形成市场机制，因而公有制不仅不与市场经济相矛盾，而且是有本质的内在联系的，其联结点在于处理好运用商品经济的共同规律、价值规律与社会主义基本经济规律的关系，把市场供求与资源配置置于社会主义国家的宏观调控之下。他主张建立现代企业制度，要从生产力要素重组入手，将公司制、法人治理结构、股份制、合同制等服务于巩固公有制，发挥公有制的主导地位作用，引导多种经济成分都能从小生产向社会化大生产转化。

社会主义如何利用资本方面的贡献。许毅认为，就资本的积极作用来说，它能促进小生产向大生产发展，从而推动生产力的发展，生产力提高了，劳动创造的价值也就增加了。社会主义社会发展的动力是人民生存条件的不断改善，资本只是服务于这个目的的手段，是改造小生产的工具。作为社会主义的经济基础，公有制必须在国民经济中居于主导地位，成为左右国计民生的关键力量。公有制经济要通过市场来实现对非公有制经济的引导，必须要有充足的资本，否定资本的作用实际上就是否定市场经济、否定公有制。如何把资本在社会主义社会的作用发挥到最大还有待深入探索研究。

政府与市场关系方面的贡献。改革开放初期，有人认为市场是万能的，政府应从市场经济和宏观调控中退出，许毅批驳了这种观点，他提出三点看法：一是要重视政府的作用。如果仅依靠市场，会出现大量的重复建设和盲目生产，这是由于市场经济中强调自发力量的盲目性。只有真正发挥政府这只“有形的手”的作用，才能对形势作出正确的判断，处理好政府与市场的关系。二是社会主义宏观调控的特殊性。国家干预属国家的宏观调控行为，是由这个国家社会性质决定的，资本主义国家干预是为资产阶级法权服务的，实现其保护资产阶级利益的职能；而我国作为社会主义国家，国家干预的目的是保护全体劳动人民的共同利益，宏观调控也要为此服务。三是发挥好政府的作用。通过宏观调控，调节生产力结构，促进社会再生产顺利进行；以国家为主体的宏观调控，目的是制导生产力的发展与生产关系的适应，实现有利于人民主体地位的最佳利益分配格局。

企业集团和企业联合方面的贡献。建立以公有制为主体的现代企业制度是社会主义市场经济体制的基础。许毅认为，现代企业制度包括公司制、法人制、股份制等，在资本主义国家早已有之。它是社会大生产的产物，随着生产力社会化的程度提高而产生的社会化大生产组织形式。公司制是资本主义生产社会化、生产集约化过程中产生的。他从卡特尔、辛迪加、托拉斯到康采恩等各种组织形式的升级过程进行了切中要害的辨析后，提出了我国以社会主义公有制企业为主体，应致力于在国家宏观调控下利用西方现代企业制度的企业集团组织形式，把各种经济成分吸引到由国有母公司控股的企业集团中来，使之成为利用股票筹资、集中社会资金、执行产业政策、优化资源配置、调节市场供求、稳定市场的制导力量，为中国特色社会主义市场经济理论提供了依据。

企业跨界联合问题研究方面的贡献。20 世纪 90 年代末，国外大的跨国公司大量涌入中国，占领国内市场，而国有企业面临大面积亏损，国有企业何处去？许毅敏锐地觉察到企业联合将是下一步国有企业改革的重要内容，率先组织财科所一批学者赴江苏、上海就国有大中型企业兼并、联合问题展开深入调研。撰写了《企业联合、兼并难在哪里?》《强强联合的困境与出路》等调查报告。不仅对当时已实现联合的企业的成功经验作了总结，如“申能”跨制联合，树立开发意识，企业起死回生；“英雄”兼并“钢琴”，狠抓质量，增扩售后服务，使名牌重放异彩；优势兼并劣势，开发名牌，拓展市场；依靠融资滚动发展。而且还找出了企业兼并、联合难的原因和症结，如部门分割是企业联合兼并难以成功的根本原因；人事权和生产资料所有权归地方和企业主管部门行使，是造成地区分割和部门分割、阻碍企业联合兼并的又一重要原因；小生产和极端个人主义思想是阻碍联合的最大思想障碍；生产技术装备水平和劳动生产力相差较大的企业联合存在不少生产条件与技术的障碍；宏观经济管理中存在的种种矛盾如社会保障、行政隶属关系等也不利于企业联合兼并的推进。同时还为中央决策提出了管用的政策建议：一是拆“庙”送“神”，改革企业集团的管理组织形式；二是取消中央企业与地方企业的划分，在税制上拆除联合兼并的障碍；三是制定正确的企业组织政策，指导企业联合兼并工作，促进企业联合兼并工作健康发展；四是健全社会保障制度，解除联合兼并企业的后顾之忧，扭转了被动局面。

（二）马克思主义财政理论思想体系创建研究及其贡献

许毅对财政理论研究的贡献在于：推动建立了马克思主义中国化的财政理论新成果。针对国家分配论主流学派的形成发展完善，提出了财政四论学说，即主体论、制导论、结构论和机制论，以及广义财政学的新命题。

许毅“四论一广”学说，包括四要素：所谓主体要素说，主要指财政分配的主体是国家。与西方国家不同，我国要通过以国家为主体的财政分配，通过财政政策、财政宏观调控手段，调整生产关系和生产力结构，使其与生产力相适应，促进社会再生产顺利进行。我国的经济基础是以公有制为主体，多种经济成分并存的，不同于其他生产方式的实现形式，是通过满足小生产走向大生产、小商品走向大市场的需要的，是社会主义初级阶段的根本要求，因此，必须以生产资料公有制为主体，通过国家为主导的分配，达到发展社会主义生产的目的。所谓制导要素说，主要指财政特有的双重职能，制导生产力的发展和生产关系的调整，而非简单地预算收入的再分配和公共产品的公共消费。财政的制导性，是通过提高财政的能见度和可控度，能动地反映与经济发展的辩证关系的规律有效制导经济的良性发展。所谓结构要素说，主要强调财政研究的对象要从社会再生产四个环节入手，通过各种有效措施影响其他三个环节，并通过促进社会再生产的良性互动，促进国民经济的持续健康发展。财政在促进生产力发展，调整生产关系过程中，不断促进生产力结构、生产关系结构、产业结构、产品结构、技术结构、组织结构等各方面更加优化，生产力不断趋于现代化，生产关系结构随着生产力结构的变化而不断发展变化，巩固生产资料公有制主体地位，消除两极分化，最终达到人民的共同富裕，实现两个一百年的奋斗目标。所谓机制要素说，主要聚焦财政政策的变化带来的各方利益关系的变化，配置最佳的利益分配格局。他认为，在社会再生产循环往复的过程中，财政作为分配环节的运行必将会直接或间接地影响到生产、交换、消费其他三个环节，要注重研究分配领域财政内在机理的关系，综合运用法律、行政、经济、教育等手段，处理好国家、集体（企业）、个人和各级政府间、区域间的财政分配关系，使财政分配内在的逻辑构成同各种利益关系更加匹配，形成一个较为科学合理的财政分配的能动系统等。许毅认为，随着改革开放的不断深入和市场经济体制的建立，许多新情况、新问题，需要用发展的观点来认识。因此，研究新时期社会主义财政学，必须讲究科学的理念方法，明确财政在社会再生产中的地位，国内外政治经济形势，国家职能与财政职能的关系，以及社会主义市场经济下财政理论与西方财政理论的根本区别。他主张要逐步完善国家分配论研究，树立正确的世界观、价值观和方法论，领会辩证唯物主义和历史唯物主义的基本观点和马克思主义国家学说，使中国特色社会主义财政学不仅成为经济学的一部分，更成为创立马克思主义政治经济学新体系的有机组成部分，为国家治理现代化更好发挥重要支柱作用奠定理论基础。

（三）马克思主义史学观指导的财经史学思想研究及其贡献

许毅对史学方面的研究，主要集中在革命根据地财经史的研究和清代外债史学的研究等领域，此前组织大规模对财经史学这些领域的研究几乎是个空白。许毅在财经史学研究方面的主要贡献在于：他用了长达数十年的时间，专注于根据地财政经济史文献的研究整理和出版、近代中国外债史资料的研究整理与出版等，留下的这些大部头的长卷被堪称为财经史学研究领域的经典。许毅的治史思想是坚持马克思主义辩证唯物史观、实事求是原则和忠实于第一手史料，给后人留下了不可多得的具有较高价值的财经史学巨著经典，开创了中国近代经济史研究的新纪元，在海内外财经史学界产生了较大的影响。

革命根据地财经史研究方面的历史贡献。整理和研究中国革命根据地财经史，是一项关系涉及国家发展的重大事件，总结党在特殊历史时期财经工作的重要经验，研究新民主主义经济在革命战争年代是如何产生、发展及其内在联系的规律，是填补了一项中国史学研究的空白。1975年许毅组建革命根据地财经史资料研究组，系统整理革命根据地财经史料，带领研究团队走遍全国各革命纪念馆、档案馆，访问当地革命群众，历尽艰辛，完成了各抗日根据地和解放区财经史的编写，先后完成了湘赣、湘鄂赣、鄂豫皖、川陕、湘鄂西、晋察冀、晋冀鲁豫、山东、晋绥、华中、华东、华北、中原以及东江、琼崖等中国革命不同历史时期各革命根据地的财经史料的收集整理和编辑出版工作，其中一些较大的根据地还编写出版了财经史。推动各地先后出版的根据地财政经济史料选编达37种，共4200多万字；根据地财经史18种560万字等。同时，许毅还带队横跨闽、浙、赣三省，沿着当年毛泽东秋收暴动后上井冈山的路做了半年的调查，又在瑞金半年资料整理和研究，完成了上千万字的12卷本资料汇编，出版了110万字的《中央革命根据地财政经济史长编》（以下简称《长编》），对我党建立根据地以后积累的丰富的财经工作经验，以及毛泽东和全党早期财经思想作了有益的探索和总结。许毅主持的革命根据地财经史的编纂，不仅填补了中国现代财政史的空白，搜集和整理了大量珍贵的革命史料，总结了革命战争时期财经工作经验，也为认识财政本质、财政分配对巩固上层建筑和调整生产关系，建立社会主义财政学新体系开拓了新领域。他指出“我们研究历史，就是为了系统地整理历史经验，分析历史运动的规律，使我们能够知道它们的产生和消失之间、前进的变化和后退的变化之间的普遍相互作用，从而掌握其规律，把握住决定时代发展的主要方向”。《长编》按史料内容划分成八章：第一章中国新民主主义革命总路线和工农武装割据道路，以及根据地财政经济路线任务，即新民主主义革命时期根据地财政经济史的总论。第二章土地所有制的革命，即新民主主义革命的中心问题。其它各章分别是工业、农业、商业、金融、财政和土地革命及根据地的新面貌。

既说明财政经济特殊矛盾和特殊性，又反映历史全貌和发展过程的一般规律，充分体现了许毅唯物史观财经史学思想和研究贡献。

外债问题研究的历史贡献。中国近代史外债问题研究十分重要，它既是一个经济问题，又是一个政治问题。中国的外债是随着资本帝国主义的军事、经济侵略而出现的，伴随着中国逐步变为半殖民地半封建社会，外债在不同的历史时期表现的特点不同。作为资本帝国主义侵略中国的一种手段，外债给中华民族带来了深重灾难，同时也客观上促进了我国近代生产力的发展。正如恩格斯讲："没有哪一次巨大的历史灾难不是以历史的进步作为补偿的。"许毅在整理革命根据地财经史资料的过程中，意识到外债对于中国近代发展的重要影响，外债是中国资本原始积累的一种特殊形式。他以外债问题为切入点，联系清代洋务运动和外债的关系，着手研究近代中国原始积累的特殊形式和资本主义生产方式发生发展的特殊过程。许毅认为，中国社会主义的经济基础直接来源于资产阶级专政下的官僚垄断资本主义，要弄清具有中国特色的社会主义，就必须弄清旧中国的资本主义生产方式与生产力水平，弄清中国近代百余年处于半殖民地半封建中的境遇，从而认识我国建设社会主义的复杂性、艰巨性和意识形态缔造的难点。从20世纪80年代初，许毅受财政部委托系统整理中国近代外债档案资料，用十多年的努力，开启了外债史料的整理搜集，并亲自主持编撰了《清代外债史资料》（上、中、下三册）、《民国外债档案史料》（1－12卷）、《民国历届政府整理外债资料汇编》（2册），主编了《清代外债史论》《北洋外债和封建复辟》两部专著，又用近16年时间完成了总计1000多万字的编撰，1988年至1992年陆续由档案出版社等出版发行。这是我国迄今为止最为齐全的外债史料，也是中国外债史研究、中国资本主义发展史研究的奠基工程。可以说，从外债角度观察中国近代史，揭示近代生产关系发展演进的特殊形式，是当时史学研究的全新维度，是马克思主义经济学家许毅在历史研究领域对史学界的巨大贡献。

许毅认为，外债史料整理是一项基础性工作和历史资料的归集，而主编关于清代外债和北洋外债的论著是断代专题史，这还不足以全面反映近代外债与近代社会生产力、生产关系变革之间的关系，还需要把中国近代以来各历史时期的外债、包括从清末到现代的一百多年的历史发展中的外债进行整体研究。因此，他从历史研究的因果关系入手，通过对近代中国社会发展道路的探索，说明中国共产党人怎样使中国摆脱“百年屈辱”，实现了中华民族的伟大复兴。在他领导下，四卷本《从百年屈辱到民族复兴》系列丛书历经五年的紧张编写，于 2005 年全部出齐，并于 2006 年完成了丛书的修订再版工作。2007 年 10 月，这套丛书获得了第五届吴玉章奖一等奖。许毅主编的这套丛书，对晚清外债、北洋外债、国民政府外债和新中国外债四个阶段的外债史进行了全面系统的研究，覆盖了自外债产生以来的全部历史。对各个时期的外债债项、外债成因、抵押和偿还以及近代中国外债的主要特点作了完整的分析，确立了一整套外债研究的体系，对我国的外债史研究和外债事业都是一个重大的推动。丛书坚持历史与逻辑统一，把外债放在政治、经济、军事、外交等社会发展中去分析研究，用辩证的观点洞察外债与社会发展变革之间的关系。既看到外债对我国近代社会的影响，又看到了对我国近代生产力的发展和生产关系的演变以及社会制度变革的作用，从而对把握中国近代社会发展的进程和规律的研究作出了重要贡献。

（四）中国特色社会主义重大理论现实问题研究及其贡献

许毅对中国特色社会主义若干重大理论和现实问题的研究涉及领域十分广泛深入，包括国家战略问题、政治经济问题、收入分配问题、财政税收问题、资本问题、证券问题、财务会计与成本管理问题、财税改革与管理体制问题、“三农”问题、国防经济问题、民族地区发展问题、区域协调发展问题、财经学科人才培养和教育问题等，特别是对社会主义若干重大理论现实问题的研究贡献突出，以后各章将会陆续展开论述，这里重点讲两方面。

对马克思主义生产力理论的思考和贡献。许毅认为，建设中国特色社会主义，首先要研究我国现代化生产力的形成和发展，特别是决定社会主义制度的生产方式的演变过程，弄清中国社会主义初级阶段的国情。他指出，中国特色来源于“两声炮响”，中国特色的原始积累和生产关系发展符合马克思主义揭示的规律。他提出的著名的“两声炮响”的观点是马克思主义指导下中国特色社会主义重大理论问题的思考和贡献。一是中国式原始积累。许毅从历史的启迪研究，印证马克思主义生产关系一定要适应生产力性质这个生产方式运行的基本规律。他认为，财政史的研究重点应当放在对经济基础与上层建筑交互关系的把握上，尤其要特别注意研究上层建筑对经济基础能动的反作用。在学术探索中形成了系统的财政经济研究思想。在马克思主义指导下，许毅着手中国特色社会主义是如何来的、有何特殊意义等，这些既是重大理论问题又是重大现实问题的研究。他指出，新中国的经济建设虽然与新民主主义革命时期的根据地财政经济实践相联系，但是中国的社会主义生产方式不仅是从新民主主义经济发展而来的，更主要的来自于资本主义经济基础，因此，要弄清中国特色社会主义，一定要弄清旧中国的资本主义生产方式的形成。“两声炮响”思想的核心是揭示了中国资本主义生产方式的特殊性，即中国式原始积累。许毅认为，中国式原始积累有三种形式。第一种是晚清洋务运动利用国家权力形成的集中而有组织的社会力量，购买洋枪洋炮来武装自己，买机器来发展军事工业，稳固统治和镇压人民革命运动，客观上也发展了中国新兴的近代化、社会化的大生产，孕育了中国资本主义生产关系及其特殊性。第二种是国家政权利用国家财政，直接动用国库或国家信用（包括内外债）创办工业，形成中国式的原始积累形式。第三种是大官僚利用职务上的便利，挪用或侵占公款，创办近代工矿企业。洋务运动所创办的近代化工矿企业为官僚资本，因鲸吞人民血汗、挪用公款而来的，是中国资本原始积累的一种特殊形式。许毅提出中国早期资本主义发展是封建统治者及外国资本共同主导下的产物，国内封建生产方式并未改变，外国资本的掠夺性入侵使中国社会呈现出半殖民、半封建性特征。许毅运用马克思主义立场观点方法，在分析中国早期资本主义发展本质的基础上，对中国近百年社会变迁的经济历史进一步分析得出为什么要坚持中国特色社会主义道路的理论概括。

对中国特色社会主义道路的认识和理论贡献。许毅清楚地认识到，坚持马克思主义理论与中国发展实践相结合，走中国特色社会主义道路，是当代中国最大的国情，是中国社会实现现代化的现实必然选择。他指出“俄国十月社会主义革命的一声炮响，给我们送来了马克思主义，从而使中国革命从旧民主主义阶段进入到新民主主义阶段，此后在中国共产党领导下，坚持马克思主义理论与中国革命实践相结合，在土地革命基础上建立了工农民主政权、通过没收敌伪资本和官僚资本，在农村实行土改、建立起新民主主义的经济基础”等，为社会主义生产方式的建立和社会主义经济制度的建立理清了思路。他还认为，我国社会主义制度的建立是指基本生产资料实现了公有制，使其真正成为社会化的生产资料，生产社会化同生产资料社会化相一致，从而使这一部分生产资料摆脱了资本私有的制约，克服了私有制以来的人受生产资料奴役状态，第一次把人从奴役中解放出来成为真正的人，成为生产资料的主人；劳动者的劳动在联合组织的条件下第一次变为直接的社会劳动，同社会化的生产资料相结合，创造出人类自由幸福的生产方式。成为工人阶段领导的、以工农联盟为基础的人民民主专政的社会主义国家。虽然相当时期内仍存在着个体经济、私人经济等多种经济成分，但不能成为国家统治的主体。所以，弄清生产方式这个问题很重要，否则就无法理解我们的社会是怎样发展的。许毅指出，从现实看，中国国情的特殊性注定了中国社会发展过程中所面临的特殊性，无法照搬别人的做法，也不可能用别人证明可行的办法来解决自己的问题，现实的特殊性必然要求我们采取具体而又特殊的解决办法。他坚持用马克思主义的观点看待中国社会的变迁，并对中国社会变迁的本质，中国社会生产方式的演变进行分析和研究，得出什么是中国特色社会主义的结论。在他看来，“一切事物都是在不断地发展变化的，但我们研究问题的立场、观点、方法不能变，马克思主义不能变，更不能丢”。基于对中国国情的深刻认识和对马克思主义理论的深刻理解，许毅在诸多指导现实的重大问题上始终保持着清醒的头脑。他认为，马克思主义的立场观点，就是坚持生产关系一定要适应生产力的最基本的经济规律，两者的相互适应是不断演进的过程，两者总处在动态的发展中找到平衡。

四、许毅财经思想的评价

许毅是我国财经理论研究之集大成者，国家分配论的主要代表人物，创新财政学学科理论体系，提出“广义财政学”的基本思路，强调“看得见的手”与“看不见的手”的辩证关系，研究“三农”问题破解之道，坚持社会主义市场经济条件下政治经济学的新探索，以及对财经史学经典的研究等，为我国财政经济社会发展作出了特殊贡献。从纱厂学徒到职业革命家、杰出的财经理论家和政治经济学史学财政学泰斗，从热血青年到坚定的马克思主义者，许毅的思想理论功绩卓著，从实践到理论再到实践，许毅的一生是传奇的一生，革命的一生，战斗的一生，辛勤耕耘、硕果累累、诲人不倦的一生，值得后辈学习和敬仰。

（一）实践部门的马克思主义中国化创新理论探索先驱

社会主义过渡时期，许毅先后在华东财政部、税务管理局、财政部经济建设财务司、工交司、基建财务司和中国人民建设银行等多个岗位任要职。但无论岗位如何变动、职务如何升迁，客观上都成为他主动把握未来理论研究发展道路的基石，使他不断丰富财经业务知识，积淀实践经验，为后来有创见的学术研究奠定了坚实地基础。尤其长期在财经一线领导岗位工作的许毅，没有停止对财政经济问题的执著探索。他一手抓对财政收入、重要物资、军政机构经费统一管理，把有限的财力集中起来，有组织有计划地服务抗美援朝时期“边抗、边建、边稳”政策需要；一手深入研究财政经济理论，把从实践中的体会加以总结提炼，提出要研究中国特色社会主义财政经济理论，离不开马克思主义的指导和经济建设实践的结合。他攻读了许多马克思主义经典原著，坚持“经济问题双周座谈会”探讨基础理论问题，力求结合实际工作从理论高度认识事物的本来面貌，提出了许多单纯从事理论研究难以解决的问题办法。他孜孜以求，在艰苦磨砺中读完了“我的大学”，实现了从进城干部到“红色专家”脱胎换骨的转变。许毅酷爱学习思考，他从陈云“四大比例、三大平衡”理论中悟出，研究国民经济比例关系，积累和消费、财政与国民经济相互关系的重要意义。他认为，比例平衡关系是国民经济管理中的核心问题，是经济学研究的重大课题，应把比例和平衡关系作为建立财政经济学科体系的核心内容，在从事财经管理实务过程中，逐步形成了国民经济管理的理论观点；在对若干典型工业企业调查研究基础上，他的第一篇理论文章《关于经济核算的几个问题》于1958年发表在《经济研究》上，专门就国民经济范围内的经济核算同企业范围内的经济核算的矛盾统一提出了独到的见解和富有创见的理论探索，把传统上只讲微观企业核算的经济核算研究推向了宏观领域，开辟了对整个财政经济问题从宏观决策上研究的先河；大跃进时期，他提出要进行国民经济范围内经济核算的主张。密切注意研究经济政策执行过程中的矛盾问题，是许毅探索中国财政经济工作规律的主要方法，在财政部工交司、中国人民建设银行工作时，他对流动资金、固定资金两大资金再生产深入研究，以经济核算理论为基础，调研流动资金管理问题，并写出《流动资金简论》。在总结建国以来正反两方面经验教训基础上，他还陆续出版了《社会再生产规律与流动资金运动》和《流动资金简论》修正补充，实现了从宏观决策角度研究流动资金理论的新突破。

（二）理论部门的中国特色社会主义改革实践大师

许毅履职财政理论部门后，很快把财政科研定位为研究实践中的财经理论问题，把为财政中心工作服务和财政学科建设作为两大使命，所研究课题应具有战略性、系统性和前瞻性，开创了财政部科研所研究工作的新局面。但文革十年财政部科研所被撤，许毅本人也遭受了长期的迫害。十一届三中全会前夕，许毅恢复原职，担任财政部党组成员并出任国务院经济研究中心常务干事。他又全心投入了重组全国科研队伍的工作。他敏锐地意识到，新形势下科研必将迎来大发展，超前谋划有步骤地建立起三位一体的财政科研新体系：即建立从中央到地方各级财政部门的财政科学研究所，建立中国财政学会，把政府部门、研究机构、大专院校的研究力量组织起来，组建研究生部，培养从事财经理论和实践的高级财经人才阵容等，目的是为服务我国财政中心工作当好思想库智囊团。同时，加强学术交流，搭建好产学研平台。许毅积极联络财政学界、会计学界、学术界、大专院校于1979年在山东烟台组织召开中国财政学会、中国会计学会筹备会议和教学科研研讨会议，随后中国财政学会和中国会计学会相继成立，恢复召开第三次全国财政理论讨论会，许毅当选副会长兼秘书长。1983年中国财政学会年会暨第六次全国财政理论讨论会上，许毅在第一届理事会工作报告中提出要把财政基础理论研究与对经济规律体系、经济管理体系、经济杠杆体系研究结合起来，开启了财经理论建设奠基性的工程。在组织全国财经科研大联盟阵容中，许毅表现出了卓越的组织才能和大家风范。不少同行赞誉他既是严谨的学者，又是善于团结搞“五湖四海”的社会活动家，他像磁石一般将财政科研战线各方面的力量吸引到周围。此后，全国各省、市、自治区先后建立起财政科学研究所（室）和财政学会，部分地市县也成立了财政科学研究机构和学会组织，改变了过去那种财政学科研的落后状态并初步形成了财政科研体系。我国财政科研领域有今天蓬勃发展，与许毅倾注的大量心血是分不开的，人们既崇尚他的组织才能，又钦佩他光明磊落的为人。培养大批基本功扎实、学识渊博的优秀高级财经人才，是许毅为财政部科学研究所赋予的又一重要使命。改革开放初期，许毅与美国高特兄弟律师事务所取得联系，邀请了一批美国著名学者来华讲学，并由中国财政学会在大连举办了国际税收研讨会。随后，许毅又以中国财政学会和中国会计学会的名义向当时国际著名的八大会计公司了解了有关国际税收、注册会计师验资、审计等国际通行作法。1979年财政部科研所研究生部招收第一届西方会计硕士研究生，1983年招收博士研究生，开启了高级会计人才培养的大门。

20 世纪 60 年代初，我国“一五”“二五”计划已完成，许毅及时出版了《基本建设财务与拨款》，对中国基本建设从立项、建立概预算到拨款的财务制度过程进行了系统总结和论述。在当时的背景下，为充分研讨中国财政理论重构过程中形成的很多不同意见，1964 年他组织财政部科研所在大连举办了史称“第一次全国财政理论讨论会”，针对当时财经理论界一些流派的主要观点展开了热烈的讨论。许毅在讲述对国家财政认识时指出，分配政策与分配手段是同生产关系与上层建筑紧密联系的，是客观见之于主观的东西，它的性质反映着生产关系和上层建筑的性质，而作为生产关系的一个方面，它将能动地作用于生产力的发展。国家应当成为分配的主体，国家通过财政对社会总产品直接或间接地分配，从而达到调节社会各阶层分配关系的目的。许毅有关“国家分配论”的观点得到多数与会者赞同，被公认为我国“国家分配论”主流学派的领军人物。改革开放初期，他与陈宝森合著的《财政学》，专门探讨了财政分配与社会经济结构的关系，把积累与消费作为矛盾主线，为财政学建立起了一个不同于收支平管传统研究体系的全新的社会主义财政学体系。随着改革开放的不断深入，许毅主张从生产力、生产关系入手，运用辩证历史唯物主义的观点去认识解决改革中不断出现的新问题，站在理论研究的前沿，创建了中国特色社会主义转型期的财经理论新体系。例如，在社会主义市场经济条件下，财政分配的作用发生了很大变化，国家预算在社会分配中的比重下降，客观上要求重新认识财政在国民经济中发挥调控作用的途径。许毅认为，在改革开放的新形势下我国财政理论要有新突破，要突破“国家分配论”等原有体制老框框的束缚，建立“广义财政学”体系新框架，并撰文提出了广义财政学的基本思路，运用马克思三大基金、六项扣除原理，勾勒出了直接分配与间接分配相配合的社会主义过渡期的广义财政学。《走向新世纪：中国财政经济理论丛书》，是许毅从国民经济宏观管理、经济结构转轨时期财政政策、国民经济活动与财政分配的内在关系等方面的系统深入的研究，奠定了广义财政学的理论基础。他强调，现阶段须从改造小生产、实现生产的社会化和现代化做起，完成在社会主义初级阶段应完成的现实任务，因此，他把研究重心放在了“社会主义初级阶段转型期的财经理论研究”上，对我国转型期问题的实质、中国特色社会主义和中国国情、新世纪我国国际经贸军事外交发展战略等宏观问题系统深入地进行了研究思考，并对我国现阶段建设资金调度使用、企业管理、财政绩效评价、医疗卫生文化事业等具体问题专题研究。他认为，在经济全球化大背景下，任何国家都不可能独善其身求得发展，应积极地与不同国家经贸往来，在保证本国利益不受损害的前提下与国际通行的经贸“游戏规则”对接甚至参与制定，但中国特色社会主义制度这个方向丝毫不能动摇等。许毅以其崇高的威望和卓越的成就，被誉为中国革命从艰难曲折走向胜利的征途中成长起来的革命者和马克思主义财经理论大家。许毅对革命事业和马克思主义信仰的忠贞不渝，在财经理论上的不断探索和创新，在财经科研队伍培育上的成就，成为指引学界后人不断开拓创新的一面旗帜。

（三）站在思想的制高点探秘人类未来发展规律

许毅对马克思主义深信不疑，他用毕生的精力深刻领悟著书立说，站在思想的制高点笔耕不辍，撰写出版了一部部继承丰富发展马克思主义和探索创建中国特色社会主义理论的鸿篇巨著回馈后人。

例如，运用辩证唯物主义历史唯物主义观点，从理论上回答了中国为什么选择社会主义道路这一重大理论现实问题。他遵循马克思关于“历史的运动创造了社会关系”“社会关系和生产力密切相连。随着新生产力的获得，人们改变自己的生产方式，随着生产方式即保证自己生活的方式的改变，人们也就会改变自己的一切社会关系”原理，进一步提出了社会主义生产方式的形成，追根溯源，是借助于洋务运动、北洋政府时期、国民政府时期建立的近代化大生产的生产力，只有回答了中国近代化大生产的生产力是怎样发展起来的问题，才能深层次地回答中国为什么选择社会主义道路这一重大而根本的任务。无论是研究外债史，还是研究清代以来至近现代社会史，许毅都不是为历史而研究历史，而是以历史唯物主义的态度，以辩证法为方法论，透过现象看本质，研究中国经济社会发展的规律。包括中国资本主义从何而来、中国社会主义又从何而来的中国近代社会发展的规律。许毅的研究表明，中国资本主义生产关系创造过程，不是从自身的生产方式中一步一步地游离出来的，而是在外国资本主义列强入侵之后，为了反压迫、反侵略，为了自强，不得不引进外国资金、外国技术，“师夷长技以制夷”。用举借外债的特殊方式，发展近代工矿企业、铁路、邮电、航运、通讯等。正如马克思指出：“所有这些方式都利用国家权力。也就是利用集中的有组织的社会暴力，来大力促进从封建生产方式向资本主义生产方式的转变过程，缩短过渡时间。”凭借国家信用向外国举债，直接买进先进技术，发展生产力，这是中国资本原始积累的特殊形式。中国资本原始积累的又一种形式，是国家政权利用国家财政，直接动用国库或国家信用（包括内债），来创办工业。中国资本原始积累的第三种形式是大官僚（如李鸿章、左宗棠、张之洞及后来的宋子文、孔祥熙等）利用职务便利，挪用或侵占公款，创办近代工矿企业、金融事业。其中，举借外债是中国资本原始积累的重要方面。许毅在《论“两声炮响”与我国资本主义生产方式和社会主义生产方式形成的关系》《中国为什么选择社会主义道路和社会主义生产方式形成过程的特殊性》两文中，详细阐述了我国现代生产力的形成和发展过程，特别是决定社会主义制度生产方式的演变过程。他认为，我国之所以成为社会主义国家是与“两声炮响”密切联系在一起的。以往的历史学界、经济学界对中国选择社会主义道路的研究中，多从十月革命一声炮响给中国的影响来分析，忽视了十月革命炮声之所以在中国产生影响的物质基础的考察。没有新的生产方式和新的阶级基础，中国不可能接受马克思列宁主义。要了解十月革命期间中国的物质基础，必须究源于鸦片战争的炮声给近代中国的影响和中国产生资本主义生产关系萌芽、发展社会化生产力的客观条件。

又如，用马克思主义基本立场和世界眼光胸怀，借鉴西方经济学方法理念，谋划中国方案，展望中国特色社会主义实现中华民族伟大复兴“两个一百年”光辉前程，最终走向共产主义世界大同。许毅在研究财政经济理论的过程中，始终坚持马克思主义基本立场的同时，并没有放弃对西方经济理论的研究。他从西方经济学的假设条件和价值观等切入，对西方经济学体系做出一针见血的评论。许毅指出，近现代西方经济学发展了数理经济和模型，分析所运用的实证分析法模式设置的条件都是以假设为前提，而有些假设甚至是理想化的，如不加以区分拿来就用，必然会使理论和研究都误入歧途。因为现实条件并不具备，假设的理论不能描绘现实，只会使自己迷惑了自己。许毅在对西方经济理论前提分析过程中，对经济人假设和资源稀缺论都有深刻的点评。一是关于经济人假设的评析。他认为，经济人假设是西方经济理论的最基本前提，西方经济学也强调其研究的对象是人类行为，但由于经济人假设的存在，它的研究内容却与其提出的目标大相径庭。“经济人”作为追求自身利益最大程度满足的理性人，的确具有人类行为某一方面的共性。但为使这一假设适用所有的人类行为，西方经济学把经济人假设用滥了。事实上，人是十分复杂的，虔诚的基督教徒由于相信上帝的原因，会充满行善的愿望，当他人得到幸福时他会觉得自己更幸福。许毅认为，经济人假设，不仅掩盖了马克思主义一直强调的“阶级人”这一人类最基本的特性，而且从某种意义上讲，经济人自利行为，仅是一种表象，是人类达到其目的的手段。人的根本目的，是追求自身以及某一利益集团的幸福。因此，用表象来代替本质就注定了西方经济理论的残缺。二是关于资源稀缺的评析。他认为，资源稀缺论是西方经济学的又一个基本前提。西方经济学认为，有限的资源相对于人类无限的欲望总会显得不足，因为资源是稀缺的。稀缺并不意味着难以得到，而仅仅意味着不付出代价不能得到。稀缺是每一个人所面对的现实，即使是亿万富翁，他可以得到一切，却因没有时间享受一切也存在稀缺。所谓资源的稀缺是构建西方经济学的基本假设，很多教科书对西方经济学的定义就是研究资源稀缺的。如萨缪尔森就这样定义：“经济学是研究人和社会如何进行选择，来使用可以有其他用途的稀缺资源以便生产各种商品，并在现在或是将来把商品分配给社会的各个成员或集团以供消费之用。”如果资源稀缺这个假设不存在，西方经济学也就失去了意义。许毅通过详细的研究，认为这一假设也是不符合现实社会发展的。他在给自己的一位学生指导博士毕业论文《资源配置论》时指出：某种意义上说，资源永不枯竭，资源可以无限创造。他用三个典型案例，提出了“资源无限论”的创新理论学说，包括三个方面：第一个是能源。他在分析了人类历史后，强调从人类诞生至今，还没有出现过能源稀缺问题，从原始的以木材为燃料，到煤、石油，现在已经发展到太阳能、风能、生物能、潮汐能等等。随着人类科技的进步，各种新能源将陆续被发现，因此，从这个意义上讲，能源并不稀缺；第二个是土地。他认为如果深入分析，土地也并不存在着稀缺问题。如城市土地，由于建筑技术的提高，人类已从原来只能造二三层的房子发展到可以建造四五百米高的摩天大厦，可以建设地铁。这样，科技水平使原来意义上的一个单位土地发挥了几倍甚至上千倍的功效。如科学进一步发达，也许，土地就不成为经济意义上的资源了。目前，农村的无土栽培、立体农业、现代化的大棚，实际上已经使农业相对脱离了对土地的依赖，转依赖于科技、资金的投入。只要农业科技发展，资金足够，农业就可以在有限的土地上产生无限的产品。因此，土地的稀缺，实际上也是一种表面现象；第三个是资金。他认为资金的稀缺，实际上是资金分配不均的结果。按照马克思的理论，价值与使用价值总是相等的。如果按照 TPS 的计算方法进行国民经济核算，则总资金并不存在着稀缺。西方经济学为什么将微观经济学和宏观经济学相互独立，始终不能变成一门学科，这无疑是其中一个重要的原因等。三是关于经济理论价值观基础和分配论的认识。许毅进一步指出，西方的经济学理论是建立在资本创造利润的价值观之上，它是在资本的统治下为资本利润最大化服务的，存在着很大的缺陷，很难解决“市场失灵”的问题。西方古典经济学最大的贡献是发现了劳动创造价值的理论，但同时又犯了从现象出发的错误，混淆了现象与本质之间的区别，因而在劳动创造价值论的同时，又陷入了资本、土地、劳动创造利润的混合论。此外，西方经济学还混淆了本质与现象，把一切都作为投入，因而一切都以投入产出的资本保值增值为固定模型，以至弄不清分配与流通的关系，这一切如果借用到我们这里，就混淆了资本支出与货币支出的关系，效用与增值的关系。许毅尤其反对三次分配的资产阶级分配观念。所谓三次分配是指以企业分配为第一次分配，国家分配为第二次分配，以按所谓人道主义的社会慈善行为进行的募捐为第三次分配，这种观点实际上是为资本的剥削进行辩护，鼓吹剥削有功论。因为社会慈善行为的资金绝大多数来源于资本的剥削，资本家通过慈善事业的手段来分配剥削的财产是不可能实现社会共同富裕的，只能实现资本主义永恒论，与马克思主张的全人类的解放差距甚远，因此，这种理论也是有缺陷的。

展望人类社会未来发展规律和趋势，许毅指出，西方经济学理论的发展体现了两个特点：一是他们的理论都是以不同时期资本主义发展的进程为研究对象的。随着资本主义的发展，这些理论都代表了不同时期资产阶级的利益，以巩固资本主义生产方式，维护资产阶级利益，缓解资本主义经济的内部矛盾。因此，西方经济学的理论，都是围绕资本主义生产方式的发展，以提高资本剥削率，保护资本剥削制度，研究经济问题时，他们也在生产资料和劳动力的再生产上进行了一些研究，试图寻找资本剥削的最佳比例和最大范围，在保证劳动力再生产——即广大工人生活水平随着资本主义发展有相应提高的同时，保证资本剥削最优化和对外市场占有的最大化。所以，西方经济学在微观管理上，是有很多可取之处的。但在宏观上，他们提出的一些经济理论和经济政策，只能是解决资本主义矛盾的治标之策，无论是凯恩斯主义，还是货币主义，以及当代各大流派都不可能挽救资本主义。二是他们的理论是根据市场经济不同的发育程度来研究的。为了促进生产力的发展，缓和劳资关系，采取了社会福利政策，使资本能在更高的生产力水平上取得更大的利润，因此，西方经济学也研究了市场经济发展过程中的一些规律性的东西。从财政意义上讲，他们理论研究的一个很大的特点，就是国家对经济的调控，随着市场经济的发育而不断加强。国家从亚当斯密时期的守夜人，发展为今天影响市场经济的重要力量等等。这些对市场经济发展规律的研究，是值得我们汲取的。许毅反对那些脱离我国实际国情，盲目照抄照搬西方发展经验的错误做法，认为必须从实事求是的原则出发，与时俱进，洋为中用，以马克思主义为指导，在借鉴西方经济管理方法的同时，探索出一条适合我国社会主义初级阶段市场经济体制建设的发展道路，为丰富发展中国特色社会主义理论与实践，实现中华民族伟大复兴“两个一百年”的光辉前程，使人类尽早走向世界大同、人民向往的美好的共产主义社会而努力奋斗。

为弘扬许毅这位在财经思想经济理论上造诣深，有胆识、有远见、有创见、有胸襟，对马克思主义政治经济学、历史学、财政学有重要贡献，对中国革命和社会主义建设事业与改革开放有“破茧”引领作用，我国当代著名经济学界、财政学界泰斗的学术思想和学术精神，由中国社会科学院和有关方面批准，中国成本研究会、中国财政学会、中国社会科学院财政与贸易研究所（现中国社会科学院财经战略研究院）、财政部财政科学研究所（现中国财政科学研究院）、学界老一辈经济学家财政财会专家和许毅先生的学生共同发起，2003 年 11 月 18 日在京成立了“许毅财经科学奖励基金”，并设立三大奖项。其中：“财经科学优秀学术成果奖”主要奖励在财经理论与实践研究中取得优秀学术成果的经济学者；“优秀企业管理创新奖”主要奖励在企业管理改革中有重要影响的企业家；“最具潜力青年奖”主要奖励年龄 40 岁以下在财经理论研究与实践中极具潜力的青年学者和企业家。

第二章

以马克思主义为指导的政治经济学思想

许毅是从研究财政理论和政策起家的，但其马克思主义政治经济学功底深厚，随着中国改革开放的不断深入，许毅感到，改革开放中遇到的越来越多的经济现象和问题必须从政治经济学角度给予马克思主义的回答。许毅的许多经济学思想经历了随实践不断反思和深化的过程，到晚年已经形成了比较系统的以马克思主义为指导的政治经济学（社会主义部分）观点。

一、“过渡期”论

（一）应当强化“过渡期”意识

许毅指出，马克思认为“在资本主义社会和共产主义社会之间，有一个从前者变为后者的革命转变时期。同这个时期相适应的也有一个政治上的过渡时期，这个时期的国家只能是无产阶级的革命专政”①。之所以这个过渡过程漫长而复杂，是因为它“刚刚从资本主义社会中产生出来的，因此它在各方面，在经济、道德和精神方面都还带着它脱胎出来的旧社会的痕迹”②，从而在经济、道德和精神等方面还很不成熟。我国曾经历了长期的封建主义社会，后又一度沦为半殖民地半封建社会，改造历史上遗留下来的占国民经济很大比重的小生产的基础无疑需要一个漫长的过程。许毅特别赞赏列宁的论断：“在资本主义和共产主义中间隔着一个过渡时期，这在理论上是毫无疑义的。这个过渡时期不能不兼有这两种社会经济结构的特点或特征”③。他认为，列宁把“资产阶级权利”同国家问题联系在一起，提出社会主义国家是“没有资产阶级的资产阶级国家”的论断——即无产阶级专政的国家的观点是十分耐人寻味的。

晚年的许毅曾对学生讲，我研究了一辈子马克思，直到最近我才明白，我们的社会必须经过一个很长很长的“过渡阶段”才能进入共产主义的第一阶段（社会主义），并最终建成共产主义。过去，我们就是忽视了“最终”两个字，忽视了漫长的过渡过程，所以理论更新应当基于这一点认识，政治经济学的社会主义部分应当重写。

许毅指出：过去，我们学习马克思主义理论，目光更多地也是放在马克思提出的共产主义宏伟远景上，而对于如何在经济落后的社会现实基础上达到这一宏伟目标则缺乏足够的认识，片面地把消灭私有制当成了检验社会发展阶段的唯一指标，认为实现了“一大二公”就是实现了社会主义。以马克思主义理论为思想武器的过渡期建设，一方面必须坚持无产阶级政党的领导和无产阶级专政，另一方面应当批判地借鉴和吸收资本主义文明已有的一切积极成果。

① 《马克思恩格斯选集》第3卷，人民出版社1972年版，第21页。
② 《马克思恩格斯选集》第3卷，人民出版社1972年版，第10页。
③ 《列宁全集》第30卷，人民出版社1957年版，第87页。

很明显，在过渡期，学习借鉴资本主义文明的前提是坚持无产阶级专政，借鉴的目的是推动社会主义的健康快速发展，以便在生产社会化的发展中不断提高劳动生产力，最终实现过渡到共产主义的目标，而绝不是向资本主义全面倒退。

晚年的许毅对“过渡期问题”进一步反思。他认为，从人类社会的发展来看，原始社会后期因为有了剩余但又不足才产生了阶级差别，因此只有真正实现“三个大大”（生产力大大发展，社会产品大大涌现，社会成员精神文明水准大大提高），这种差别才有可能消亡（这与资本、货币、国家的消亡是同一过程），这需要在不断解放生产力，发展生产力的基础上逐步完成，不可能靠政权更迭或行政命令来完成。马克思主义是通过俄国革命传到中国来的，但其多少已经过苏俄及斯大林的修正或诠释。在很长的一段时间内，我们对什么是社会主义、什么是共产主义这样最基本的理论问题并没有作深究，而是满足于概念化、教条式的理解，这就不知不觉地进入了一个理论误区，这就是忽视从资本主义到共产主义之间的“过渡阶段”的长期性，对过渡的理解狭窄化和教条化，对过渡路径不能根据具体时间地点条件而进行选择。在错误的社会主义观的指导下，苏联也好、中国也好，都办了许多超越历史发展阶段的事情。上个世纪末，苏联和东欧的社会主义实践遭到了无情的失败，许多人陷入了痛苦的疑虑：马克思究竟告诉了我们些什么？邓小平当时也曾深刻地反思：“我们总结了几十年搞社会主义的经验，社会主义是什么，马克思主义是什么，过去我们并没有完全搞清楚。”[①]针对一些人对马克思的误解，许毅指出，在马克思身上，科学家和革命家两种身份高度统一，前者的任务是揭示人类社会发展运动的规律；后者更强调人在社会发展变革中的能动作用。因此，无产阶级只有

---

① 《邓小平文选》第3卷，人民出版社1993年版，第137页。

顺应和自觉应用社会发展的规律，才能在社会历史进程中有所作为并最终解放自己。马克思曾在《资本论》第一版序言中特别提醒读者：“一个社会即使探索到了本身运动的自然规律，——本书的最终目的就是揭示现代社会的经济运动规律，——它还是既不能跳过也不能用法令取消自然的发展阶段。但是它能缩短和减轻分娩的痛苦。”[①] 在参与了当时的革命实践后，马克思还在《<政治经济学批判>序言》中做出了“两个决不会”的结论：“无论哪一个社会形态，在它所能容纳的全部生产力发挥出来以前，是决不会灭亡的；新的更高的生产关系，在它的物质存在条件在旧社会的胎胞里成熟以前，是决不会出现的。所以人类始终只提出自己能够解决的问题，因为只要仔细考察就可以发现，任务本身，只有在解决它的物质条件已经存在或者至少是在生成过程中的时候，才会产生。”[②] 这是对资本主义一般发展趋势和社会变革的时点认识的深化，在马克思主义发展史上具有重要意义。

无产阶级怎样才能正确地把握社会历史的发展规律进而能动地发挥自己在历史舞台上的作用呢？许毅提出，无产阶级必须正确理解和把握“过渡阶段”的历史任务与前进方向，并在其中坚定不移地发挥自己的历史作用。他指出：按照马克思的说法，“革命的社会主义”、“过渡阶段”与“无产阶级专政”是三个同义语。在旧的生产方式被新的生产方式取代的过程中，政治上和经济上的过渡是不可超越的，其中政治上的过渡，也就是要求无产阶级能动地登上上层建筑舞台，实行无产阶级专政，并对旧的束缚生产力的制度方法不断改革，这便是所谓的“革命的社会主义”，这种社会主义的任务或前进方向是最终消灭或改变“四个一切”，即“达到消灭一切阶级差别，达到消灭这些差别所由产生的一切生产关系，达到消灭

① 马克思《资本论》第 1 卷，人民出版社 1975 版，第 11 页。

② 《马克思恩格斯选集》第 2 卷，人民出版社 1972 年版，第 83 页。

和这些生产关系相适应的一切社会关系，达到改变由这些社会关系产生出来的一切观念”[①]。由于阶级差别产生的根本原因是经济的，阶级差别的缩小最终只能随着社会生产力的发展而实现。因此，社会主义的任务或者说过渡阶段的任务的实现，最终落在发展社会生产力上（这对从农耕经济基础上发展起来的中国特色社会主义来说极具针对性）。20 世纪共产主义运动实践的失误很大程度上源于对社会历史阶段及其任务的认识错位，没有认识到马克思所说的“革命的社会主义”本质上是一种向未来社会的“过渡”，而这里的“革命”不仅包含着政权的取得，同时包含着对一切阻碍生产力发展的生产、分配关系、社会关系和人们的观念的不断变革。在马克思看来，过渡是无处不在的，经济、政治、社会、文化等都存在过渡的需要，但经济上的过渡是主线和基础，而政治上的过渡则是其保证。这一过渡的结束才意味着共产主义的开始，目前的社会主义初级阶段还属于过渡的早期阶段。把社会主义等同于共产主义，把未来社会才有可能做的事要求在社会主义这个过渡阶段内完成是 20 世纪共产主义运动遭受重大挫折的基础性理论成因。

（二）必须坚持“转型”的社会主义方向

1978 年起，我国从经济领域入手开始了改革进程，先后经过了“以计划调节为主、市场调节为辅”“计划经济与市场经济相结合”“有计划的商品经济”“社会主义市场经济”这样几个阶段性发展时期。在从计划经济向市场经济转变的过程中，“转型”这个概念逐渐为大家所熟知，与这个词汇同时并用的，还有“转轨”“过渡”等等。有些人认为，转型必须完全抛弃旧有的体系，并在实际运用

① 《马克思恩格斯全集》第 1 卷，人民出版社 1995 年版，第 461～462 页。

中就社会主义初级阶段如何实现转型提出了各种各样的意见：有的主张以自由市场经济为发展目标，要求政府退出市场，从经济活动中脱身；有的主张取消国家经济计划部门，抛弃国家发展规划，实现最大程度的私有化；有的主张国家应当退出竞争性行业。而哈佛大学经济学教授萨克斯等西方学者则认为："随着世界的一体化，所有成功的经济都在向着相同的经济制度迈进……这种制度趋同论是我的出发点。"[①] 对此，许毅指出：这些观点都是建立在私有化基础之上的，是与我们的社会主义制度的根本特征相违背的，因此根本无法完成社会主义过渡阶段的任务。而西方学者所说的转型其实质是对资本主义永恒论的宣扬，不但力图抹煞资本主义与社会主义的本质区别，也否认社会制度转型的客观规律。许毅认为，生产力的发展总是表现为历史的继承与积累，对于我们这样一个在半殖民地半封建社会基础上建立起来的社会主义国家，改造小生产是一个艰巨复杂的任务。从马列主义理论出发，利用资本来改造小生产是最为有效的方式。但对于我们这样一个工人阶级领导的，以工农联盟为基础的人民民主专政政权来说，改造小生产绝不可能选择退回到自由资本主义重新开始的路径，无论是我们的社会发展现实还是世界大环境都不允许我们这样做。正确的转型、过渡应当是大力发展商品经济、市场经济，发展社会生产力，使社会产品不断涌现，在现阶段既充分发挥私有制和资本的积极因素，又坚决抑制它们的消极作用，使三大差别得到不断的、渐进的缩小。准确而完整地理解"转型"的内涵，应当从广义和狭义两个角度分别加以考察。从狭义的操作层面来看，转型不是直接"拿来"，"转型"意味着"接轨"，也就是为了更好地发展自身的经济、发展与世界各国的经贸往来，需要实行由计划到市场这种经济体制领域的变革，以便与国际

① 梅俊杰："休克疗法与中国经济改革——与萨克斯对话"，《战略与管理》，1994 年第 6 期。

通行的经贸“游戏规则”，如WTO相接轨，但这并不涉及根本经济制度的变革。而从广义的理论层面来看，社会转型一方面表现为由生产力的发展而引发的以生产工具演进为主要标志的社会变革，包括人类社会早期的石器时代、青铜时代、铁器时代，以及近代工业革命之后出现的电子时代、原子时代等等；另一方面，它表现为由随着生产的发展而同步发展的生产方式的演进为主要区分标志的社会经济时代划分，包括原始社会、奴隶社会、封建社会、自由资本主义阶段、帝国主义阶段、社会主义社会乃至未来的共产主义社会。无论哪种转变，“转型”都意味着社会制度和生产方式的彻底转变，人们通常讨论的“转型”实际上都是指狭义的“转型”，指的是由计划经济到市场经济这样的经济体制变化，并没有涉及根本的经济时代变革问题。而那些借谈狭义的转型鼓吹社会主义向资本主义转型的观点则是出于别有用心的目的，是我们必须加以警惕和坚决抵制的。

另有学者认为，转型是一个经济市场化的过程，包括个人自由经济权利的建立、市场交换规则的确立与切实遵守等内涵，许毅强调，“市场化”不足以完整概括中国特色社会主义市场经济的内涵和目标，准确的目标应当是实现生产乃至经济的社会化。人类的发展方向就是社会化程度的不断扩大和加深。马克思所说的解放，是指把人从受侮辱、受奴役的社会关系中解放出来，从而“把人的世界和人的关系还给人自己”。这种解放不可能只在一个国家单独实现，必须在全世界各国、各民族获得了普遍发展的基础上全面实现，当前的社会化、全球化正是这种全面实现的必经之路。马克思主义从来都是一种客观真理，现在的问题是社会上的很多人失去了这一信仰，也失去了集体主义的信仰，极端个人主义统治了很多人的思想。没有信仰必然导致无政府主义的混乱状态，导致拜金主义、封建迷信和邪教的产生和社会上的种种纷争，因此当前建设的首要任务是重新在全社会树立马克思主义信仰这个意识形态的核心。

许毅提醒人们，由计划经济向市场经济的转变，是在坚持社会主义方向和四项基本原则前提下的变革，在此必须牢记一个根本原则，那就是不同的社会制度之间可以往来，但是这种往来只是在工商业和经贸往来的具体操作方式上的接轨，我们的改革开放也是在保证自身根本利益不受损害的前提下与国际通行的经贸“游戏规则”的接轨，这属于方法的转变，属于经济运行制度层面的接轨，而不是方向的转变，在坚持社会主义制度这个根本制度问题上是不允许有任何改变和动摇的。

（三）社会主义的建设目的与人类社会化发展

面对经济全球化进程不断加快的世界客观形势，许毅提出了社会主义的建设目的与人类社会化发展的关系问题，以及社会主义转型期应当把握的原则及立场问题。他认为，商品生产本身是社会化的，从根本上说，商品交换、商品经济、市场经济乃至全球经济反映的都不是简单的公和私的问题，而是社会化的程度问题，它们体现了生产社会化程度由小到大的发展过程，社会化的程度越高，标志着生产力的发展水平越高。社会主义制度的先进性正体现在社会化程度深度和广度的不断拓展上，而且这不仅仅是一个国家内部的问题，需要从全球角度着眼。社会主义国家实现了以生产资料公有制为基础，实现了工人阶级的领导，实现了社会化大生产，还应当在发展过程中不断引导生产向着更高的社会化程度发展。但是在社会主义初级阶段的中国，生产力的发展水平在全社会范围内远远没有达到发达的水平，生产社会化总体程度仍然很低，小生产在数量上仍占多数，虽然实现了商品的社会化生产，但也只是低层次的社会化，这一切与发展社会主义的要求还有差距。社会主义发展的过程也就是生产不断社会化的过程，没有大生产为基础，没有生产的革命化进步，社会化发展走不远。共产主义的发展目标是实现全人类的解放，从而消灭剥削，消灭三大差别，消除两极分化，实现“三个大大（生产的大大发展，劳动产品的大大涌现，人民群众文化水平的大大提高）”，而这一切必须建立在资本、组织、生产、流通、服务等都全面实现了社会化的基础之上。我国现在的经济发展水平距离这个要求还相距甚远，要实现社会化的任务只能一步一步地求得发展，不可能一蹴而就。因此，社会主义建设的一个很重要的目的就是推动生产的社会化，在社会经济发展的过程中，不断对小生产进行革命性的改造，同时使生产关系随着生产力的发展变革而变革，这样，初级阶段的社会主义才能获得快速、健康、协调的发展。

二、利用资本论

（一）什么是马克思主义“资本观”

社会主义初级阶段概念的提出，使人们对“过渡期”的长期性、紧迫性、复杂性、艰巨性有了更加清醒的认识。自党的十四届三中全会运用资本范畴来阐述社会主义市场经济以来，资本的重要作用日益为人们所认识，这也给理论界提出了新的挑战，许毅运用马克思主义的基本原理，提出了在社会主义初级阶段如何认知资本和利用资本的观点。

马克思主义认为，资本是用于剥削雇佣工人而带来剩余价值的价值，它体现了资本家和雇佣工人之间剥削与被剥削的生产关系，所有资本都带有剥削性质。但资本作为工具促进了生产力的迅速发展，具有积极和消极两方面的作用，资本的作用是存在两面性的。许毅认为，无产阶级必须正确理解和把握“资本”的历史作用及其扬弃过程，利用资本本身来消灭资本。许毅指出，作为一个历史唯物论者，马克思对资本推动生产力发展和“创造世界市场”的作用从来都是持肯定态度，在揭示资本最终必然消亡的历史规律的同时，也发现资本消亡的过程可以是一个扬弃的过程，因而提出在一定的历史阶段上由人自觉地“利用资本”来“消灭资本”的设想，其思想脉络可以这样归纳：只要资本还能够允许生产力发展，还未构成自己发展趋势的最大限制，在此阶段，资本就不应被消灭；资本本身的社会化发展也在扬弃自己，葬送资本的必定是资本本身，资本消亡是“一种自然史的过程”；人对资本并非无所作为，人的能动性十分重要，在一定的发展阶段上，人将从资本的奴隶变为利用和驾驭资本的主体，正是通过人的努力，资本消亡才能最终实现。

许毅提醒人们注意，马克思不仅提出了政治上的过渡问题，还提出了经济上的过渡问题，因为他已经发现了资本社会化的二重作用：一方面，资本的社会化是对“私人资本”的否定，从而极大地解放和发展了生产力；另一方面，资本的社会化扩大并加剧了资本与生产力的矛盾，为资本的自我否定即资本扬弃奠定了物质基础，因此股份制会成为“转到一种新生产方式的过渡形式”。

许毅指出，沿着马克思的思想逻辑，将“过渡理论”与“利用资本理论”联系起来，我们可以得出：在“过渡阶段”，人们有可能第一次在某种程度上摆脱被资本奴役的地位而成为资本的使用者和驾驭者，因此发展和利用资本、同时促进资本扬弃也就成为这个历史时期留给取得了政权的无产阶级的一个重大课题。资产阶级在历史上是一个具有革命性的阶级，但对于资本的认识是保守的，他们认为资本是永恒的，人只能是资本的奴仆。而掌握了马克思主义真谛的无产阶级则相信，资本是可利用、同时可被不断扬弃而最终归于消亡的，在过渡阶段，登上上层建筑舞台的无产阶级完全能够使资本为我所用，并逐步推进资本的扬弃。

马克思去世后的100多年里，世界政治经济发生了巨大变化，在生产力前所未有的高速发展的背景下，一方面资本社会化进程加速，资本扬弃又有新的进展，但这种资本社会化和资本扬弃仍然囿于资本主义生产方式之内，另一方面，在一些国家，无产阶级然率先登上了上层建筑舞台能动地推动社会变革，但仍处于“过渡阶段”并在探索过渡路径，马克思当年的基本判断和理论依然正确。然而，马克思主义不是教条，在坚持基本原理的前提下，在不断的实践中，结合现实社会活生生的情况不断获得发展正是马克思主义的魅力所在。同时，马克思主义在发展中也需要有一个认识、再认识的过程，这与实践的关系很大，在坚持正确的理论和发展方向的前提下，一切实际行动纲领要以时间、地点、条件为转移。十月革命成功后，列宁在实践中发现了其原来对过渡阶段的认识是存在问题的，他不仅试图纠正自己及俄共对“社会主义”的“根本看法”，而且在实践中提出了在无产阶级专政条件下大胆利用国家资本主义的设想，遗憾的是历史未能给予这些设想在苏联进行实践的机会。值得庆幸的是历史把机会给了中国，从邓小平的反思开始，中国特色社会主义在实践中不断解放思想，将改革开放作为一场新的革命，已逐步摆脱苏联关于社会主义错误认识的困扰，其实践不断回归马克思“革命的社会主义”的轨道，党内对“最高纲领”和“最低纲领”辩证关系的认识、对现阶段利用资本的认识等都在实践中进一步提高。在中国特色社会主义的实践中，利用资本的探索已经一步步走向深入，并已成为改革开放隐含着的一条逻辑主线，中国生产力的快速发展无可辩驳地反复印证着资本在促进发展方面的积极作用。

许毅认为，现在实践已经走到了理论的前面，就目前而言，在理解马克思的过渡理论和利用资本的思想实质，并一脉相承地加以发展方面，我们的理论研究相对较弱。如何把握过渡阶段的任务和历史跨度？如何认识资本的两面性？为什么要“利用资本本身来消灭资本”，利用资本与消灭资本在何种情况下才能达到辨证统一？利用资本主要是利用什么样的资本，如何利用？这些理论问题说不清楚，我们的工作就会缺乏政治远见和经济手段，我们就难以实现政治上和经济上的和谐过渡。事实上，改革开放以来，社会上“姓资姓社”的理论争论不断，对中国的改革开放以来搞的究竟是中国特色的社会主义，还是中国特色的资本主义的怀疑亦有之，直到最近仍然存在关于改革方向的不同主张，在这些论争中，大家都把马克思抬出来了，但都存在对马克思的过渡理论和利用资本学说缺乏理解的问题。也有些人是在并不了解马克思的思想体系的情况下批评马克思，或者认为马克思主义已经过时了。许毅呼吁，实践已经给我们提出了严峻的挑战，要求我们对社会主义条件下利用资本问题作出马克思主义的回答。他说：当我们在经历了近 30 年的改革开放，站在中华民族伟大复兴的一个新的历史起点的时候，如果对这些问题不进行深入的研究，使理论落后于实践的状况长期存在，不仅形形色色的“左”的或“右”的东西会伺机抬头，而且发展的思路也可能会受到束缚，生产力发展的潜力有可能不能被充分发挥出来。

（二）资本是改造小生产的好工具

许毅认为，资本作为工具在不同的阶级掌握下发挥的作用是不同的，也就是说，资本的作用是存在两重性的。在资本主义社会，资本占统治地位，是经济社会发展的动力，人是资本的奴隶，而在社会主义社会，人民生存条件的不断改善是经济社会发展的动力，资本是服务于这个目的的手段，是改造小生产的工具。

许毅指出，在社会主义制度下，虽然私营企业和三资企业的资本仍具有资本主义经济的一些共同特征：生产资料归私营企业主和外商所有，建立在雇佣劳动基础上，企业主和雇工之间仍然是剥削和被剥削的关系，私营经济和三资企业的资本是存在剥削的，在社会主义初级阶段，这种剥削也是不可避免的，但这种剥削与资本主义国家的剥削具有明显的不同，它处于社会主义经济环境之下，国家可以通过经济、法律和必要的行政手段把这种剥削控制在一定范围之内，所以即便存在剥削还是应该鼓励其发展。另一方面，在社会主义制度下，公有制形态的资本掌握在国家和集体手中，劳动者创造的必要价值和一部分剩余价值通过初次分配已经返还给劳动者，大部分剩余价值则上交集体或国家，最终直接或间接服务于人民，因此这种带来剩余价值的资本虽然带有剥削性质，但剥削的结果有利于多数人，而不像资本主义国家那样，服务于少数人。就资本的积极作用来说，资本能促进小生产向大生产发展，从而也就推动了生产力的发展，生产力提高了，劳动创造的价值也就增加了。改革开放以来，由于我们合理利用和引进各种资本，公有制的实现形式不断多样化，同时鼓励和引导非公有制经济健康发展，从而使生产力得到了空前的发展，国家经济实力迅速增强，人民生活水平也明显提高。能够取得这样的成就，得益于我们充分发挥了资本的作用，这是一个可贵的经验。

许毅认为，我国虽然在一定范围内实现了工业化和社会化大生产，但也只是低层次的社会化，小生产仍然在全社会占有很大比重，落后的小生产与发展社会生产力之间还很不适应。而资本具有促进小生产向大生产发展，从而推动生产力发展的作用。首先，市场经济乃至全球经济从根本上体现了生产社会化程度由小到大的发展过程，社会化的程度越高，标志着生产力的发展水平越高。社会主义发展的过程也就是生产不断社会化的过程，没有大生产为基础，没有生产的革命性进步，小商品的社会化发展走不远。因此，只有在社会经济发展的过程中，不断对小生产进行革命性的改造，同时使生产关系随生产力的发展而变革，初级阶段的社会主义才能获得快速、健康、协调的发展。第二，社会主义初级阶段最突出的特征和最现实、最急迫的任务就是改造仍广泛存在于各个社会经济领域中的小生产。必须循序渐进、一步一步地将小生产改造为社会化大生产，发展生产力，逐步克服三大差别，利用资产阶级法权和利用市场经济为建设社会主义服务。第三，利用资本是为了发挥其对小生产进行革命性改造的和发展生产力的能力，这是社会主义初级阶段发展商品经济和市场经济不可逾越的道路。同时，要以资本为纽带，坚持以公有制为主体多种经济成份长期并存、共同发展的基本经济制度。

（三）应重视资本的纽带作用，也要克服其消极性

许毅认为，公有制必须在保持其本质的前提下寻找多种实现形式，与资本实现共赢。他指出，在非公有制领域发挥作用的是资本，公有制经济要通过市场来实现对非公有制经济的引导，就必须要有充足的资本，必须通过资本对资本的方式实现。同时，国营企业和民营企业都是有两重性的，需要加以分析，取长补短，以资本为纽带，实现彼此共赢。不同的所有制以及同种所有制内部不同的实现形式之间，在市场经济的发展过程中彼此必然会发生越来越多的交互作用，它们共同的发展方向就是社会化水平的不断提高。生产方式社会化水平的不断提高是一个客观经济规律。在市场经济体制下，公有制经济应以“三个有利于”为衡量原则，努力寻找能够极大促进生产力发展的公有制实现形式。另外，他还结合经济全球化趋势，

提出了关于以资本为纽带，利用国外资本促进我国生产力发展的思想。

许毅指出，在利用资本对农业生产方式改造的过程中，城镇作为农业市场化的龙头，既是资本的积聚地、资本运作的场所，又是技术指导的中心。农村小城镇出现的根本原因在于以资本为纽带，以经济关系决定人际关系。农村小城镇的出现，是经济发展的产物，也是现代化农业体系所决定的。小城镇的建设，要以发展农村现代化的进程为基础，建立在社会主义市场经济基础之上。只有在现代化进程中的城镇化，才是真正现代化的城镇化，只有抓住资本在农业发展中的作用，我国的农村城镇化才能真正走上符合中国国情的康庄大道。

许毅指出，在发挥资本的纽带作用的同时，必须注意要克服其消极作用。一方面，帝国主义亡我之心不死，资本也必然成为他们企图借以控制我们的工具之一，对此需要通过政治、外交手段来加以智慧地解决。另外，对于资本造成的三大差别问题，必须在生产增长的基础上，由上层建筑出面领导组织，能动地实现分配方面的公平与效率并重，从而有意识地、分阶段地逐步缩小三大差别。对于我们这样的发展中大国来说，由于生产力发展的不平衡，必然存在先富、后富的问题，建设的初期差距有所拉大是不可避免的，这需要运用邓小平理论发展国民经济的方式来逐步缩小，我们还应当看到，在社会主义初级阶段，假冒伪劣、制假售假以及贪污腐败等现象确实一时难以从市场经济中得到根除，这正是“经济、道德和精神方面都还带着它脱胎出来的旧社会的痕迹”的表现，这也验证了马克思所说的资本的肮脏是一种难以完全避免的历史现实。资本逐利的本性决定了贫富两极分化的不可避免，因此我们的上层建筑应当主动加以协调，利用财政、金融手段对各种资源进行主动的宏观配置，不能放任自流。我们必须对这些不法现象进行严格的控制，将其限制在不足以对我们的市场经济建设和社会主义制度构成破坏和威胁的范围之内。对于非公有制而言，我们的社会主义允许其存在资本剥削的现象，但这种剥削是在社会主义制度下受公有制经济制导的，其程度和范围都受到国家和法律的严格控制，从其所占比重和关键程度上看都不占主体地位。

（四）在利用资本中坚持公有制主导地位

虽然我们已经在较大范围和较深的程度上引入了资本，但在基本经济制度上，许毅始终坚持公有制为主体，多种所有制经济共同发展的原则立场。他认为，在利用资本的过程中，首先必须肯定"公有制为主体"，这是由社会主义国家的性质，即社会主义经济制度的基础所决定的。其次，又必须肯定"发展多种所有制经济"，这是由我国社会主义初级阶段的国情，特别是中国现阶段社会生产力水平的多层次性所决定的。再次，对于上述两者的关系，为主体的公有制经济是前提，是居支配地位和起主导作用的，而后者则是公有制实现形式的需要，是可以而且应该用来为社会主义服务的。比如，股份制企业中由国家或集体控股，就具有明显的公有性，是社会主义公有制经济起到"支配着其他一切生产的地位和影响"的具体形式，是"普照的光"作用的落实。还有，他强调指出，经济成份多样化与生产方式一元论是对立统一的矛盾关系，是由生产力发展水平的不平衡性决定的。但公有制实现形式以及所有制成份多样化，并不等于一个社会的经济基础可以多元化，即不可以让不同性质的所有制经济共同主导社会。否则，否定公有制经济的主体地位和主体作用，就等于否定了社会主义国家的性质，否定了社会主义经济的基础。

（五）积极发展壮大“社会化资本”

在深入领会马克思资本理论的基础上，晚年的许毅带领和鼓励学生进行创新研究，他认为“资本扬弃论”是曾被忽略的伟大学说，但却是我们可以借助的“巨人肩膀”。

资本扬弃学说是唯物辩证法在资本认识论中的生动体现。“扬弃”所表达的辩证否定观认为，新事物取代旧事物并非是简单地抛弃，而是摒弃旧事物的消极因素，同时继承和光大对新事物发展有利的积极因素，最终把它发展到新的阶段。马克思将这一哲学思想用于认知资本的消亡，是他晚年的一个重大理论贡献，也是值得我们学习和依靠的“巨人肩膀”。事实上，在马克思看来，资本的性质包含着资本与劳动的对立，但同时具有生产力发展杠杆的属性。资本扬弃的实质就是随着信用制度及其基础上的资本社会化的发展，资本与劳动的对立逐渐被淡化，而资本作为生产力发展的手段的作用不断加强，当这个过程进行到极致时，资本便趋于消亡。但马克思同时指出，在资本主义制度“界限”内的资本扬弃是一个消极、自发的过程，它不会达到资本的完全的自我扬弃的程度，仍然会保留资本的内在矛盾。马克思当时也考虑过在“旧形式”下打开一个积极扬弃的缺口的问题，他曾设想由工人自己搞合作工厂，认为合作工厂虽然还有现存制度的一切缺点，“但是资本和劳动之间的对立在这种工厂内已经被扬弃”①。此设想后来在一些国家有过实践的案例。

马克思去世后的一百多年，资本主义世界发生了巨大变化，新产业、新技术的出现以及生产社会化、经济全球化对资本的社会化

① 马克思《资本论》第3卷，人民出版社1975年版，第498页。

提出了更高的要求，信用手段被更多采用，而资本扬弃也在同一进程中进一步发展。这些都在一定程度上促使资本克服私人性和消极性，向着社会财产的性质回归，但是这种资本扬弃仍然具有很大局限性：资本社会化的广度深度、资本职能与资本所有权的分离程度都只在一定的限度之内，一些命脉产业仍由大资本家族掌控，股权对于经营权仍然具有相当程度的决定性作用；资本剥削和两极分化在以新的形式延续——在资本主义国家内部，劳资的对立虽有所缓和，但贫富差距并没有缩小；在国际，跨国公司作为垄断资本的主要载体，仍以牺牲发展中国家的环境和雇员健康为代价谋取超额利润，而资本主义国家作为资本的代表，则更多地干预国际政治经济，甚至动员战争机器维护不平等的国际经济秩序，两极分化、贫富差距在超越国家的更广阔的世界范围内仍在加剧；失控的投机性国际金融资本正成为再生产的潜在破坏力量，这也从另一个角度诠释着当下资本扬弃的程度。总之，就当代资本主义国家演绎着的资本扬弃而言，马克思关于资本社会化和资本扬弃的基本论断依然是正确的，这充分表明：资本扬弃仅仅依靠自发发展的资本社会化是不够的，持续有效的资本扬弃需要社会的自觉行动。

许毅认为，一边是资本可以扬弃，一边是资本主义制度对这种扬弃的局限，那么我们的机遇和挑战就来了，我们已经建立起了马克思主义政党领导下的社会主义制度，我们能否利用它的优势自觉地推进资本扬弃，不断地对资本兴利除弊，“使用”和“克服”并进，通过一个渐进而漫长的过程直至资本实现彻底的扬弃，使之从毛毛虫最终羽化为美丽的蝴蝶？马克思没有给我们留下现成的答案，但在他看来，人对资本的消亡并非无所作为，在一定的阶段上，人们会“利用资本本身来消灭资本”[1]。正是马克思这一让人醍醐灌顶

① 《马克思恩格斯全集》第46卷（上），人民出版社1979年版，第394页。

的精彩论断和伟大预言，给我们登上“资本扬弃论”这个“巨人肩膀”进行理论和实践的创新以足够的信心。

许毅提出，“社会化资本”有可能成为社会主义条件下实现资本扬弃的重要手段。将资本分为好资本和坏资本是不科学的，资本永远具有两面性，因此“资本扬弃”比孙中山的“节制资本”高明、辩证。一旦我们突破了资本主义的“界限”，自觉的资本扬弃在社会主义条件下便具有极大的可能性，这样就能使资本“恶”的一面得到更多的抑制，同时使其“善”的一面在更大程度上得以“为我所用”。

发展壮大国有资本无疑是我们进行“自觉扬弃”的传统举措，而对私人资本，我们也可通过先进的上层建筑（包括法律规范、产业政策、财税制度、价值取向等）对其加以促进、保护、规范和引导，促其实现扬弃。这些都没错，但还不够。应用先进的上层建筑和现代信用制度这两个手段，我们还有可能制造出更大范围、更高扬弃程度的新形态资本，即所谓“社会化资本”，并使之成为资本扬弃的主力军。

随着生产力的发展，企业仅仅依靠资本的联合已不能满足扩大再生产的需要，而社会其他成员的积蓄又可以直接或间接地转化为职能资本。其中，直接转化主要指社会公众参股受先进的上层建筑引导和社会公众监督的上市公司；间接转化是指社会主义国家以国家信用方式集中资金进行的投资，以及各种社会福利性基金、产业基金、保险资金和信托资金等在上层建筑引导下进行的投资。这样，一种在保留资本增殖的属性之外，在其形成的社会化程度、资源配置的科学程度、资本职能与资本所有权的分离程度、资本增值部分分配的合理程度等方面实现飞跃，在其作用方向上与上层建筑的战略意图及社会进步的要求保持一致的——资本“社会化资本”便呼之欲出了。从我国近年来的大量实践看，通过国家信用和准国家信用形成的各种资本已属于这种社会化资本；而国有企业和在上层建筑引导规范下的上市公司已成为或极有可能成为社会化资本的载体。

从私人资本到资本社会化再到社会化资本，既是资本自身的一个演进，同时体现着人与资本关系、人与人关系的变化。马克思的资本扬弃学说是登上上层建筑舞台的工人阶级在利用资本发展生产力的同时积极推进资本扬弃，最终促使资本消亡，从而尽可能以和平方式向新的社会形态过渡的重要思想武器。在社会化资本吸引其他资本共同运作时，必然带动其他资本的扬弃，正是在社会化资本本身的发展及其影响不断扩大的过程中，资本实现着扬弃，或者说，正是在这种情况下，利用资本与消灭资本会达到辨证的统一，“最高纲领”与“基本纲领”会实现有机的结合。

许毅指出，社会化资本着眼点不是“所有”，而是“所用”，即看源于社会的资本是否能用以承载先进的上层建筑的意图而为社会所用（如果没有做到这个意义上的“所用”，充其量只是资本的社会化，不能算作社会化资本），从这个角度看，社会化资本涵盖国有资本，但其规模更大，发展它的目的就是要使更大范围的资本都能在不同程度上“为我所用”。如果社会化资本的转化、发展、运用的规律能被我们很好掌握，则社会主义中国对整个人类进步的贡献将在相当程度上通过社会化资本在全球范围内的发展和合理运用体现出来，我们将在这个全球范围的资本扬弃过程中逐渐逼近自己的目标。诚然，资本扬弃的推进，社会化资本的壮大，既取决于社会化资本的核心部分——国有资本作用的发挥，更取决于国家治理。只有很好地发挥上层建筑的作用，资本扬弃才可能成为社会自觉的行动，社会化资本才能形成且不会变味。从这个意义上讲，任何放弃最高纲领、放弃马克思主义政党对上层建筑领导的做法，都会使资本扬弃的正确导向不复存在。

（六）正确认识和驾驭虚拟资本

早在20世纪80年代中期，许毅就开始研究虚拟资本和泡沫经济问题。虚拟资本一般包括生息资本、证券资本和金融衍生品，从理论上讲，其价值只是资本化的收益，也就是一个幻想资本按现有利息率计算可得的收益。许毅指出，相对于现实资本，这种以未来可能存在的利润占有权为基础的虚拟资本，一旦其虚拟的基础动摇或消失，其泡沫就破灭了。

许毅指出，在信用有物质保障的前提下，虚拟资本能成为为现实再生产作准备的条件，例如生息资本为现实资本服务，表现为让渡资本的使用价值，即货币资本经营者把生产平均利润的能力让给了产业资本经营者，并通过银行将社会上一切可用的、可能使用的资本交给产业资本和商业资本经营者来支配；证券资本（含债权和股票）可迅速将分散在社会上资本集中起来，为再生产的扩大所用；而金融衍生品中的期货也可通过对未来价格的发现，使生产经营者把握商品价格动向、合理安排生产经营。然而，虚拟资本在为现实再生产作准备的同时，其存在固有的投机性一旦膨胀，就会破坏市场秩序，形成泡沫经济。

许毅指出，股票、债券已经成为一种商品，这种商品有自己的价格的独立运动和决定方法。一方面，它们的市场价值，会随着它们的供求和有权索取的收益的预期程度而发生变化；另一方面，有价证券的价格的涨落和利息率成反比，但由于虚拟资本不是由现实的收入决定的，而是由预期可得到的、预先计算的收入决定的，所以它就存在不确定性和投机性。正因为各种有价证券会随着货币市场上利息率的涨落及资本市场的供求状况而升降，就使得虚拟资本的运动往往离开它的物质保证性，并对现实的再生产发生干扰和冲击，造成了货币财产、房地产、股票和衍生品的虚假膨胀和畸形繁荣，马克思当时称之为“皂泡”，用今天的话来说就是“泡沫经济”。从这种意义上讲，虚拟资本就是泡沫经济的温床。

许毅指出，在高额投机利润的引诱下，泡沫经济兴风作浪的资金来源主要是银行的私下拆借（这几乎是国际投机的主要手法），从而使泡沫经济的风险成倍、成几十倍放大，从而破坏国家金融，形成金融危机。从历史上看，曾出现过美国的密西西比泡沫、英国的南海泡沫、荷兰的郁金香泡沫等等。随着金融创新带来的期权、期货等金融衍生品的大量出现，由信用所制造出来的泡沫经济对经济生活的影响越来越大，破坏性越来越严重。

许毅认为，虚拟资本既为实现再生产准备条件所必需，又有可能成为泡沫经济的温床，这就是虚拟资本的二律背反。在这种情况下，害怕它不加运用是没有道理的，放任自流是错误的。正确的做法应该是驾驭它，即取其利而避其害。许毅认为唯一有效的办法，就是禁止一切银行资金拆借用于投机性的投入，只要银行资金和国家资金不准用于投机，则泡沫经济的泡沫就膨胀不起来。为了保持国民经济持续、快速、健康发展，为了保护广大投资者的权益，国家应该制定一个“反泡沫法”。

许毅指出，资本对于剩余价值的剥削，导致了两极分化，而两极分化直接导致了市场购买力的下降；同时，资本追逐利润的本能，决定着资本积累的不断扩大。由于市场购买力不足使资本投入产业经济的边际效用下降。这决定了在垄断资本的条件下，有一部分资本必然游离出生产领域，而转向虚拟资本的投机市场。一旦投机过度，必然脱离现实生产和再生产，从而导致泡沫经济，导致经济震荡。而资本追逐利润的本质决定了资本是没有国界、也是没有感情的，只要哪里有利可图，就千方百计地投向哪里，不管是弱国，还是强大的资本主义国家，它都会去逐利。泡沫经济对经济的巨大不良影响，决定了它对资本主义经济的巨大打击力。因此，资本主义的最大敌人，就是资本主义本身的内在原因。

三、生产力认识论

（一）生产力发展的需要是改革的动因

许毅经常说，马克思主义研究问题的立场、方法、观点不能变，但其具体应用要随着时间、地点、条件的变化而不断做出符合时代发展要求的创新。马克思主义最基本的立场和观点就是：在经济和社会的发展过程中，生产关系一定要适合生产力是一个最基本的经济规律，两者的相互适应是一个不断演进的过程。一定条件下适合生产力的生产关系慢慢又会不适应生产力的新发展，两者总在动态的发展中获得平衡。由此，许毅对中国特色社会主义内涵的理解和认识就是：中国社会主义的实践及中国社会的改革变迁源于适应中国生产力发展的客观需要，源于生产关系与上层建筑反映生产力发展而引发的必然调整与改革，这种调整与改革不是凭空产生的，更不是在所谓西方经济理论及各种思潮引导下实现的，而是中国社会发展的必然反映和具体体现。生产力发展现状及生产力发展的需要始终是我们解决问题的关键所在。只有坚持这一点才能解决我们面临的问题，而坚持这一点也就意味着是坚持与马克思主义的立场、观点。因为马克思主义始终坚持在所有社会中生产关系一定要适合生产力的发展，这是一个基本规律，舍此观点我们不可能有其它的解读和结论。

许毅谈到，自己理论研究的主线和所有努力的目标，就是要回答一个基本的现实问题，如何在社会主义条件下解放生产力和发展生产力。这样，就必须按照马克思再生产理论弄清生产力和生产关系、生产关系和生产方式、生产方式与上层建筑的一层一层的辩证关系。

（二）再生产三个层面基本规律及辩证关系

许毅指出，生产力再生产，首先是物质资料的再生产，包括生产资料再生产与生活资料再生产。而在物质资料再生产中，生产手段是决定的因素，它是社会发展与进步的指示器。有了生产手段就要有劳动对象即原材料、辅助材料等，有了劳动手段和劳动对象，没有劳动力还是不行。劳动力与劳动手段、劳动对象相结合，这种结合的形式即各个不同时期人们共同活动的方式，就构成了这一社会的生产力。根据这种认识，生产资料再生产与消费资料再生产的相互关系就明白了，毫无疑义，为求得生活资料的发展，就应该首先发展生产资料，特别是生产工具，因为消费资料的生产是要靠生产工具来生产的，所以马克思对社会再生产的规律，归结为："需要是同满足需要的手段一同发展的，并且是依靠这些手段发展的"①。马克思这个原理告诉我们：需要是目的、是动力，生产是手段、是条件。这就是说，如果没有生产资料这个手段，消费资料就不可能创造出来。同时，一个社会所提出的物质资料的现实需求，其实是既有生产手段和条件的产物，从一定意义上讲，"手段"也在创造"需求"。

许毅认为，弄清楚了物质资料再生产的规律之后，接下来就要研究劳动力同生产资料结合的问题。但在分析劳动力同生产资料相结合的关系之前，必须进一步研究在生产力再生产中劳动力再生产的规律，即劳动力再生产的条件。劳动力指的是具有劳动能力的人。

① 《马克思恩格斯全集》第 23 卷，人民出版社 1972 年版，第 559 页。

劳动者在人类社会具有两重身份，他一方面是社会的人、社会的主人，他有满足需要的权利；另一方面，他又是生产力中的一个要素，而且是最活跃的要素。因之，我们更需要进行深入的研究。劳动力再生产对解放生产力、发展生产来说具有头等重要的意义。因为科技是第一生产力，而科技的发明创造，要靠具有完备知识的人，而一个具有完备知识的劳动者首先是人类智力、知识积累的继承者。只有在这个积累的继承的基础上，才能有新的发明和创造，从而才能与生产资料再生产相结合发展生产力。所以劳动力再生产的第一个条件是智力、知识的积累与继承。这个积累与继承，从社会分工的要求来说是办教育。从这个意义上说，科学技术是第一生产力，而第一生产力的基础是教育，如果把科学技术与教育放在一起来说，教育是发展创造第一生产力的第一要素，是发展生产力的基础。这个第一要素在财政分配上反映的是教育经费支出，当然还有社会消费的其他支出。历代教育经费与教育制度都是受过去的生产力水平所制约，所以在研究教育支出形式和方法时，必须首先弄清楚当时生产力水平和生产关系（分配关系）的关系。在一定生产力水平下，需要的劳动力的知识结构必须适应生产力发展的要求。一个社会的生产力的发展是不平衡的，因此，在生产力的多层次中，其需要的知识结构也是多层次的，所以要根据生产力总水平和生产力的多层次来确定教育有层次、规模和结构。从而来研究分配形式和方法。劳动力再生产的第二个方面，是劳动力体力与脑力的维护。生产工具在运用中有个维护的问题即小修、中修、大修。而人则有个生老病死的问题，所以要保持正常的生产就需要相应的医疗条件及社会保障。马克思就说过："任何人，即使是未来音乐的创作家，都不能靠未来的产品过活，也不能靠尚未生产好的使用价值过活。人从出现在地球舞台上的第一天起，每天都要消费，不管在他开始生产以前和在生产期间都是一样。”① 所以除掉劳动者的工资以及教育支出之外，还要有医药、保健支出和社会劳动保障支出。所有这些在财政制度上是通过对国民收入的初次分配和再分配的分配形式进行的，因而它是生产力再生产顺利进行的第二个重要因素。当然需要深入研究其分配形式和方法，既要保证需要，又要促进节约的制约机制。劳动力再生产的第三个方面，就是劳动者素质道德品质的提高。劳动者的智力发展了，体力恢复了，但这还不够。作为社会的人，还要讲道德、讲文明、讲互助协作，讲理想，也就是说，人与人之间还有一个精神文明的问题，这就是文化。这样，诸如广播站、文化馆、博物馆、图书馆、体育馆、艺术馆等，就成为提高劳动力素质再生产所必需的条件。劳动力再生产的第四个方面，就是社会管理与自卫能力的提高。在阶级尚存在的社会里，就要有代表统治阶级利益的国家，这一点要很好理解。因而，从事日常行政管理，组织有序的生产、分配、交换、消费的国家职能机构；维护社会秩序的专政职能机关如公检法；以及为了保卫和平建设、安居乐业不受外国的侵略，而设置强大的国防。除劳动力再生产的种种因素外，还有社会再生产的基础设施，这些设施和开支的分配，就构成了发展生产力不可或缺的因素。

在研究生产力再生产规律之后，还必须研究生产关系与生产方式再生产规律。根据马克思主义原理，生产力是生产方式的物质内容，生产关系是它的社会形式。生产力决定生产关系，有什么样的生产力，就必然会有什么样的生产关系。同时生产关系反作用于生产力。而在一定的生产关系中，起决定作用的是生产资料占有方式。因为生产资料的占有决定着劳动者同生产资料相结合的特殊方式，决定着人们在生产中的相互关系，决定着产品的交换形式和分配方

① 《马克思恩格斯全集》第23卷，人民出版社1972年版，第191页。

式。比如，我国在鸦片战争失败后，认识到武器落后，才想到要“师夷之长技以制夷”，这才引进了西方的先进科学技术，办起枪炮制造厂，从而发动了“洋务运动”，兴修铁路、邮电和矿山开采，从而产生了资本主义生产关系，在中国的大地上产生并逐步壮大了资产阶级，于是才有资产阶级辛亥革命的胜利。这就是由先进生产工具的引进导致生产力的发展和生产关系变革的规律的典型事例。

最后，根据马克思主义基本原理，生产方式决定社会经济形态，也决定整个上层建筑。一定的生产力所产生的生产关系的总和（这个总和是涵盖了上层建筑、意识形态的现实基础，所以作为经济基础的生产方式）是判定社会经济形态的根据。我国的上层建筑是工人阶级领导的、以工农联盟为基础的人民民主专政的社会主义制度国家。在这里已经说明了，同社会主义生产方式相适应的只有生产资料公有制和由这种生产关系总和所决定的经济运行规则及经济规律体系。离开了社会主义生产资料公有制、社会主义生产方式，就不能称之为社会主义，也就不能有四项基本原则。马克思又指出：“社会制度中的任何变化，所有制关系中的每一次变革，都是同旧的所有制关系不再相适应的新生产力发展的必然结果。”① 因此所有制的变革，是生产力所决定的，这一种新的生产力所决定的生产关系，当它已经居于统治的主体地位时，这种“物质生活的生产方式制约着整个社会生活政治生活和精神生活的过程”。②

许毅指出，通过对生产力再生产规律、生产关系再生产及生产方式再生产规律、社会关系再生产规律三个层面的剖析，我们就可以把三个层次的辩证关系运用到财政学的研究中，使研究工作真正做到下联系到生产力，上联系到上层建筑（即国家政权），并把生产关系上升到生产方式的高度。这样，财政学才能真正摆脱收、支、

---

① 《马克思恩格斯选集》第1卷，人民出版社1972年版，第218页。

② 《马克思恩格斯选集》第2卷，人民出版社1972年版，第82页。

平、管的狭隘眼界而进入宏观经济学领域，建立起经济与财政相互交织，国民经济结构与社会经济结构协调，利益分配与要素分配结合好的广义财政学新体系。许毅认为，财政学是政治经济学的有机组织部分，而不是部门的经济管理学；是财政经济的基础理论，而不是纯应用性理论。

（三）生产力的不平衡性与“普照之光”

许毅指出，在任何一个社会里，生产力的发展总是不平衡的，也就是说，任何一个社会都存在着生产力的多层次性。这就决定了生产关系的多样性，决定了各个社会里的经济成分的多样性。但在众多的生产关系中，总是有一种相对先进的生产力所产生的先进的生产关系，当这种生产关系发展到占据主体地位、起主导作用时，其他的生产关系则受这种先进的生产关系的影响、制约、限制。正如马克思所指出的那样：“在一切社会形式中，都有一种一定的生产支配着其他一切生产的地位和影响，因而它的关系也支配着其他一切生产的地位和影响。这是一种普照之光，一切其他色彩都隐没其中，它使它们的特点变了样。这是一种特殊的以太，它决定着它里而显露出来的一切存在的比重。”[①]在一个社会中，哪一种生产关系居于主导地位，那么这种生产关系就会产生它的上层建筑以及意识形态。因而这种生产关系的总和就形成这个社会的“社会生产方式”。这种生产方式，马克思称之谓“社会经济结构”，指的正是社会中居于主体地位的人们共同活动的方式，即劳动者同劳动资料相结合的特定形式，并且决定这个社会经济活动的方向与运行机制。许毅认为，理论界有一批人在那里制造所有制结构多元论。这种把

① 《马克思因格斯选集》第2卷，人民出版社1972年版，第109页。

生产关系多样性说成是经济结构多元论的观点，是错误的，是站不住脚的，它只看到事物的现象，矛盾虽然是多方面的，但透过现象的分析，就能深入到本质，总之，对生产关系再生产规律的研究，除了要研究再生产的各个环节的规律外，还必须把生产关系的再生产提高到生产方式的高度，这样一切问题才会迎刃而解。许毅认为，“发展多种所有制经济”，是由我国社会主义初级阶段的国情，特别是中国现阶段社会生产力水平的多层次性所决定的。股份制企业中由国家或集体控股，就具有明显的公有性，是社会主义公有制经济起到“支配着其他一切生产的地位和影响”的具体形式，是“普照的光”作用的落实。

（四）“三农”问题破解关键：围绕农业产业化的体制创新

许毅认为，对三农问题的解决之道要做出创新，过去和现在一直沿用的是对农业的补助、支援、救济、开发、保价收购等等简单的输血救人方式，而不是通过实现农业产业化来培育农业生产自身的造血机能。寄希望于通过简单地建市场、造城镇来转移农村富余劳动力、提高农民收入的做法都是一种本末倒置的观点。现实看来，我国目前的农村经济在现有生产力基础上又产生了新的矛盾，即一家一户分散生产的农产品只能进入农村集市经营，小农的手工生产既提高不了生产力，也无法适应现代市场对农产品标准化、品牌化的要求，无法满足现代市场经济对农业生产集约化、规模化的需要。生产力无法再得到进一步提高，农民也不可能真正实现致富，只能在面朝黄土背朝天的小生产圈子里打转。要进一步解放农村生产力，就必须对已经落后于时代发展需要的生产关系进行调整，使生产关系与生产力的发展水平相一致。同时，需要从上层建筑角度提供充足的制度供给，除了应当继续贯彻土地家庭联产承包责任制以外，还要尊重农民的市场主体地位，给予他们经营自主权，鼓励农村经营体制的各种创新举措。因此，中国“三农”问题的解决必然涉及中国农村组织和生产结构的根本性变迁。

（五）以生产力视角看待晚清外债

外债是国际经济一体化的产物。号称富有四海、国库存银一度高达八千万两的大清帝国被迫陷入债务国，是同资本帝国主义侵华和清政府腐败反动镇压农民起义联系在一起的，也是同帝国主义的资本输出相表里的。从这个意义上说，一部中国近代外债史，就是一部资本帝国主义侵华史。正因为这样，人们总是把清代外债钉在历史的耻辱柱上。但许毅的视角更有新意，他指出，还应看到，通过举借外债，晚清引进了先进技术发展的机器工业，从而在中国的土地上产生了先进生产力，因此必然产生比封建生产方式进步的资本主义生产关系，这是辛亥革命的物质基础。也就是说，外债在一个落后国家中本属于剥削手段的恶债，但在半封建半殖民地国家中却成了一种特殊形式的资本主义原始积累，成为形成新的生产力和新的生产关系的因素，这就是他关于外债的两重性理论。许毅反复引用恩格斯说的一句名言“没有一次巨大的历史灾难，不是以历史的进步为补偿的”[①]。

（六）军工是重要的生产力

军事工业向来是战争中最重要的，是科学技术的先锋。人类自创制工具起，就是为了生存，同自然界作斗争，所以自棍棒、弓弩到

① 《马克思恩格斯全集》第 39 卷，人民出版社 1974 年版，第 49 页。

枪炮、原子弹，既是同自然界作斗争的工具，又是人与人之间争斗——保存自己、掠夺别人的工具。人类有史以来，一切科学技术都同战争有关，首先是为了保存自己，才能够生存，为生存而斗争，历史上的一切先进技术都是来自于战争。关于军事工业对于科学技术的发展的意义，首先要承认它是生产力，军工生产是资本主义生产方式的一个很大的推动力，军工生产问题不能排除在生产力之外，要承认它是创造生产力、发展生产力的一个重要部分。许毅指出，洋务运动实质上在很大程度上是以造枪炮为重要内容的对外学习开放的科技兴国强国运动，在镇压太平天国起义的过程中，封建统治者认识到冷兵器已经落后于时代，必须发展火炮等热兵器，于是以封建上层建筑为主导开办了多家军工企业，并从西方引进了大批机器设备，由此以军工领域为起点逐渐引进了资本主义生产方式。

许毅经常提醒人们认识国防对生产力的牵引、互动作用。他曾讲："国防现代化是四个现代化的重要组成部分，军费在财政分配中占有十分重要的地位，国防具有保卫生产力和发展生产力的双重职能。国防财政在改革、开放的新形势下，同样体现了它对发展生产力特有的巨大影响作用。"他指出："人类的历史发展表明，科学技术获得的最新发展通常总是会首先运用到国防领域，进而再产生与社会经济的互动作用，也就是说国防科技的研发速度通常会领先于其他领域的科技发展水平。""一个国家是否列入世界强国之林，是以科学技术尤其是军工科技能否在世界上居领先地位为标志的。政治是经济的集中体现，政治上的强弱是以国民经济的强弱为基础的。国民经济的强弱是以科学技术的领先程度为基础的。而科学技术的领先程度则以军工科技的领先为标志。因此，军工科技是国民经济强弱的测量器。所以，马克思称暴力即经济力。国防军备的先进与否，就成为国民经济强弱的衡量标准。这就是国防战略同经济发展战略之间相互作用的关系的特点，也是马克思主义的‘科学技术是第一生产力’的理论依据。”

四、比例与平衡论

（一）马克思再生产理论是把握宏观经济运行规律的钥匙

马克思再生产理论是许毅常念的“经”，他认为再生产理论是人们认识宏观经济运行规律，借以科学地进行宏观经济调控的思想武器，任何一个管理或研究宏观经济的人，如果不真懂再生产理论，那他就不可能真正认识和把握宏观经济运动的规律，而建国以来屡屡发生的国民经济总量和结构失衡失调问题均与违背再生产规律有直接关系。

马克思主义认为，生产、分配、交换和消费构成社会再生产或者说宏观经济运行的四个环节，它们之间存在着辩证关系。许毅强调应重点从三个方面理解这一理论：

首先，生产是社会再生产四个环节中起主导支配作用的主导环节，是一切经济活动的前提和基础，没有生产，就没有分配、交换、消费。生产方式决定分配方式包括两层意思，一是生产方式的社会性质决定分配方式的社会性质，资本主义生产方式的性质决定了分配的资本主义性质，社会主义生产方式的性质决定了分配的社会主义性质。二是生产方式的生产力社会化程度决定了分配方式的社会化程度。小生产背景下的生产决定了分配必然狭小；大生产背景下的生产决定了分配必须宏观，即大生产决定大分配。

其次，消费是目的，生产是手段，离开了消费这个目的，生产就没有意义，社会再生产就偏离了正确的方向。所以说，一个良性的宏观经济运行，一定是以消费为导向的，或者说，是以满足社会成员对美好生活的追求作为价值取向的，反之，宏观经济的运行一定会出问题。

第三，虽然分配关系和分配方式只是表现为生产方式的背面，分配结构完全取决于生产结构，分配本身是生产的产物。但分配也不是消极的、被动的，它对生产有着积极的反作用，在一定条件下决定着生产。具体而言，决定着生产的分配包括两方面内容：一个是生产条件的分配，一个是生产成果的分配。因此，分配反作用于生产是从两方面影响经济运行的：生产条件的分配，表现为由生产力规律所决定、并影响生产力发展的生产要素分配；生产成果的分配，表现为由生产关系确定的、调节人们利益关系的利益分配。这两种分配既是由生产决定的，又反作用于生产，它们共同作用于生产力再生产和生产关系再生产的全过程。综观当今世界各国经济发展过程中普遍面临两大共同性问题的挑战……收入公平分配问题和资源合理配置问题，其实质就是生产成果的分配和生产条件的分配。分配得当，就可以促进生产力的发展，分配不得当，必然阻碍生产力的发展。

20 世纪 90 年代，在以放权让利为主要特征的改革的背景下，经济高速增长，但运行质量逐年下降；社会财富总量成倍增长，财政拮据的矛盾却更加突出。许毅运用马克思再生产理论深刻指出：第一，社会主义分配改革，应基于前面所讲的两个共同性问题，应认识到是这两种分配共同作用于生产的客观规律，偏废任何一种分配的改革和调整，都会不利于生产力的发展，不利于宏观经济的健康运行，要素分配问题应当受到重视。第二，必须拓宽分配的领域，以大分配对应大生产，他呼吁建立广义财政学，以更宽广视角的新财政观取代传统财政观。

（二）积累、消费比例失调是计划经济失衡的主要成因

有关积累和消费的比例关系问题，是 20 世纪 80 年代经济学界讨论最多的问题之一，其中，许毅对计划经济条件下宏观经济失衡的分析总结是较为深刻的。许毅指出，按照社会再生产的需要，总产品分配中必须形成三大基金：补偿基金用于补偿个消耗掉的生产资料；消费基金用于补偿劳动者个人消费和社会消费；积累基金用于扩大再生产和增加非生产性基本建设以及建立物资后备。在三大基金中，补偿基金对生产结构不起决定作用，但对产品结构特别是技术结构是有影响的，但消费基金和积累基金的结构则对生产结构具有极大的影响。首先，消费基金比例越大，则积累基金比例越小；积累基金中生产性积累越小，扩大再生产的规模就越小，反之则越大。其次，积累基金中的生产性积累用于第一部类的扩大再生产的部分越大，生产资料的生产就会发展得越快；用于第二部类扩大再生产的部分越大，则消费资料的生产就会发展得越快。这是分配结构反作用于生产结构的结果。

许毅认为，积累和消费之间的比例是国民经济运行最重要的平衡关系。在资本主义社会，积累和消费的结构是主要通过市场、在周期性经济危机中自发形成的。繁荣时期，资本家为追逐利润，往往热衷于扩大积累，加速扩大生产，这时全社会的积累比例就会相对提高。但是生产盲目扩大和劳动者购买力受限又会使社会生产相对过剩，资本家在此情况下就会对投资裹足不前，这时积累的比例又会相对下降。直到经过危机的破坏作用使生产和消费重新达到平衡。

许毅指出，计划经济的本来的初衷是按照再生产规律自觉地处理好积累和消费的比例关系，兼顾人民的现实利益和长远利益，按

照最有利于扩大生活资料生产，使人民的物质文化需要得到最大满足的生产目的来安排第一部类的生产资料生产，并在生产性积累中保持一二部类的相互协调。鉴于计划经济财政分配对这些比例的制约作用巨大，因此控制好财政这个分配闸门，就能基本控制好宏观经济比例和平衡。然而，实际情况却不尽然。虽然“一五”期间积累率保持在较为合理的24.2%，八大对此期间积累消费矛盾的处理有了初步总结，周恩来在“二五”计划建议中提出“由于我国国民经济还很落后，农业所占的比重还比较大，人民生活的水平还比较低，因此，积累部分在国民收入中所占的比重不可能也不应该有过多的和过快的增长”①，但实事求是的经济建设思路并没有得到贯彻。1957年反右以后，经济建设上“左”的思想占据了上风，并愈演愈烈。改革开放前的30年，我国出现了积累率的三个高峰，“大跃进”一个高峰，十年动乱一个高峰，打倒“四人帮”后的“洋跃进”又是一个高峰，1958年－1960年平均为39.1%，1971年－1975年平均为33%，1976年－1978年平均为33.2%。许毅指出，急躁冒进、积累过高是过去许多年我国经济受挫的总病根，这种违反再生产规律的做法严重影响到了消费和人民生活水平，挫伤了人民群众的积极性；造成国民经济波动和失衡，使供给和需求长期存在很大缺口；使得投资的经济效益低下，造成严重的经济损失和浪费。

合理安排积累率的指导思想，应当是生产和生活兼顾，积累和消费相互协调，也就是从实际出发，量力而行。第一，是要吃饭，这是目的，第二，是要建设，这是手段。既不能只要目的，不管达到目的的手段，也不能只要手段，忘记了目的。两者的关系是辩证统一的。许毅不赞成用“生产速度法”和“消费目标法”来确定积

① 《中国共产党第八次全国代表大会文献》，人民出版社1957年版，第126页。

累率前者是先设定生产增长速度，然后倒推出所需的积累率；后者先设定消费增长目标，然后倒推出积累率。实践中这两种方法导出的积累率都偏高。针对积累、消费这对矛盾，20 世纪 80 年代初许毅指出，提高劳动生产率，是在提高人民的消费水平的同时保持积累率不降低的解决之道，此后 30 多年中国经济发展的实践证实了这一点。

（三）综合平衡是宏观经济的客观要求

财政、信贷、外汇和物资的综合平衡理论，是我国计划经济体制下最重要的理论成就之一。1957 年，陈云对新中国财经实践经验进行了提炼，提出建设规模必须与国力相适应的思想，指出“只要财政收支和银行信贷收支是平衡的，社会购买力和物资供应之间，就全部来说也会是平衡的”①。理论工作者将这一思想进行系统整理，归纳为财政、信贷、外汇和物资综合平衡（即四者各自平衡及其统一平衡）理论。许毅作为综合平衡思想坚定的研究者和实践者，将这一理论置于政治经济学的高度加以阐述。他认为，综合平衡的实质是一个要素合理分配问题，它包括财政收支平衡、银行信贷平衡、外汇平衡和物资供求平衡，其的目的是使生产结构的合理化，使社会再生产能够顺畅进行，处理这些平衡归根结底是为了实现资金和物资的平衡，因为社会再生产的过程从理论上和现实中都是价值补偿和物质替换运动的统一，两种运动是互相制约的。在经济工作中，应该用财政、信贷、外汇这些货币形态的综合平衡来制约物资的供求平衡。许毅指出，在我国综合平衡受到破坏的原因在于常常发生财政信贷超分配，这种超分配多数是由于积累基金分配过头

① 《陈云文选》第 3 卷，人民出版社 1995 年版，第 52 ~ 53 页。

所造成的，也有因为积累基金和消费基金同时超分配造成的，无论何种超分配形式都会使国民经济结构发生失调，从而导致社会再生产运动发生阻滞。许毅认为，经济结构和分配结构问题，实质上就是比例、平衡、效益和速度辨证统一的问题，研究综合平衡，最重要的是结构问题或比例关系。20 世纪 80 年代初，针对“洋跃进”给国民经济带来的失调，许毅在综合平衡思想的指导下，参与促成了那一轮的国民经济的调整。

许毅认为，在社会主义市场经济条件下，综合平衡作为宏观调控的传家宝不应丢弃，因为综合平衡实际上是宏观经济正常运行的客观要求。当然，在新的形势下，综合平衡的考量内容会有所变化，比如一定限度的债务收入可以用来平衡财政收支；信贷平衡则应着眼于货币供应量与经济发展速度相匹配等等。同时综合平衡的实现手段也有变化，比如过去基本上通过计划一种手段去实现，现在则有市场和计划两种手段；过去信息技术手段不足，拍脑袋的情况较多，现在依托计算机技术，综合平衡计划有可能更加靠谱。

五、所有制与产权论

（一）全面把握“所有制”概念

许毅发现，不少人对所有制的理解是简单化的，纠正这一重大基础理论问题认识上的误区很有必要。他指出，在马克思以前，人类思想史上已经存在着形形色色的所有制观，典型的有三种：自然法财产理论、乌托邦公有制理论和劳动财产权理论。这些理论虽然各持一端，但都认为所有制是人对物的关系，私有财产神圣不可侵犯。在以自然法财产理论为基础的 1776 年美国独立宣言中，就把个人获得和保持财产称为“天赋人权”；而1789年法国国民议会通过的《人权和公民权宣言》则把拥有私有财产称为“天然的和不可剥夺的人权”，“神圣不可侵犯的权利”；同样，从柏拉图的“理想国”到孔子的“天下为公”的大同世界，这些乌托邦的公有制强调的也都是人与财产的关系，而马克思的贡献在于，他把所有制作为生产的社会形式来研究，从而揭示了所有制的现实经济内容和实质：

首先，所有制是指生产关系的总和。它包含在社会生产之中，贯穿于社会生产的全过程；它与物质生产力构成有机的统一体。所有制不简单是人对物的关系，而是人们在社会生产过程中结成的人与人之间的关系。但是它的形式或方式总是表现为一定的意志关系和法律关系，总是通过人对物的关系来体现。因此，既不能简单地将所有制仅仅当作人对物的关系来理解，也不能脱离开人对物、主体对客体的占有关系抽象地谈论人与人的关系。

其次，所有制不是恒定的、封闭的，而是会经常更新、不断发展的。所有制关系总是体现于一定生产力基础上的生产、交换、分配、消费的活动过程中，随着生产力的发展，这些活动也得不断发展变化。相应地，体现其中的劳动者同生产资料相结合的形式，以及由此决定的人和人之间的交往形式也得不断更新。

由此，马克思确定了所有制的经济本质和社会生产中的地位，这就是：所有制是社会生产的前提，是生产的社会形式，所有制作为生产方式的要素，包括在生产之中。许毅指出，这样把握所有制概念，具有以下几方面的理论与实践意义：

第一，决定所有制发展变化的根本原因是社会生产力。任何生产资料所有制形式都是生产的产物，只有当社会生产力发展到一定阶段，相应的生产关系或财产关系才会产生。私有制是在一定生产力发展水平上产生的，而资本主义私有制则是在生产力和社会生产分工都有相当发展的基础上产生的。同样社会主义公有制也必然是生产力发展，生产社会化的自然要求。

第二，实现了变私有为国有并不等于建立了社会主义公有制。因为所有制是一个随生产力发展而不断发展和演变的过程，所以任何一种所有制的建立都不是简单的财产权的转移。它只有在社会生产运行过程中才能得以体现。社会主义公有制的建立也就不是简单的剥夺剥夺者的问题。单纯的生产资料国有化本身决不意味着社会主义公有制的建立；只有当整个社会的分配、分工、协作、劳动管理等都具有了与之相适应的形式，才算建立了真正的巩固的社会主义公有制，而这一切都靠发展生产力来完成。所以社会主义在取得政权后，努力发展生产力便成为头等大事。

许毅认为，从小生产到大生产，从私有制到公有制，其实反映的是社会化程度的不同。社会主义制度的先进性应当体现在社会化程度的深度和广度的不断发展上。社会主义国家实现了以生产资料公有制为基础，实现了工人阶级的领导，实现了以社会化大生产为基础，是社会化的国家，并且在发展过程中不断引导生产向着更高的社会化程度发展，应当从推进生产的社会化这个历史高度来理解和运用公有制，而不是相反。

第三，不能用法律创造或废除所有制。因为所有制是一定生产关系的总和，所以它和作为一般财产的法律表现形式的产权是有严格区别的。所有制是一种现实的经济关系，它不是人们的主观意志的产物，因而是不能随意以法律形式创造或废除的。

（二）科学认识界定产权

在现实经济改革中，产权改革问题曾引起人们的重视。但什么是产权？它和所有制是什么关系？许毅认为，产权是一定所有制关系下经济活动中的当事人对财产的一种意志关系，它通常表现为当事人对一定财产的支配、转让等权能。其中包括两层含义。

第一，就基本内容而言，产权是人对物的意志关系。在实践中，维护协调这一关系的机制是多方面的。如道德习惯，暴力强制，行政权力，法律约束等等。在现代经济条件下主要表现为法律形式，即使采用其它机制往往也得靠法律来保障。所以产权也就是法权。

第二，从涉及的范围看，产权关系主要存在于经济运行的横向过程中。经济运行是个十分复杂的动态系统。它一方面是资源在整个国民经济中范围内的配置，另一方面是各经济当事人的活动。其中财产运动和各经济当事人的权益关系是不断变化的。这样，当经济当事人的权益关系缺乏界定和协调时，经济运行便无法有序高效地进行。因而运用适当的机制来界定、维护经济当事人的权益关系，是经济正常进行、资源有效配置的客观要求。

许毅指出，产权理论是西方经济学家在对传统的微观经济学进行批判性思考的过程中提出来的。传统西方微观经济学研究重点是资源稀缺和竞争条件下的资本增殖，然而人们的经济活动除了受稀缺性和竞争性影响外，还受到反映经济关系的体制与法律的约束。竞争和资源稀缺使得人们追求以廉价资源取代昂贵资源，从而降低成本提高效益。但是，社会制定的各种规则作为一定的社会生产方式的要素，规定了人们进行竞争与合作的条件与方式。如土地所有者所拥有的就是以一定的方式利用土地的权利。土地所有者的权利并不是无限制的，他虽然可以阻止别人利用“他的”土地，但这并不等于说他就可以任意的利用。如某人拥有学校边的一片土地，他可以用它来种庄稼或建民房，但却未必能用它来建农药厂或鞭炮厂，因为这会危及学生心身健康和安全，法律和政府规定都不会允许。事实上，对个人权利无限制的制度就是无权利的制度，西方学者把这样的制度规定称为产权界定，并且认为在社会经济活动中，重要的基本的规则是这样的产权界定，在竞争性市场经济中，整个社会资源配置的有效性就取决于产权界定的清晰度，进而认为，经济学的主要任务就是分析这样的产权界定。

许毅指出，西方产权理论是存在严重的阶级局限性和逻辑缺陷的。它离开所有制的质的规定性来谈所谓产权界定，把资本主义条件下的经济矛盾简单地归结为人与物的矛盾和利益分配问题，既犯了本末倒置的逻辑错误，又掩盖了资本主义生产关系的实质。事实上，任何法律权利的确定都是受所有制关系的制约的，都只能在既定的所有制关系下进行。离开这种约束关系来谈产权界定是不科学的。

但许毅也指出，如果仅从方法论的角度而言，从建立市场机制的需要看，产权理论是有一定的应用价值的。其最大的特点就在于：注意到了在社会经济运行层次上，上层建筑对经济基础，行政法律手段对经济活动，体制对利益关系的巨大影响；强调运用产权形式来有效地组织资源优化配置。

（三）产权与所有制的关系

许毅指出，很多人以为产权就是所有制的代名词，同样，产权关系也就是所有制关系。这不仅产生了理论的混乱，而且贻害于改革实践。应注意辩析产权与所有制的关系，并在实践中处理好两者的关系。

第一，所有制关系决定着产权关系。任何产权关系都是在一定所有制关系下产生、发展的，所有制的性质与内容决定着产权的性质与内容。正如马克思所说，“这种法权关系或意志关系的内容是由这种经济关系本身决定的”。

第二，产权关系也制约着所有制关系。任何所有制关系下的财产只有投入经济运行才能发挥现实的经济效力，而财产的运用必须符合商品经济的规则和规律，即体现一定的产权关系，适合产权流通的要求，直接调整着各经济当事人的义务、权利、利益和责任关系。但是，它不能改变所有制关系。

但产权关系和所有制关系存在着严格的区别：

第一，它们在经济关系中所处的地位不同。所有制关系居于社会经济制度的最基本层次。所有制实际上是一个分析社会基本制度的概念，主要讲的是社会形态中劳动者同生产资料相结合的方式，即生产条件、生产成果的最终归属问题。同时，它也是对特定社会形态下人们在社会再生产各个环节中的经济关系的理论抽象。产权关系则位于社会经济的运行层次，是适应一定所有制条件下的市场运行而产生的意志关系。它通常以具体的法律规范加以界定，如民法、商法、公司法、证券法等等。它一般表现为经济当事人的具体义务、权益、责任等。有所有权，必然有产权，后者是前者的体现形式。

第二，产权仅仅是经济关系的表现形式，与其表现的经济关系即所有制关系既有联系，但又不是一回事。比如国家，既有资本主义的国有，又有社会主义的国有，也有封建主义的国有。这种种国有产权，具有不同质的生产关系，属于不同所有制，所以不能混同。所有制和产权是从不同角度解释同一种经济关系，即所有制是直接从经济关系角度，产权是从具有契约形式的法律关系的角度。如所有权由被继承人手里转移到继承人手里等都会引起产权的变化，但却不会带来所有制关系的变化。又如一些尚未进入生产资料的资源，象知识产权、信息占有都不会构成生产方式的内在要素。

第三，所有制在任何社会都存在，区别只在于它在不同的社会中具有不同的形式。产权却不是这样，它是一定历史阶段的产物。如人类曾在社会共同占有生产资料、共同劳动、共同分配劳动成果的情形下度过了一个漫长的时期，那时既没有私有也没有阶级和国家，根本谈不上产权。我们要最终废除的是生产资料私有制，而非一般财产如个人消费资料的所有制。而产权则不是这样，它包括所有财产，甚至包括属于个人的消费资料财产。产权若不与所有制相区别，势必导致严重错误。

第四，主体的形式不同。所有制关系由于主要强调生产资料的终极归属关系，所以，在许多场合可以来取非人格化的形式。如以国家、集体作为所有者的代表。产权关系由于需要具体界定当事人对财产的权利、义务和责任的限度，当事人需要履行法律手续、进行法律监督和法庭诉讼等，所以，产权关系必然要求对财产及财产权利采取人格化形式。如企业设立时必须由法人代表进行登记注册。

许毅认为，产权关系与所有制关系相互联系，但不可以相互混淆，相互替代。如果用产权关系来代替公有制关系，必然会模糊社会主义经济关系的基本方向，歪曲社会主义经济关系的本质。反之，以公有制关系代替产权关系，又不利于在坚持公有制的前提下发展社会主义市场经济，容易导致公有财产无人负责、无人关心和运营效率低下的局面，最终将威胁公有制的存在和发展。

但产权关系和所有制关系的严格区别也不等于两者可以相互割裂。我国是社会主义国家，关于社会主义国有产权关系的确立、发展安排不能不受社会主义公有制的强烈约束，但在市场经济下，这种约束又往往具体通过对法人代表的权责利明确界定得以实现。应在维护公有制主体地位前提下对产权关系进行科学界定，在股份制改革时，如果只关注股权（作为产权）的划分，忘记了建立股份制的根本目的是为了巩固和发展社会主义公有制，放弃公有制的领导地位，最终很可能步入将社会主义公有制化为私有制的歧途。

总之，所有制关系与产权关系实际上是社会经济关系中，经济本质与经济运行的关系。前者属于生产关系范畴，后者是抽象的生产关系和具体的物质资料的结合。在社会主义社会中，公有制关系定义了社会主义生产关系的性质，只有在这一性质范围内来研究产权理论，明确产权关系，才能为国有企业和整个市场正常运行创造良好条件。离开所有制谈产权就会使产权研究和界定失去前提，最终得出的只能是似是而非的结论；反之，如只停留于所有制层次的思考，忽视产权研究，就会失之抽象，使理论失去可操作性。

（四）在股改中坚持公有制与利用产权工具相统一

许毅认为，股份制是现代企业的一种资本组织形式，可为我所用，成为公有经济扩展影响力的重要工具，要做到这一点，“关键看控股权在谁手中”。为了既保证公有制的主体地位，又能充分应用股份制这一有效的产权工具，应明确股份制的战略地位。

第一，应借鉴托拉斯、康采恩等现代企业组织形式，按产业组建大型国有独资的有限责任集团公司，作为控制国民经济命脉的母公司，形成社会主义生产方式的基础。第二，在母体中选出核心企业，应用股份制手段，联合其它经济成份，组成母公司控股的股份公司，作为行业中具有活力的中坚骨干。第三，股份公司又可以继续应用参股或控股的办法建立跨地区、跨所有制的子公司、孙公司，并同广大的乡镇企业及外商投资企业结成某种形式的联合，形成行业体系，以利于专业分工协作和产业政策的实施。总之，通过国企的改革，最终形成母公司——股份制核心企业——子公司——孙公司这样一种有序的现代企业制度框架，以实现社会主义基本制度与现代产权制度的有机结合。

许毅认为，对国有股的比重和是否允许上市没有必要搞统一的死规定，可以因事制宜，灵活处理。如在股权较分散，控股效能较高的企业，国有股比重便可以少胜多，降低参股比重；对某些对国计民生不居主导地位的产业或企业，除产业政策规定必须发展的部分外，不允许发行股票；至于某些国家不需控制的企业，可以出售国有股或全部财产，相反，在需要加强腔制时也可以收购。

许毅建议，国有资产管理体系应设计成一个开放的动态体系。例如，当某新型产业成熟后，国家扶持的任务就算完成，就应该退出这一产业，而让私人企业进入参与竞争；对一些新型的垄断行业、幼稚产业可以适时收归国有；对原来的产权不明确而事实证明必须由社会统一控制的财产或产业可以将其产权收归国有；对经济效益差、长期经营亏损又没有发展前途的企业，就应当根据破产法进行破产清理，而不能听任其不负责任地负债经营下去。

许毅认为，对国有资产应根据成本效益原则进行分类，分别采取不同办法和措施进行经营管理：第一类是矿山、河流、森林、草原等，这一类能带来巨大社会财富的自然资源目前只能国有国营，而不能交给任何个人和集体。反之就必然会受到破坏，影响生态平衡。第二类是铁路、民航、公路、市政基础设施，这一类具有垄断性的企事业可实行国有，有条件的可以采用租赁等办法经营。第三类是国家投资建成的非垄断营利性的国有企业与合资企业的国有资产，这类以增值为目的资产应根据盈利性原则进行经营，其部分产权可以进入市场，可将一些小型企业甚至个别中型企业出售给集体或个体经营。第四类是国有房地产，可用分期付款的方式出售国有房产，用批租制出租国有土地使用。第五类是无形资产，如专利、知识产权、商誉，对这类资产的管理关键是要做好立法工作，进一步明确其初始产权，让它们在市场上进行自由组合。这样做主要为了是提高资产的运行效率，使国有经济由数量上的绝对优势向质量上的相对优势转化。

六、国家职能论

（一）对国家职能的理解

许毅晚年引用恩格斯的话来深刻阐述国家的本质："国家是社会在一定发展阶段上的产物；国家是表示：这个社会陷入了不可解决的自我矛盾，分裂为不可调和的对立面而又无力摆脱这些对立面。而为了使这些对立面，这些经济利益互相冲突的阶级，不致在无谓的斗争中把自己和社会消灭，就需要有一种表面上驾于社会之上的力量，这种力量应当缓和冲突，把冲突保持在'秩序'的范围以内；这种从社会中产生但又居于社会之上并且日益同社会脱离的力量，就是国家。"① 所以许毅认为，国家的作用从根本上讲是搞调和，是冲突的控制器，从而保证社会再生产的正常进行。从历史上看，国家或其政权的更迭大多与其是否有能力缓和这种社会冲突有密切关系，任何一个代表少数人利益的国家政权，最终都因为其阶级利益的狭隘而无力控制社会冲突、实现社会的和谐从而归于灭亡。中国共产党领导下的社会主义中国不同于历史上的任何一个国家，它所代表的是中国最广大人民的根本利益，所追求的是三大差别的缩小，而实现这种目标所依靠的基本手段是生产力的发展，我们完全有能力调和社会冲突，实现和谐发展。

（二）财政职能与国家分配论

按照许毅的观点，财政学不能理解为是一个部门经济学，实际

① 《马克思恩格斯选集》第4卷，人民出版社1972年版，第166页。

上是政治经济学中关于国家分配的学说。他认为：财政是国家实现其职能的重要手段，是国家对国民经济进行宏观调控的重要工具。但财政又不等于国家，它仅仅是社会再生产过程中处于中介地位的一个环节。是国家这一上层建筑反作用于经济基础的经济手段。因此，研究财政学，就必须以马克思主义的国家学说为基础。而要科学地掌握马克思主义的国家学说，就必须坚持马列主义的哲学原理在社会科学和人类发展史方面的具体运用，坚持辩证唯物主义和历史唯物主义的世界观和方法论，从生产力再生产、生产关系再生产、生产方式再生产、经济基础与上层建筑的相互关系入手，进行全面的理解。财政学研究的是分配问题，因此，必须从整体上了解社会再生产的过程，通过分配对消费的研究，明确社会再生产的目的，确定财政政策的目标；通过分配对生产的研究，明确社会再生产的手段，研究实现财政政策的措施；通过分配对交换的研究，明确价值规律、市场机制实现的形式，研究财政为实现再生产目的而采取的方法；通过对分配本身的研究，确定财政工作的理论和操作机制，从而使财政对整个国民经济都能发挥其制导作用，使国家理所当然地成为分配的主体，从而确保财政真正地成为国家调控经济的手段，使财政学真正成为我国政治经济学重要组成部分。

国家分配论是以许毅为首的财经学者根据马克思主义的原理和我国财政经济工作的实践提出的理论体系，其主要的观点包括四个方面：

（1）主体论。财政分配的主体是国家。因此，国家分配论认为，要通过以国家为主体的财政分配，调整生产关系，使生产关系与生产力相适应，促进生产力的发展。因此，以国家为主体的财政的职能，一是要通过财政调控手段，调整好生产关系，二是要利用财政政策，调节生产力结构，以促进社会再生产的顺利进行。我国的经济基础是以公有制为主体，多种经济成分并存。这是社会主义生产方式的实现形式，是促进小生产走向大生产，小商品走向大市场的需要，是社会主义初级阶段的根本要求。因此，我国的财政工作，不能因多种经济成分并存而忘记了其目的，必须以生产资料公有制为主体，通过国家分配，达到发展社会主义生产的目的。

（2）制导论。以国家为主体的财政的两方面的职能，决定了分配的目的是制导生产力的发展和生产关系的调整，而不是简单地对预算收入的再分配，更不是简单地制造公共产品，限于公共消费。因此，财政学研究的内容，应该包括如何通过分配和再分配，消除三大差别；如何通过分配环节，来制导生产、消费和交换，使社会再生产得以顺利、有序、高效地运行。使市场配置资源基础性作用得以实现。制导论的另一层意义是：国家对经济的制导是主观在认识客观规律的基础上发挥其主观能动性，而不是瞎指挥。财政制导论必须是科学的、发挥主观能动性的制导。财政是社会经济发展中各种矛盾的集中反映点，尽管这种反映有其事实上的滞后性，但由于经济和社会发展的历史相关性，其发展都有一定的规律。因此，为确保财政在制导经济中的主动性，财政学必须研究社会经济发展中的各方面问题，充分掌握各方面发展的规律，研究社会经济发展与财政的关系，提高财政工作的能见度，加强可控度，使财政真正按战略目标有步骤分阶段地有效制导社会主义市场经济的发展。

（3）结构论。社会再生产的目的是为了最大程度地满足人民生产和生活的各方面需要。而要使这种需要的满足，就必须充分发展生产力。因此，财政制导经济的目的是发展生产力，调整生产关系，使生产力结构、生产关系结构、产业结构、产品结构、技术结构、组织结构等建立在先进的科学基础之上，使生产力不断地向现代化发展，使生产关系结构也要随着生产力结构的变化而不断发展。生产资料公有制就是消除剥削，消除两极分化，走向共同富裕的起点，因此，必须在社会经济的发展中，使其主体地位得到不断地巩固和发展。由于社会再生产的四个环节是十分相关的，每个环节对其他三个环节都会产生很大的影响。因此，结构论的研究对象，就是要从再生产四个环节入手，研究财政如何采取措施，影响另外三个环节，并通过社会再生产的运行，体现国家的意志，以确保国民经济的持续、稳定、快速发展。

（4）机制论。分配涉及各方面的利益关系。机制论，就是研究利益关系。每个政策的变化，都会影响各方面的利益，因此，必须通过机制的研究，确定最佳的利益分配格局。在社会再生产过程中，分配是一个重要的环节，它的运行，有着自身的规律。同时，它对其他三个环节的影响，也有着自身客观的规律。因此，财政学研究，还必须研究分配领域的有关规律，深入了解经济发展过程中分配领域的规律，研究分析分配和再分配的运行机制和机理，使分配领域的经济活动，更符合社会再生产的需要。由于以社会主义国家为主体，因此，财政机制，必然要充分运用法律、行政、经济、教育等手段，正确处理好国家、集体（企业）、个人以及各级政府之间、区域之间的分配关系。由于存在着资产阶级法权，因此，财政机制，必然要考虑利益机制，按照权责利相结合的原则，充分运用各种经济手段。机制论的另一个重要内容，就是在清楚如何利用法律、行政、经济和教育手段之后，研究如何使这几种手段能有机结合起来，形成一个比较科学合理的财政分配机制，使财政工作能真正符合国家与人民的利益，体现国家的目的。

许毅认为，在改革开放的新形势下，中国财政理论必须有新的突破，要从被狭隘化的“国家分配论”等老框框中解放出来。为此，许毅于1993年发出了建立“广义财政学”的倡议，他撰文论述了广义财政学的基本思路，以马克思提出的三大基金、六项扣除为原理，形成了熔直接分配与间接分配于一炉的社会主义过渡时期的财政学框架。他说，提出研究广义财政理论体系的命题，目的也正是从生产方式与分配方式、经济运行与财政政策、经济基础与国家职能的辩证关系入手，以生产力结构优化为中心，以生产力要素配置和物质利益分配之间相互协调为基点，拓展财政科学研究视野，在更广阔的范围内重新研究财政理论和政策。许毅主张在新的历史条件下，国家分配论应进一步加以充实和完善，而在发展和完善的过程中，务必掌握研究问题的世界观、价值观和方法论，领会辩证唯物主义和历史唯物主义的基本观点和马克思主义国家学说，使我国的财政学不仅成为经济学的一部分，更成为政治经济学的有机组成部分。

（三）国家要着眼于2050年的发展需要进行宏观调控

针对有些人认为西方经济学只推崇自由，反对干预的误区，许毅指出，在西方经济学中，除了以“自由放任”为特征的亚当·斯密的古典学派和马歇尔的新古典学派有着深远的影响外，资产阶级早期的重商主义、德国的历史学派、美国的制度学派、英国的福利经济学说以及各种“保护关税”的国家干预主张，也在西方有很大的市场，并创造了经济奇迹。凯恩斯主义诞生后，国家的宏观调控更成为资本主义市场经济的内在要求。因此，西方经济学中始终存在着“自由放任”和“国家宏观调控”两种学说，它已在不同国家以及同一国家发展阶段发挥了不同的作用。事实上，“看不见的手”与“看得见的手”，在西方资产阶级经济学中同样受到重视的两只手，并且在不同国家以及同一国家的不同发展阶段发挥了不同的作用。在中国走向社会主义市场经济新体制的今天，任何想摆脱“国家宏观调控”的言行都是有害的。应当自觉运用“看得见的手”去驾取“看不见的手”，从而使两者有机结合起来。

对社会主义市场经济中的价值规律，许毅始终坚持“宏观能动论”。他指出，价值规律不仅要求在单个商品的生产中使用必要的劳动时间，而且要求把全社会总劳动时间按比例分配在不同类型商品的生产劳动上，也就是要求对整个社会生产力进行合理配置。在这种社会生产力的配置中，国家应当是能动的。只有以国家为主体，自觉地应用分配杠杆，在宏观上通过改善资源配置和调整需求的总量、结构，使“需要”与“满足需要的手段”协调发展，才能使再生产减少盲目性，从而顺应价值规律。许毅认为，之所以宏观调控需要由国家这一主体来实现，其理论依据是马克思主义的国家学说。国家是阶级矛盾不可调和的产物，但它存在的目的同时也是把阶级之间的矛盾冲突控制在社会正常发展允许的范围之内，从而实现统治阶级的发展意图。十一届三中全会之后，我党把工作重心从阶级斗争转移到了社会主义经济建设上来，这正体现了列宁提出的无产阶级政权“二位一体”的职能。为实现全面建设小康社会的发展目标，国家一方面要充分利用资本来改造小生产，发展大生产，充分发展民营资本，另一方面又要利用政权来进行再分配，合理调节各阶层的收入差距，从而把市场经济发展中出现的冲突和矛盾控制在不至于影响社会发展的范围之内。

许毅经常说，马克思关于“需要是同满足需要的手段一同发展的，并且是依靠这些手段发展的”的论断是我们进行宏观调控，运用“看得见的手”进行总体战略部署，优化产业结构总的指导思想。这里的“需要”，不是指眼前的需要，而是指未来（包括2050年达到中等发达国家水平）的需要，这就要求政府应站在长远的角度，全局的角度引导企业和居民，以市场为导向（国内和国际两个市场），着力发现和研究市场需求，制定长远需求的发展战略。此外，在全球化日益发展的今天，为了取得国际竞争的有利条件，在经济战略与国防战略互动的前提下维护我们发展的安定局面，我们还必须把消费的眼光从国内放射到全世界。

（四）以史为鉴，抓住机遇进行上层建筑的自我革命和完善

许毅对比日本崛起和满清的没落说明了这一理念。中国与在明治维新之前的日本，是处于同一个历史时代，处于同等的地位，即处于封建生产方式长期的统治之下。为什么日本从明治维新以后，很快地发育和形成资本主义的生产方式，并迅速发展到成熟阶段，并能和美国相抗衡，日本的崛起秘诀在哪里？就在于日本上层建筑的内政改革。明治维新在实行天皇制度的中央集权统治下，破除了封建领主的地方割据，取消了封建贵族的特权，取消了各藩设置的关卡，取消了各藩设置的关卡，统一了全国税收，改革和统一了全国货币制度，实行了义务教育制。1889 年，日本颁布了帝国宪法，实行了资产阶级的内阁制，为生产力的发展，为资本主义生产关系的发展铺平了道路。而中国在洋务运动以后，由于封建统治的顽固，坚持封建生产方式，不思变革。后来康有为等人发动戊戌变法，企图加以改革，但由于封建顽固派的反对而失败。归根到底，是上层建筑没有自觉适应经济基础的变化，没有跟上世界发展的潮流，发挥积极能动作用，反而成为自我制约的消极因素。恩格斯说："国家权力对于经济发展的反作用可能有三种：它可以沿着同一方向起作用，在这种情况下就会发展得比较快；它可以沿着相反方向起作用，在这种情况下它现在在每个大民族中经过一定的时期就都要遭到崩溃；或者是它可以阻碍经济发展沿着某些方向走，而推动它沿着另一种方向走，这第三种情况归根到底还是归结为前两种情况中的一种。但是很明显，在第二和第三种情况下，政治权力能给经济发展造成巨大的损害，并能引起大量的人力和物力的浪费。"许毅认为，这正是要我们引以为诫的历史教训。

第三章

以国家分配论为核心的财政科学思想

许毅的财政思想似乎天然地与“国家分配论”财政思想相连，其实并非如此。正如许毅所说，他本人并不是“国家分配论”的创始人，“国家分配论”是许多经济学家的共识，我国财政学界的老前辈早就有了一些立论，自己只是较早开展“国家分配论”研究的学者之一，并借助财政科学研究所这块财经科研阵地为推广国家分配论做了一名科研组织工作者应做的工作[①]。尽管如此，业界仍习惯性地将他与“国家分配论”联系在一起，主要因为许毅是国家分配论财政思想的坚定捍卫者，也是国家分配论思想的忠实实践者。研究许毅财政思想，有必要站在许毅本人的角度，解读他为什么接受“国家分配论”财政思想，为什么会坚持和发展“国家分配论”，并进一步分析“国家分配论”财政思想对我国理论和现实的重大贡献。

---

① 张阳等：“‘国家分配论’的昨天、今天和明天我国著名财政学家许毅访谈”，《中国财政》，2008 年第 18 期。

一、国家分配论财政思想的形成

（一）古代财政思想的影响

研究许毅财政思想，有必要首先研究我国传统财政思想。许毅认为，财政历来是我国统治阶级进行阶级统治的工具，它代表本阶级利益，维护本阶级利益，调节各个阶级收入分配，巩固一定的生产方式。在这种财政实践的基础上，我国古代的财政学说虽然从总体上看还谈不上系统全面，但是确实有不少真知灼见。诸如，管子的“利出一孔”思想、“轻重”理论、仓储理论以及“取之有度、用之有方”等等。“利出一孔”是我国古代一个十分宝贵的思想，它强调封建王国应掌握分配大权，封建国家利益高于一切。古代思想家认为：“利出一孔者其国无敌，出二孔者其兵不诎，出三孔者不可以举兵，出四孔者其国必亡”①。用今天的话来说，国力要集中，不应分散。当然，在当时的历史条件下，要加强中央的权威，加强财政的权威，是为巩固封建主义生产方式和封建专制主义的上层建筑服务的。但就它反对分权割据及其作为摧抑兼并的思想武器来说，它又具有时代与历史的进步性。根据马克思主义的原理，凡是有阶级存在就有国家存在，从而也就有执行国家职能的财政存在。这就是说，有一定的经济基础就有一定的上层建筑，有一定的生产力就有一定的生产关系，从而有一定的生产方式所决定的社会经济形态和竖立其上的上层建筑与意识形态。这是不以人的意志为转移的客观规律性。而“轻重”则是国家针对流通领域的控制而言的。“轻

① 《管子》。

重”理论认为，国家必须掌握粮食、钱币这两种东西，才能根据市场的变化，“敛之以重，散之以轻”，达到“以重射轻，以贱射平”，从而调节供求，稳定市场。与“轻重”理论有密切关系的是我国古代的仓储理论。“国无九年之蓄曰不足，无五年之蓄日急，无三年之蓄日不能立国外”，《周礼》上的这一原理和西汉时贾谊的“夫积贮者，天下之大命也。苟粟多而财有余，何事而不成”，以及“取之有度，用之有方”的道理，都是国家对经济、对市场、对各阶层的调节职能。许毅注重从中国古代财政思想观点中获取有益启示，结合当代中国实际，进行积极传承发扬。他认为，古人说的度，是指的生产多少，能取多少而无伤于民（包括各阶级）的度。因而度，无疑是生产力水平决定的国民经济能力即国力。古人说的方，是指合理的开支，有利于国民经济的稳定发展和人民生活的改善及社会的安定。其中以社会安定为主体，当然以有利于统治阶级专政的需要的度。在这里有朴素的辩证唯物主义思想。总之，我国古代财政思想大多站在封建君王的角度看待如何理财和用财，阶级性特征很强，有助于理解财政的国家本质以及财政是以国家为主体的分配等财政主张，也有助于分析研究许毅财政思想的启萌和形成。

（二）新中国初期实践探索的影响

许毅对历史有着清醒的认识。每当谈到历史，他总有很多话要讲。许毅谈得最多的是中国近代史。他常常对自己的学生和同事讲，1840 年，西方资本帝国主义凭借枪炮用武力打开中国大门，自此之后中国进入长达百年之久的半封建半殖民的社会。由于国力的衰弱，财政状况恶化，百姓处于水深火热之中。在他看来，一部中国近代史，就是一部中华民族的屈辱史。

新中国成立以后，随着国家的统一，为了迅速医治战争创伤，结束连续12年的通货膨胀，抗美援朝，我党贯彻“边抗、边稳、边建”的方针，集中力量统一财经，在短短的时间内就实现了财政经济状况的基本好转。面对这种情况，西方资本主义大国不得不承认它们所说的共产党搞军事打100分，搞政治得80分，搞财政经济得0分的预言是说错了。现在看来，财政经济基本好转的关键在于统一财经。如果当时听任分散的财经局面继续存在下去的话，后果是不可想象的。许毅认为，现在还有一些人在那里说三道四，说什么“统一财经工作错了”。这种人如果不是对当时的实际情况不了解或未加研究，那就是别有用心了。

新中国成立后的第一仗——统一财经打得十分漂亮，财政确实发挥了前所未有的作用。国民经济恢复后，经济建设的繁重任务摆在中国人民面前，财政理论与实践的好坏，直接关系到新中国经济建设的成败。以毛泽东为核心的中国共产党第一代领导集体对财政工作极端重视。由于社会主义建设事业是前无古人的伟大工程，毛泽东等老一辈领导人在实践中探索前进，并特别注意及时总结上升到理论高度。“一五”时期，在资本主义包围封锁下，我国采取了“自立更生为主、争取外援为辅”的方针。我国社会主义经济建设事业得到了前苏联的援助，经过前苏联援助的156个项目为中心的建设，我国工业体系与国民经济体系基本建立起来。在这个过程中，财政的作用得到了充分的发挥。在这个伟大实践的基础上，老一辈无产阶级革命家对财政问题的认识也就不断深化了，提出了一些很有见地的意见与思想。诸如，国家预算反映国家的政策，国家预算是生产的预算，建设的预算。特别是在实践中遇到的问题，如1956年，由于没有认识到当时生产虽然增长了，人民生活得到了初步改善，但尚不富裕，储蓄存款很少，银行对企业又要保证提供流动资金，在这样的情况下，动用了财政结余，以至于人民生活的改善与国家建设的速度没有考虑到国力，因而造成了“小冒进”。在总结这个经验教训的基础上，毛泽东发表了“论十大关系”的著名论断；陈云提出了“建设规模要和国力相适应”的“国力论”，以及三大平衡、四大平衡等。这些论断，在一定程度上肯定了财政是实现国家职能的杠杆，确认了财政在社会再生产中的地位，对中国社会主义财政理论的发展起到了极为重要的指导作用，也深刻地影响了许毅的财政价值观。

（三）国外财政思想的影响

许毅关于“国家分配论”财政思想的形成，也与当时的国际财经思想有关。在他看来，鸦片战争之后，在“西学东渐”欧风美雨中，西方的财政学说传入中国，公共产品论曾风靡一时。这些理论，反映了资本主义生产方式的本质，即一切对应于资本主义私有制这个经济基础，而把国家集中的部分称之为公共服务的公共产品，并从资本增殖的角度来研究资金效用。无疑这对巩固资本主义国家，维护资产阶级利益，模糊阶级剥削关系来说，是有其道理的。但是，马克思主义关于劳动创造价值的理论却揭开了资本剥削与劳动人民对立的面纱。因而，站在劳动人民的立场来看，这些学说是资产阶级学者为维护资本主义统治的学说，是“庸俗”经济学说。正如恩格斯在批判德国经济学时所指出的那样，由于德国资本主义在很长一段时间内比较落后，因此当英国和法国的经济学输入德国时，“从那些耍笔杆的投机家、商人、学究和官僚的杂凑班里，产生了德国的经济学著作，这种著作就其乏味、肤浅、空洞、冗长和抄袭情况来说、只有德国的长篇小说才能与之相比”①。恩格斯的这一论断，也同样适合于对我国近代经济学舶来品的评价。这种经济学说不能

① 《马克思恩格斯全集》第 13 卷，第 525 页。

也不可能回答中国半殖民地半封建社会的实际问题，因而随着代表大资产阶级的国民党政权的垮台，它在中国大陆也就没有了立足之地。

在我国进行社会主义建设的过程中，前苏联的财政理论也伴随着它的援华项目一道被介绍到中国来。当时前苏联理论界关于财政本质的认识主要有三种。（1）货币资金论。这一主张认为，财政是集中性货币基金和非集中性货币基金的总和，是国家用于保证社会主义扩大再生产和社会主义上层建筑行使职能的需要。（2）经济关系论。这一主张认为，财政是一种经济关系，是生产的经济方面的一个要素，是社会主义分配关系的组成部分。（3）货币关系体系论。这一主张认为，财政是一种货币关系体系，国家借助于这种关系，通过对收入和积累的分配，有计划地形成和使用国家集中性货币基金和非集中性货币基金①。这些主张，尽管其立足点不尽相同，但均把财政和国家职能联系起来，对于以后中国财政理论界进一步探讨财政与国家的本质联系具有很好的启迪作用。许毅回忆道，他就是从这里开始学习财政理论的。

（四）国内财政学界探索的影响

随着前苏联“十月革命”的一声炮响，马克思主义传到了中国。马克思主义经济学说成为早期中国共产党人分析中国实际问题的强大思想武器。除毛泽东、刘少奇、邓小平、陈云等领导人在这方面已有许多重要论述外，在经济学界，王亚南、郭大力、许涤新、薛暮桥等也有理论建树。虽然相对于马克思主义政治经济学而言，马克思的财政学说在中国的传播晚了一些，但对中国革命和建设的

① 许毅：“‘国家分配论’的产生与发展”，《财政研究》，1995 年第 6 期。

指导作用也是巨大和深刻的。这表现为，在中国新民主主义革命时期，财政理论、财政工作就受到了相当的重视。毛泽东1942年撰写《抗日时期的经济问题与财政问题》一文，对革命根据地的财政经济工作进行了总结。在这部不朽的名作中，毛泽东提出了革命根据地财经工作的总方针，这就是“发展经济、保障供给”。这个总方针强调：“财政政策的好坏固然足以影响经济，但是决定财政的则是经济。未有经济无基础而可以解决困难的，未有经济不发展而可以使财政充裕的。”这就是毛泽东依据中国实际得出的马克思主义的认识。不仅如此，毛泽东还概括了革命根据地财政工作的总原则，这就是“取之于民，用之于民”的原则。毛泽东指出“我们一方面取之于民，一方面就要使人民经济有所增长，有所补充……使人民有所失同时又有所得，并且使所得大于所失。”① 毛泽东的这些思想与原则，为财政工作者正确认识财政的性质，克服就财政论财政的错误倾向，真正把财政放到社会再生产中加以考察，立足生产力的发展，探讨财政与国民经济的关系指明了方向，也为许毅国家分配论财政思想提供了理论依据。

我国经过了大跃进的大挫折和第一次国民经济大调整的实践，更进一步认识到：财政分配对国民经济建设，必须符合社会主义生产目的性，需要是目的、是动力；生产是手段、是条件；而分配、交换是中介，必须符合生产和消费的需要。唯意志论不行，唯生产力论也不行。上层建筑的能动性，必须建立在认识客观规律的基础上，主观能动性积极性是可嘉的，规律是不可违背的。经过挫折与反思，国家的主导作用、财政的制导作用，已经得到证明。这样，“国家分配论”也就自然而然取代其他各派学说而成为主流学派。

1964年，许毅担任财政部财政科学研究所所长，同年向财政部

① 《毛泽东选集》第3卷，人民出版社1991年版，第891页。

党组提议召开讨论会来探讨我国社会主义经济建设的规律和研究国家财政在其中的地位和作用，这个提议很快被部领导采纳。1964 年 8 月，由财政部财政科学研究所组织的全国财政理论讨论会在辽宁财经学院（现东北财经大学）召开，陈如龙副部长主持了这次会议。财政理论研究人员、教学工作者和实际部门工作者齐聚一堂，共同探讨了中国社会主义财政理论问题。

在这次会议前后，许毅一直在参与这一重大理论问题的思索与探讨。他当时提出的主要观点是：第一，财政学必须从马克思主义再生产原理出发，明确财政分配是一般分配中分化出来的分配范畴，不能摆错位置。第二，分配关系是生产关系的一个方面，生产关系虽然能反作用于生产力，但生产力是决定因素。第三，生产关系再生产是受生产力再生产规律制约的，所以研究分配规律应先把生产力再生产的规律研究清楚。根据马克思“需要是同满足需要的手段一同发展，并且是依赖这个手段发展的”生产力再生产规律，财政分配在生产力的再生产中，必须以生产力三要素为出发点，在利益的分配上，必须以调节生产关系适应生产力水平为出发点，这是为发展生产力扫除障碍的手段。因而，在分配结构上，就应以马克思主义三大基金和六项扣除为依据。第四，财政学不只是抽象地研究收支关系，而应该深入到收支的两个侧面积累和消费，按六项扣除原理去探讨每一个侧面的安排如何适应基本经济规律，否则就会只剩下一堆空洞无物的东西。第五，财政学的研究必须下联系到生产力，上联系到上层建筑（即国家职能），并把生产关系上升到生产方式的高度。

许毅认为，虽然前苏联主流的财政本质理论（即货币关系论）对我国的影响很深，但这一理论只是将财政和国家职能进行了联系，货币关系只是货币职能的一个表现形式，并不能反映经济现象的本质，它以价值形式为依据，但价值形式仅仅是分配关系的实现形式，是流通领域中交换关系的表现形式。把财政分配归纳为货币关系，容易把分配与交换相混淆，不易认识财政这个特定中介环节的作用，从而也忽略了商品交换的市场机制。而“国家分配论”把分配、交换这两个不同的社会再生产中介环节加以区别，表明了财政分配与社会再生产过程的四环节之间相辅相成的辩证关系，财政分配是对社会总产品和国民收入的分配和再分配，从而避免了用货币关系归纳财政本质所造成的局限性和模糊性。特别是“国家分配论”辩证地将经济基础与上层建筑联系起来，指出分配关系属于经济基础，分配活动和方式则是国家运用预算收支、税收、财政补贴杠杆等直接调控手段和价格、工资、信贷、税率、利率、汇率等间接调控手段参与分配的政务活动，是上层建筑处理分配关系的能动方式；财政分配方式在不同的生产下具有其特殊性，社会主义生产方式决定了社会主义财政分配本质上是对社会产品和国民收入进行“取之于民、用之与民”的社会扣除，不具有剥削性。当时与会的大多数同志接受了“国家分配论”，“国家分配论”在我国财政学界的主流学派地位由此确立。

需要说明的是，这一阶段“国家分配论”的立论者大多是从国家和财政有无本质联系入手的。他们从浩瀚的历史海洋中寻找素材，探求财政演变的足迹与规律性。立论者认为财政随国家的产生而产生，随国家的消亡而消亡，没有国家就没有财政；同时，财政又是国家赖以存在和发展的物质基础；在财政分配中，在很长的历史发展阶段，财政是采取实物分配的形式，只是随着商品经济的日益发展，财政分配才愈来愈采取货币分配的形式。这样，立论者就在消化、吸收前苏联理论界“货币关系体系论”的基础上，完成了对“货币关系体系论”的扬弃，树立了国家与财政有着本质联系的论点。现在看来，这一点对于“国家分配论”的形成十分关键。承认不承认这一点，是区分是不是“国家分配论”最起码的标志。从现有的材料来看，20 世纪 60 年代大多数人接受“国家分配论”，主要是指他们共同感受到了国家和财政有着本质联系而言的。但仅有这一点又是很不够的，所以在 1965 年第二次全国财政理论讨论会上，就提出了大核算与小核算即国民经济范围核算与企业单位经济核算关系，财政分配、信用分配与价格分配的关系问题以及企业财务体制的改革即集权与分权的问题。但由于受到“文化大革命”的冲击，这些问题的探讨研究被中断了。

二、国家分配论财政思想的坚持与发展

改革开放以来，许毅一直坚持和倡导“国家分配论”，并随着形势的发展而对“国家分配论”的某些提法做了修正。但总体说来，许毅是“国家分配论”财政思想的坚定拥护者。

（一）20 世纪 80 年代初期发展国家分配论

十一届三中全会以来，理论探讨之风再次吹拂中华大地，财政科学也和其他科学一样，迎来了它的繁荣的局面。“国家分配论”也在发展中，并主要体现在两个方面：一是立论者深入挖掘了马克思恩格斯等经典作家的财政思想，并运用马克思主义再生产原理去分析财政分配在社会再生产中的地位和作用，着重研究了分配结构对形成合理的国民经济结构的作用。把毛泽东的经济决定财政、财政影响经济的辩证关系作了科学的分析与发展。二是从生产资料所有制这一社会经济结构的主要标志出发，深入研究财政分配与社会经济结构的关系，特别是财政分配对形成新的经济形式的作用，从而使生产关系如何适应生产力的发展这一规律更加明确了。这样，

“国家分配论”就把分配置于马克思再生产原理四个环节的中介地位，把财政置于生产力与生产关系、上层建筑与经济基础的矛盾运动中。在这个基础上建立的财政学，就突破了过去那种收、支、平、管的旧体系，形成了一个财政与经济相互交织，分配关系与生产力相互制约，上层建筑与经济基础相互作用的新的财政学体系。

1980 年 7 月，在北戴河组织召开全国财政学基础理论讨论会上，许毅、陈宝森、叶振鹏、姜维壮、邓子基、许廷星等 20 多人共同探讨了“国家分配论”在新时期的发展方向。会后，许毅和著名财政学者陈宝森在各有关高校同志的协助下编写了一本《财政学》蓝皮书，对“国家分配论”进行了详细的论述。

（二）20 世纪 90 年代初期倡导以国家分配论为基础的广义财政学

20 世纪 80 年代以“放权让利”为主要特征的改革，使得财政收支在国民经济中的比重格局发生较大变化。国家财政收入占 GDP 的比重，由 1979 年的 25.7%，下降到 1990 年的 15.8%[①]，10 年正好下降了近 10 个百分点，相当于平均每年下降 1 个百分点。随着经济体制改革、国民收入分配格局发生变化以及财政分配的实现方式多样化，理论界在财政分配的经济性质与社会形式的关系，以及财政分配与生产方式内在联系的理解上产生了迷惑。

1. 财政思想的困惑

一种倾向认为，财政预算分配已经无力再包罗一切，分权之后，预算收入占国民收入较低，主张财政就此不要再介入生产建设资金

① 《中国财政年鉴》（2004），中国财政杂志社编辑出版，第 331 页。

的分配。但财政分配的主导地位客观上又不能被否定，财政分配始终处于利益分配格局变化的中心和焦点上，经济体制改革了，权力下放了，而经济运行的制约机制没有进行改革，“吃饭财政”的模式在实践上很难行得通，以至各种各样的财政补贴发生了，甚至企业亏损、价格调整也要财政补贴，从而导致了连年赤字，使国家财政在经济大发展中处于困境。

另一种倾向仍然将预算收支等同于财政分配，忽视财政分配的其他实现形式（即政策分配的间接形式）具有制约社会分配的作用，把振兴财政单纯寄托在提高财政收入占国民收入的比重上，而把预算外资金以及整个社会资金分配活动置于财政分配职能之外，对财政宏观调控感到无能为力。

2. 国家分配论狭窄化的倾向

随着国民收入格局的变化、财政分配实现方式的多样化，一些同志明显地不能适应这种变化。于是，他们在财政分配的经济性质与社会形式的关系，以及财政分配与生产方式内在联系的理解上产生了迷惑，在财政学的研究中也就出现了把“国家分配论”狭窄化的倾向。其典型表现是，片面强调财政分配的独立性、强制性、无偿性、服务性。

首先，过分强调财政分配的独立性。只看到财政分配是从社会分配中分离出来的独立范畴，忽视其内在于生产方式、分配方式的基本经济性质。

其次，过分强调财政分配的强制性。把国家凭借政权参与分配，当成脱离经济基础的纯主观行为；把剥削阶级统治国家政权时的超经济剥削的强制行为，简单地移到社会主义社会作为财政分配的本质特征；把马克思批判剥削阶级统治的国家政权的寄生性和非生产性，也简单地搬到社会主义社会来，认为财政从社会再生产过程取走物质资料后，不可能依靠自身的投入再生产出物资资料来偿还，因而将无偿性也作为财政分配的本质特征。

最后，以财政分配的独立性、强制性和无偿性为前提，引入财政分配的服务性，认为国家财政只具有外在于社会生产方式的服务性，认为社会主义财政与其他社会经济形态的财政一样，都是社会再生产有机体上的衍生物。因而，在政策主张上，把财政分配领域和财政政策范围局限在公共服务范围内和当前财政预算收支的框子内，要么强调提高财政收入比重，要么强调“放水养鱼”“分灶吃饭”，或者利改税、包干制。这种论调把促进生产作为政治口号、作为标签，认为财政政策与经济政策除通过预算收支之外是并无内在联系的两个范畴。这些年来，究竟财政的战略方针同经济的战略方针是什么关系，对经济的调控政策同发育市场、运用市场机制是什么关系，财政分配与搞活国民经济的最终目的是什么关系，都没有深入地研究。

这种勉强装配起来的理论，否定了财政分配对生产、消费具有全面的、内在的、能动的和系统的联系、制导作用，只局限在收收支支上打圈子，不能正确分析财政收支矛盾压力的来源，从而把财政分配职能的政策作用，即调节社会总产品、国民收入，有引导地形成社会三大基金，服务于经济基础，巩固和发展社会主义生产方式，理顺经济关系，扫除生产力发展障碍的职能作用置于视野之外。

特别需要指出的是，无偿性是马克思分析剥削阶级的财政实质，即针对“第二重剥削”来说的，可是把它移到社会主义来就错了。这与“取之于民、用之于民”的基本性质是不相符合的。如此来论证“国家分配论”，便脱离了马克思列宁主义、毛泽东思想的基本原理，因而迷失了方向。做财政工作的不研究财源，不培养税源，即不研究解放生产力发展生产力；管分配的不研究分配方式与交换方式和社会主义经济运行机制。许毅提到，就财政论财政思想使我们的手脚被束缚了起来，视野愈益狭小，因而也就丧失了对财政经济工作的发言权。结果是终日坐在米坛上数米粒，别人认为米坛里米多了，就向外撒一把；发现米坛子的米不够吃了，就再设法去抓一把。财政工作陷入进退维谷的困境，原因就在这里。

3. 以国家分配论为基础的广义财政学

许毅经常喜欢引用恩格斯的著名言论："一个民族要想站在世界的最高处，就一刻也不能没有理论思维"。针对20世纪90年代"国家资配论"出现了狭窄化的倾向，许毅于1992年发表了《建立广义财政学的倡议》一文，提出研究广义财政理论体系命题的目的是从生产方式与分配方式、经济运行与财政政策、经济基础与国家职能的辩证关系入手，以生产力结构优化为中心，以生产力要素配置和物质利益分配之间相互协调为基点，完善与发展"国家分配论"的财政体系，拓展财政科学研究视野，在更广阔的范围内重新研究财政理论和政策。他提出了广义财政学的基本思路，其主要观点包括：

（1）主体论。国家分配论认为，财政分配的主体是国家，要通过以国家为主体的财政分配，调整生产关系，使生产关系与生产力相适应，促进生产力的发展。因此，以国家为主体的财政的职能，一是要通过财政调控手段，调整好生产关系；二是要利用财政政策，调节生产力结构，以促进社会再生产的顺利进行。我国的经济基础是以公有制为主体，多种经济成分并存。这是社会主义生产方式的实现形式，是促进小生产走向大生产，小商品走向大市场的需要，是社会主义初级阶段的根本要求。因此，我国的财政工作，也不能因多种经济成分并存而忘记了其目的，必须以生产资料公有制为主体，通过国家分配，达到发展社会主义生产的目的。

（2）制导论。国家财政分配的目的是制导生产力的发展和生产关系的调整，而不是简单地对预算收入的再分配，更不是简单地制造公共产品，限于公共消费。财政学研究的内容应该包括：如何通过分配和再分配，消除三大差别；如何通过分配环节，来制导生产、消费和交换，使社会再生产得以顺利、有序、高效地运行。制导论的另一层意义是：国家对经济的制导是在主观认识客观规律的基础上发挥其主观能动性，而不是瞎指挥。财政制导必须是科学的、发挥主观能动性的制导。财政是社会经济发展中各种矛盾的集中反映点，尽管这种反映有一定的滞后性，但由于经济和社会发展的历史相关性，其发展都有一定的规律。为确保财政在制导经济中的主动性，财政学必须研究社会经济发展中的各方面问题，充分掌握各方面发展的规律，研究社会经济发展与财政的关系，提高财政工作的能见度，加强可控度，使财政真正按战略目标有步骤分阶段地有效制导社会主义市场经济的发展。

（3）结构论。财政制导经济的目的是发展生产力，调整生产关系。结构论的研究对象，就是要从再生产四个环节入手，研究财政如何采取措施，影响另外三个环节，并通过社会再生产的运行，体现国家的意志，以确保国民经济的持续、稳定、快速发展。实际上，结构论在财政工作实际中已经得到了广泛的使用。财政学界经常讲，研究财政，要有经济——财政——经济的观念，财政工作中，我们也十分强调培养财源、涵养税基，这些提法，实际上就是结构论的具体体现。

（4）机制论。财政机制论就是通过机制的研究，确定最佳的利益分配格局。在社会再生产过程中，分配是一个重要的环节，其运行有着自身的规律，它对其他三个环节的影响也有着自身客观的规律。按照财政机制论的要求，要充分运用法律、行政、经济、教育等手段，正确处理好国家、集体（企业）、个人以及各级政府之间、区域之间的分配关系。由于存在着资产阶级法权，财政机制必然要考虑利益机制，按照权责利相结合的原则，充分运用各种经济手段。财政机制论的另一个重要内容，就是在研究清楚如何利用法律、行政、经济和教育手段之后，更重要的是，研究如何使这几种手段能有机结合起来，形成一个比较科学合理的财政分配机制，使财政工作能真正符合国家与人民的利益。国家预算管理、税收管理、财税制度、财政体制，以及财政货币政策的配套等领域都涉及这方面问题，都需要通过对机制论的研究，找出其发展规律。

许毅还联合老中青三代人推出了《走向新世纪：中国财政经济理论丛书》（于1993年3月由经济科学出版社出版）。这一丛书力图从分配方式与生产方式、财政政策与经济运行、国家职能与经济基础的辩证关系出发，系统总结新中国成立以来特别是改革开放以来财经工作实践经验，借鉴各国经济学科优秀成果，以生产力结构优化为核心，以要素分配与利益分配的协调为基点，完善与发展“国家分配论”的理论体系。丛书出版后，得到了有关方面和有关人士的高度评价。有人认为，丛书的学术观点是“对传统的财政理论发起一场财政学的革命”①。

当然，作为丛书的主编，许毅深知，这仅仅是一个开端，有许多问题还需要深入研究。许毅曾经说过，深入研究生产与消费的矛盾，并以此研究分配、交换两个中间环节的客观规定性，是财政学科的难点所在，也是整个经济学科的难点所在。

（三）20世纪90年代末期与相关财政理论主张的探讨

当时，针对学术界提出的公共产品论，许毅与之进行了有益友好的探讨和碰撞，产生了一些思想火花，得到了深刻启示，并将其

① 陈共：“评《走向新世纪：中国财政经济理论丛书》”，《财政研究》，1994年第6期。

中合理的部分进行了必要的吸收。许毅对公共产品论的研究，主要体现在1997年的一篇文章上[①]。在这篇文章中，许毅认为，财政是执行和实现国家职能的手段，具体讲就是制导社会分配的手段。从国家为主体的分配来说，一要通过要素的分配来制导资源的合理配置和技术进步，保证生产按照生产力再生产规律来发展。根据马克思主义的社会再生产原理，“需要是同满足需要的手段一同发展的，而且是依靠这个手段来发展的”。这就是国家制定产业政策、远景目标、战略目标的依据，也是制定技术政策的战略要求的依据。只有实现生产力再生产规律的要求，才能达到真正的高速度、高效益。二要通过利益的分配来制导社会经济结构，使之适应生产力发展的不平衡性，配置不同的生产关系，并使各种经济成份在社会主义公有制经济的主导下，各得其所，各守其位，遵守补充的地位，有序地发挥各自的积极性，在国家法律范围内发挥主动性和首创精神。这是调动一切积极因素为生产力再生产的高速发展扫清道路、解放生产力的原理。这两条原理，就是生产力再生产同生产关系再生产的统一，就是实现中国特色社会主义建设的任务和逐步达到最终目的共同富裕的方法。

首先，许毅从国家的起源和国家属性出发，论述了财政的属性。许毅认为：(1) 公共权力的本质是阶级统治的权力。(2) 分工的规律是阶级划分的基础。分工是生产力发展的结果，社会分工的需要才产生国家，要从生产力的发展、生产成果的分配来认识国家的起源与国家的属性。马克思在《道德化的批评与批评化的道德》一文中指出：“人们的政治关系同人们在其中相处的一切关系一样自然也是社会的、公共的关系。因此，凡是有关人与人的相互关系问题都

---

① 许毅：“对国家、国家职能与财政职能的再认识兼评公共产品论与双元结构论”，《财政研究》，1997年第5期。

是社会问题”①。社会的公共关系如同政治关系一样，是具有鲜明的阶级性的。公共权力的本质是阶级统治的权力。（3）马克思称剥削阶级统治下的财政是“第二重剥削”。（4）国家作为一个阶级的组织，为了维持它的外部的生产条件，必须用暴力把被统治阶级控制在当时的生产方式条件下，成为巩固这个生产方式的手段。（5）关于国家消亡问题。马克思主义创始人所论证的国家消亡是在生产力大大发展、社会产品大大丰富、人们的觉悟大大提高的条件下，以消除两极分化、消除差别、消除阶级对立为基础的。许毅认为，这无疑是我们未来的目的，又是我们这个社会从资本主义过渡到共产主义的过渡阶段的任务。要缩小差别，必须承认差别，认识差别产生的原因，从而创造消除差别的步骤和方法，并作为经济发展的战略目标和实施的步骤。

国家是用一个共同规则使个人服从生产和交换的一般条件——首先表现为习惯，后来形成了法律。随着法律的产生就必然产生以维护法律为职责的“公共权力的机关”，它从事于“社会的共同事务”所征集的“公共财政”，因此西方资本主义经济学家用“公共开支”的理论来解释财政，似乎是有根据的。从私有制角度看，把国家财政收入与支出的分配同私人分别开来，不是按资产分配而是按国家权力进行分配，并把这种分配称之为以公共需要为目的而集中的公共产品，这种逻辑也似乎有道理。但上述用“公共财政”的理论来说明财政就是把阶级抽象掉了，是一种掩盖阶级矛盾的手法。不管这种定位是有意的还是无意的，都是错误的，必须澄清，必须纠正。特别是我们在纠正左倾的错误后，又发生了另一种偏向，即不注重阶级分析了。谁要说进行阶级分析、谁要说实现“无产阶级专政”，就有人出来指责你，诬蔑你是左倾路线回潮。其实这一条正

① 《马克思恩格斯选集》第1卷，第173页。

是邓小平提出的四项基本原则的最为重要的一条。

还有人对改革开放的方针进行片面的解释，要求政府退出经济领域，实现亚当·斯密的自由放任的“守夜人”的政府，甚至比亚当·斯密走得还远，发展到不要一点国家干预，要实行完全的“政企分开”。许毅认为，这显然是不对的。社会主义是一个从资本主义向共同富裕的共产主义之间过渡的过渡阶段。在这过渡阶段中，由于生产力水平低，还存在差别，因而存在着阶级，存在着国家。这是我国处于社会主义初级阶段的特征，国家的任务就是以解放生产力、发展生产力为己任；以消灭阶级、消除两极分化、最终达到共同富裕为目的。这一点，也就是无产阶级专政的历史任务，用列宁的话来说就是无产阶级的二位一体的任务。那种把国家说成是脱离经济基础的抽象的政务机关，或者说由于经济成分的多样性，它是各个经济成分联合为基础的上层建筑，应该是多阶级的联合统治机关，那就成了赫鲁晓夫所称道的“全民国家”“全民党”。这显然是违背了马克思列宁主义、毛泽东思想和邓小平有中国特色社会主义理论的，是违反了社会主义国家学说的。

其次，许毅认为，财政职能是实现国家职能的手段，财政分配方式、分配目的随着国家制度的演变而变化。针对一些学者为了借鉴西方经验，把我国社会主义市场经济直接对比为西方资本主义国家的市场经济，把我国社会主义的国家财政称之为公共财政。这是从现象出发不究本质的结果，无疑是从根本上错了位。他认为，这种主张对我国的现实会起到误导的作用，公共产品论者的错误有三：第一是把不同社会制度，把建立在私有制基础上的生产方式同建立在以公有制为主体的基础上的生产方式的市场交换关系混同了。第二是把国家的阶级性否定了，等于把资本主义生产方式和市场经济当作永恒真理，把社会主义国家职能和资本主义国家维护资本主义生产方式的职能等同了，从而把执行社会主义二位一体的无产阶级专政的国家职能、财政职能变成资本主义实现资本增殖职能等同了。第三，否定了社会主义制度是“现实生活的生产再生产”，把消除两极分化的公有制生产关系与扩大两极分化的资本生产关系混同了。他们违反了马克思恩格斯在《费尔巴哈》一书中写的“……从直接生活的物质生产出发来考察现实的生产过程，并把与该生产方式相联系的、它所产生的交往形式，即各个不同阶段上的市民社会，理解为整个历史的基础；“然后必须在国家生活的范围内描述市民社会的活动，同时从市民社会出发来阐明各种不同的理论产物和意识形式，如宗教、哲学、道德等等，并在这个基础上追溯它们产生的过程”，才能够描述这个过程的各个不同方面之间的相互作用的原理。

公共产品论者是从资本增殖的观点来分析认识事物的，所以他们把资本主义对劳动人民的专政机器和对外为强权政治、霸权主义服务的各项开支（包括扩张军备）都算作为社会公众提供服务的公共产品。这种把拳头和大棒都作为公共产品的观点，正是西方资产阶级学者力图掩盖阶级矛盾的手法。许毅深刻指出，我国的一些学者对此不加分析地照搬照抄，不仅如此，他们还用资本增殖的效益论来分析这种开支，并给予溢美之词。这是把自己的立场摆错了位置（研究财政支出的社会效益和从社会效益出发来研究财政分配是可以的，但理论体系和出发点、目的是不同的），显然是用公共产品论来偷换马克思主义的分配方式是生产方式决定的原理。此其一。其二，他们的错误是把生产资料公有制中的生产资料换成“资本概念”的“产权”或“股权”。他们提出，为同西方资本主义市场经济接轨，中国特色的社会主义财政也应该采用公共产品论，这是公然违反马克思主义原理的。所以，企业本位论、企业主体论、个人主体论等，都是以资本和个人为出发点的，违反了人是社会的人这一起码的科学道理。社会中的亿万人民，都要有代表来主事。主事者是代表着阶级利益的，阶级利益的集中表现谓之意识形态。我们的财政理论也是意识形态。财政分配都直接关联着不同经济成分的利益，因而都是有阶级性的。

党的十七大明确要求完善公共财政体系，那么建立完善公共财政体系与“国家分配论”存在怎样的辩证关系呢？许毅解释说，社会主义财政分配不是在某一个特权阶级支配下为这一阶级狭隘利益服务的，而是为整个国民经济服务。这与“公共财政论”强调的政府为满足社会公共需要而提供公共产品服务是不谋而合的，“国家分配论”应当和公共财政从理论和实践两个方面实现有机结合，共同向着以科学发展观为指导的社会主义广义财政的方向发展。国家分配论和公共财政论的根本的区别在于对公共财政范围的界定上面。社会主义财政发挥作用的范围绝不应该只局限于提供公共产品这个狭小的范围内，而应当是“大服务”，主要体现在方针、路线、政策、战略任务的制定和引导方面，表现为宏观意义上的服务。也只有做到这一点，我们才能在市场经济中对资本加以充分运用，使其为建设服务，而不是做资本的奴隶。财政的大服务是为社会的总体服务，主要体现在调整产业结构、产品结构、区域经济结构、不断提高经济效益、维护社会稳定和保障人民基本生活等方面，为了达到预期效果，在实施的过程中要严格遵循市场原则，强调三大经济规律的交互作用，达到以少量财政资金和相关政策引导社会资金流向的目的。

许毅强调，在社会主义广义财政中，财政的国家分配职能应得到进一步的发挥，建立起以财政为中心的各项宏观调控制度及各种国家基金制度，对于基本建设、科学发展、社会保障、环境保护、国家行政支出、中央和地方支出、国防支出、援外支出，以及更细化的包括三农支出、新农村建设支出等等都应有通盘的考虑，注意向农村人口、城市低保人员的倾斜，加强在医疗、教育等方面的分配，并实现与信贷、资本市场、外汇等部门的有机协作。

许毅提出，除了研究国内社会的发展，广义财政论还主张把眼界扩展到全世界的范围。国家财政承担着应对全球化特别是国际经济一体化给我国带来的压力和挑战。为此，具体财税政策的制定既要为国有企业创造良好的发展条件，更要把有限的财政性资金集中起来，充分运用价值规律和市场机制，调整财政支出的方式，引导资本的积累，促进产权整合，把民族企业做大做强。同时在经济援外方面发挥应有的职能，从而为我国赢得更广阔的外交空间。

当然，政府的服务最终也会体现到一个个建设项目上，特别是投入财政资金建设那些私人不愿做或无力做的项目。与战略任务相比，这里的每个建设项目都相对成为了小项目，然而它们却是大服务的具体体现，是微观层面对宏观的体现。

三、国家分配论财政思想的生命力和影响力

（一）国家分配论财政思想的生命力

经常困扰学术界的一个问题是，为什么在计划经济年代诞生的“国家分配论”的理论，许毅还一直坚持和发展？对于这个问题，他作出了明确的回答。

第一，“国家分配论”植根于几千年人类历史发展历史，依赖于科学的马克思主义政治经济学和国家学说，是对财政本质的深刻认识。

第二，“国家分配论”把分配、交换这两个不同的社会再生产中介环节加以区别，揭示财政分配与社会再生产过程四个环节之间的相辅相成的辩证关系，从而搞清楚财政分配对象是对社会总产品

和国民收入的分配和再分配，避免了用货币关系归纳财政本质所造成的模糊性。这是“国家分配论”的主要贡献。

第三，“国家分配论”辩证地将经济基础与上层建筑联系起来，指出分配关系属于经济基础，分配活动和形式则是国家以预算、税收杠杆等和以政策手段如价格、工资、信贷、利率、汇率等杠杆运用法权参与的政务活动，是上层建筑处理分配关系的能动方式。

第四，“国家分配论”揭示了财政分配方式在不同的生产方式下具有的特殊性。也就是说，在一切剥削阶级社会中，财政分配是对劳动人民的“第二重剥削”，只有在社会主义条件下，财政分配才具有对社会产品和国民收入进行“取之于民，用之于民”的社会扣除的性质。一句话，“国家分配论”正确认识了财政的本质、主体、目的，搞清了财政分配与其他分配形式的制约关系，以及分配与交换，特别是商品交换中的价值运动和物资运动的关系。

因此，许毅得出结论，在此基础上构筑的“国家分配论”这一广义财政学新体系，绝不会因经济体制的转换而丧失其存在的条件①。

当然，许毅也指出，随着历史的发展，“国家分配论”在不同的历史时期、不同的历史阶段，其表现形式、作用范围与作用方式是不相同的。在社会主义市场经济条件下，“国家分配论”的表现形式、作用范围、作用方式肯定会与计划经济条件下有所不同，而这正是时代赋予我们理论工作者所要着重研究的新的光荣的课题。

（二）国家分配论财政思想的影响力

许毅坚持和发展的“国家分配论”财政思想特别是广义财政论

① 许毅：“‘国家分配论’的产生与发展”，《财政研究》，1995年第6期。

思想至今仍然具有重大的理论和现实意义：

1. 国家分配论的理论意义和影响

新中国成立后的很长一段时间实行计划经济，“国家分配论”在财政理论界一直占主导地位，其历史地位不容忽视。随着时代的变化，“国家分配论”是否过时？例如，十八届三中全会通过的《中共中央关于全面深化改革若干重大问题的决定》提出“财政是国家治理的基础和重要支柱，必须完善立法、明确事权、改革税制、稳定税负、透明预算、提高效率，建立现代财政制度，发挥中央和地方两个积极性”，并提出要建立现代财政制度。财税体制改革的基本目标在于建立与国家治理体系和治理能力现代化相匹配的现代财政制度。当前，“国家分配论”是否过时？回答是否定的。

“现代财政论”与“国家分配论”的表述形式有差别，但本质上都强调了国家的作用。“现代财政论”强调国家治理，是从行为的角度而言的，强调了新时期财政在国家治理中的作用；而“国家分配理论”侧重于从再生产的角度看财政对生产力和生产关系的作用，是从分配关系角度而言的，强调了财政分配的国家主体性。所以说，“国家分配论”并没有过时，其理论价值依然明显。

“广义财政论”也有重要的理论意义。“广义财政论”认为，国家不仅对物质资料进行财政上的分配和再分配，也对生产力最活跃的因素——劳动力——进行财政再分配。此外，“广义财政论”还对投资、价格分配、区域经济发展、地方政府行为、经济运行以及财政调控诸范畴等问题进行了探讨。联想到当前我国存在的财政职能弱化、财政管理范围狭隘、财政调控力度不足、财政部门与政府其他部门以及国有企业职责不清等问题，我们无不感慨“广义财政论”仍然在理论上有强大的生命力。当然，我们也不能对“广义财政论”望文生义。研究问题不应当从“永恒的广义”出发，而应从产生这种制度和现象的条件出发。条件变了，方式变了，规律和机制也就变了。许毅等坚持的“广义财政论”是基于当时狭义的国家分配论思想而言，有特定的历史环境。“广义财政论”并不是说财政分配的资源越多越好，财政分配的资源也有一个限度，关键是把握资源分配的效率和公平。

2. 国家分配论的政治意义和影响

运用许毅所倡导的“国家分配论”基本原理和理论主张，可以很好地理解国内外的政治事件。

一是有助于理解财政的国家阶级性本质。最近几年欧洲难民危机以及英国脱欧事件，验证了马克思恩格斯所说的国家的本质就是为本国统治利益集团服务工具的观点的正确性。从欧洲难民危机看出，欧洲在自身财政困难的情况下，是不会牺牲自身利益为别国难民买单的。美国现任总统特朗普就公开表示，坚持“美国利益至上”的政治主张。所以说，财政是国家统治阶级的一种工具，财政的本质反映了国家阶级统治的本质。没有超越国家利益和阶级统治至上的所谓人权。这再次也让我们清晰地看到，之前西方国家经常无端指责中国的人权状况的虚伪性。

二是有助于理解财政的职能作用。在西方发达国家，财政被称为公共财政，而非国家财政。但有意思的是，西方国家的财政部长却在内阁成员之列，一国财长拥有很大的权力。西方国家在处理经济金融危机时，财政的救助措施也很明显，财政直接进入国家救助计划，干预企业运行。正如许毅所说，要透过现象看本质，不要为表面现象所迷惑，要牢牢抓住国家阶级统治的本质特征看问题，财政理论界完全有理由继续坚持和发扬“国家财政论”和“广义财政论”的基本主张。

三是有助于理解国家的执政方针。当前，中国所倡导的亚投行、金砖银行、“一带一路”等重大发展战略，反映了中国随着经济和财政实力增强而倡导建立国际经济新秩序的呼声，体现了“国家分配论”财政思想的一贯主张。以前，在新中国实力不足的时候，我国更多地是通过道义和舆论支持广大发展中国家，并在自身财力很紧张的情况下给其财政支持。现在，随着中国经济财政实力的强大，我国可以动用一切可以动用的国家资源（包括政治资源、经济资源、文化资源、社会资源、人力资源等），实施全方位、立体式的资源整合，实现各方合作共赢。毕竟“一带一路”中的许多项目在短期内都不能盈利，需要国家强大的财政实力作为后盾。这正证实了“国家分配论”的正确性：经济决定财政，财政影响经济。同时也看到，随着国力的增强，财政配置资源的范围也从国内到国外，“广义财政分配论”的思想在国外付诸实践。

3. 国家分配论的政策意义和影响

国家分配论的影响最直接体现在财政政策上。一般而言，财政政策涉及政策内容、政策手段、政策力度、政策风险等问题。考察我国近年来的财政政策后发现，我国当下的财政政策的很多方面体现了“国家分配论”和“广义财政论”的思想。

2008 年美国金融危机以来，我国一直推行积极财政政策，但近年来我国积极财政政策有明显的转型，即，在总量扩张时也注重结构的调整，推行供给侧结构性改革，其实质就是广义财政论所提到的结构调整的内容。在政策手段上，除了运用传统的预算收支手段，政府还综合运用了 PPP、政府引导基金等手段，综合发挥国家分配主体的作用，在生产与消费方面进行权衡。在政策对象上，财政政策手段既稳定经济增长，发展生产力，也调节收入分配，调整生产关系。在政策力度上，本着需要和可能相结合的原则，将赤字率控制在 3%，防范财政风险。

4. 国家分配论的改革意义和影响

“国家分配论”的财政思想要求国家在着力发展生产力和调整生产关系时，财政改革要以国家为主体，而不是以部门为主体，更不是行财政改革之名谋部门利益（地方利益、企业利益）之实。财政改革，不能头痛医头、脚痛医脚，否则最终按起葫芦浮起瓢。要按照“广义财政论”的观点推进改革，财政改革要有系统思维，整体布局，防止改革空转。联想到当前我国专项转移支付“分散差”的问题以及专项转移支付改革，以及财政内部分工协调不够等现象，我们也迫切感到“国家分配论”财政思想对于改革的现实意义。

总之，许毅所倡导的“国家分配论”的价值很多，不再一一列举。我们重温许毅“国家分配论”的一系列理论观点，感受深切，他所坚持的财政思想多么富有远见、多么具有生命力，对于当下的财政乃至经济社会发展仍具有很强的现实指导意义。

四、收入分配研究与国家分配论紧密关联

收入分配问题关乎国家战略发展大计和人民的切实利益，许毅对此也进行了深入的研究。他认为，分配问题特别是收入分配问题与国家分配论财政思想密不可分，尽管两者内涵和外延并不完全一致，但却有着深刻内在联系。深入研究发现，其实许毅收入分配思想与其国家分配论财政思想是一脉相承的，并有深刻具体的描述。

（一）马克思主义原理是研究分配问题的理论基石

许毅认为，分配本身是一个经济活动，分配关系体现着人们相

互间的经济关系。如何看待社会主义分配问题，应当遵循马克思主义的原理。马克思指出："消费资料的任何一种分配，都不过是生产条件本身分配的结果。而生产条件的分配，则表现为生产方式本身的性质。"① 就是说，劳动者同生产资料相结合的特殊方式，表现为生产方式的性质，并决定着人们在生产中的相互关系，决定着产品的交换范式及分配方式。生产方式是生产力与生产关系的矛盾统一体，生产力是其物质内容，生产关系则是社会形式。形式由内容决定，有什么样的生产力，就有什么样的生产关系。随着科学技术的发展，生产工具的革新和生产社会化水平的提高，必然出现新的更高形式的生产关系。而在任何社会的任何历史阶段，生产力发展的水平总是不平衡的，不同生产部门、不同地域乃至微观经济单位的生产社会化程度也会参差不齐。正是由于生产力发展的多层次性和不平衡性，必然导致生产关系和分配形式的多样性。所以，要回答什么是分配公平的问题，就不能不联系生产力和生产关系、生产方式和分配方式的矛盾运动进行具体分析。

在不同的生产方式下，分配关系和分配方式也不同，公平内涵各异；在同一生产方式下，由于生产力发展的多层次性和生产关系的多样性，分配关系和分配形式也有种种差异，公平内涵也不完全一致。原始社会中的分配平等，在奴隶社会未必也表现为分配平等。奴隶社会的分配平等，在资本主义社会未必分配平等。资本主义社会的分配平等，在社会主义社会就未必分配平等。所以，许毅认为，研究分配问题一定要用马克思历史唯物主义和辩证唯物主义的方法论，结合时间、地点、条件的变化而做出客观评价。

① 《马克思恩格斯选集》第 3 卷，人民出版社 1972 年版，第 13 页。

（二）根据我国社会主义实践研究收入分配问题

许毅特别注重从我国社会主义制度实际出发研究收入分配问题。他认为，按劳分配是社会主义的一项基本制度，工资制度则是按劳分配制度的具体化。新中国的工资制度是在对解放区的供给制和旧中国不合理工资制度进行改革的过程中建立完善起来的。从1952年起，我国在全民、集体企业和机关、事业单位中，根据按劳分配原则普遍实行等级工资制度，采取计件工资、计时工资和工资加奖励等形式。全民所有制工矿企业一般实行八级工资制，国家机关和事业单位也实行等级工资制。在20世纪50年代，由于生产力水平低而导致总的工资水平低，但无论是企业还是机关事业单位，单位职工工资额的差异基本反映了劳动者的劳动差别，总体上分配制度是平等的。

1958年“大跃进”时期，唯意志论盛行，“左”倾思想抬头。有人否定社会主义的物质利益原则，说按劳分配是资产阶级法权，批评计件工资和奖励制度，鼓吹供给制。有人把小生产者的平均主义引入社会主义分配之中，“大锅饭”即从此时起，公有制被一些人视为“大锅饭”的根源。对此，许毅认为，事实上平均主义从来就不是社会主义，而是小生产者的平均主义，“大锅饭”恰恰违反了社会主义按劳分配的原则。

党的十一届三中全会以后，我国强调按经济规律办事，贯彻按劳分配，恢复了奖金制度，并且进行了一系列工资改革，克服平均主义倾向，批判“大锅饭”思想，但在具体操作中，在吸收、借鉴西方管理经验的过程中，有的地方、有的部门过于强调物质利益，以至于产生新的不公平现象：一是进行工资调改时忽视了企业定员定额制度的建立和完善，工资奖金发放缺乏科学依据，造成企业内部分配不公，影响了一大批职工的劳动积极性；二是以强调企业自主特别是片面强调企业工资与税利挂钩的“工资自费改革”的做法，加剧了企业、行业之间的分配不公；三是在企业工资不断浮动的同时，存在着个人收入分配中的脑体倒挂现象；四是工资地区差别长期得不到解决，造成地区之间的收入分配不公；五是三资企业的收入过高；六是工农之间的收入差距；七是部分承包、承租者收入偏高主要原因是权利与义务、利益与风险不相称；八是从事第二职业者与文艺界演艺人员“走穴”所获得收入基本符合按劳分配原则；九是“价格双轨制”是产生分配不公的温床。许毅认为，上述收入分配不平等的原因复杂，需要分类解释并给出各自不同的药方：有的是正常的收入差异而不需过多干预，有的需要深化改革来解决，有的则要进行反对和取缔，等等。

（三）充分认识财政在我国社会主义收入分配中的作用

1. 对财政分配性质的认识

许毅认为，认识财政分配在社会主义收入分配中的作用，首先要从生产方式决定分配方式的高度，认识财政分配的经济性质及其社会形式之间的辩证关系。“所谓的分配关系，是同生产过程的历史规定的特殊社会形式，以及人们在他们生活的再生产过程中相互所处的关系相适应的，并且是由这些形式和关系产生的。这些分配关系的历史性质就是生产关系的历史性质，分配关系不过是表示生产关系的一个方面。”①

许毅认为，财政分配关系同生产关系分配一样，其性质是由特定生产方式决定的，是生产方式的要素之一，是内在于生产方式的。

① 《马克思恩格斯全集》第25卷，人民出版社1974年版，第998～999页。

但是，与其他分配方式相比，财政分配还具有另一重不同性质。它既是内在于生产方式的经济行为，属于社会生产方式的一个要素，又表现为国家政权履行社会职能的政府行为；它既是国家代表社会意志依据客观经济规律，运用法权对国民经济运行、社会产品分配、资源优化配置、利益关系的能动协调和指导，又是反作用于社会再生产的手段之一。

2. 收入分配与国家分配论关联性认识

许毅的国家分配论财政思想与发挥财政在收入分配中的作用的主张是一脉相承的。他认为，1979 年以来，“国家分配论”者通过总结建国以来财政经济正反面的历史经验，进一步指出社会主义财政不仅是国家为实现其职能的物质需要而直接参与社会产品和国民收入分配的工具，而且是运用法权自觉作用于经济基础的最强大的经济杠杆。社会主义财政不仅以国家权力为依托参与社会产品分配，而且在全民所有制为主导的条件下，国家要对全面负责，要为维护社会主义社会制度、巩固社会主义生产方式、发展社会生产力服务。“国家分配论”对财政分配的范围也就从原来的集中性分配即国家预算分配扩展到对社会总财力的分配、制约和管理。

3. 20 世纪 80 年代的认识

1989 年，受中国财政学会常务理事会的委托，许毅发表了题为《改革 10 年来财政理论的发展》的讲话，在总结了过去 10 年来财政理论发展理论成果的同时，指出了财政在收入分配方面的作用。

针对财政收入占国民收入的比例急剧下降，以及国家预算中各种基金和列收列支项目越来越多，财政趋于丧失宏观调控能力等问题，许毅指出，强调财政的调控作用是增强中央经济权威的重要内容，这在当前治理整顿时期尤为重要。他认为，（1）必须清楚一切削弱财政调节职能思想观点的负面影响，充分发挥财政在社会总产品和国民收入分配中的主导作用和经济建设中的投资导向作用。（2）提高财政收入占国民收入的比重和中央财政收入占全国财政收入的比重，增强国家财政特别是中央财政在宏观调控中的能力。（3）切实改变预算被分割的状态，使国家财政在组织收支平衡时具有一定的调节余地，以改善支出结构，促进经济调整。

在国家与企业分配关系上，许毅着重就财政的分配工具发表看法。他指出，对国营企业开征所得税是方向，但不能搞完全的“以税代利”，因为“税收和利润分别是有着不同作用的两种调节杠杆”①，两者应当并存。关于利改税的评价问题，许毅认为，对国有企业采用复税制，实行多方位、多环节的调节符合有计划商品经济的客观要求，其方向是正确的，不足之处在于，开征所得税后，把利润范畴取消了，用调节税代替了税后利润分配，税前还贷使企业不承担经济责任，因而主张税利分流，并改税前还贷为税后还贷，实现税后利润承包经营责任制。

4. 分税制改革以来的认识

许毅在《广义财政学体系初探》中提出②，1994 年我国税制改革有重大进展，新税制中重视发挥税收对形成公平竞争环境的作用，逐步统一企业所得税，开征个人所得税，流转税从过去的产品税转换为以增值税为主、消费税和营业税辅之的税制体系。继续推行内外税制统一，使三资企业与国有企业税负大致公平。地方税主体税种的设立要有所突破，建议将地方征收的增值税部分转化为地方建

---

① “税制改革和企业财务体制理论探讨会纪要”，《财政研究动态》，1981 年第 12 期，第 17 页。

② 许毅、杨照南：“广义财政学体系初探”，《财政研究》，1996 年第 3 期。

设税，成立独立税种避免交叉，以形成稳定地方经济建设资金稳定的来源。

在政府部门收入管理问题上，许毅强调要强化预算外资金管理，建立由财政统一规划监督、各级各部门负责实施的相互制约关系。

第四章

以“三农”和结构调整为重点的改革发展思想

许毅一向重视调查研究，强调向社会学习，密切注意和研究经济政策执行过程中的矛盾和问题。改革开放以来，尤其是进入新世纪以来，许毅的财经科研工作紧贴现实，与时俱进。他所关注的现实问题主要包括“三农问题”、中西部地区及少数民族地区发展问题、市场经济与宏观调控，等等。与专家的理论探讨、全国各地的实地调研、工作岗位上的实践检验，三者结合到一起，使得他能不断地科学剖析研究课题，从理论高度认识事物的本质，并提出单纯从事理论研究的同志所难以得出的真知灼见。

一、解决“三农”问题的现实途径

1941 年 9 月，受党组织的委派，许毅担任了鲁苏皖边区游击总指挥部直属纵队、鲁苏战区苏北游击指挥部第三纵队联合抗日司令部（简称“联抗”）粮秣管理处主任并兼任泰北办事处粮赋科长，他由此从统战工作、敌工工作和军事工作转入了革命财经工作。从抗日战争时期到解放战争时期，他一直在华东地区从事粮秣管理工作。1949年5月上海解放后，许毅参加了对资产阶级的第一次重大经济斗争。他指挥数十万水运大军，负责由苏北地区向上海和苏州突击运输粮食和棉花，在短短几个月的时间内突击运粮约6亿斤，粉碎了资产阶级和国民党敌特势力利用“米棉之战”欲置新上海于死地、从经济上搞垮共产党的阴谋。

出于对劳动人民无限热爱的朴素感情，加上战争年代长期管理粮秣工作的经历，许毅一直持续关注着中国“三农”问题的解决。改革开放后，许毅研究工作的重点之一就是破解“三农”问题和打破城乡二元结构。多年来，他深入西北、东北、山东、河南、安徽、两湖、两广等地的农村实地考察调研，从关注农村经济发展、解决农民群众实际困难的角度出发，通过不同渠道系统阐述了自己的观点。

许毅针对转变农业生产方式等问题的研究成果，得到《经济日报》等国家级财经媒体的转载，文章刊发后产生了较大社会反响。此外，他在深入一线调研的基础上，针对土地流转、农村金融、农业水利建设、新农村建设、农业合作组织等问题发表的一些前瞻性观点，事后证明与党中央历年来发布的“一号文件”中的主要方针精神有着大量共通之处，这也充分展现了一位马克思主义财经学者的理论功底和科研智慧。

（一）转变农业生产方式，实现农业大生产

21世纪之初，许毅研究指出，中国是拥有十三亿人口的大国，其中九亿人在农村，在国际化程度日益提高的当今世界，任何资本

都不可能无视中国农村这个人口总和比欧美总人口还要多的尚有待开发的巨大市场，而我们自己更应该首先充分开发利用好中国的农村大市场。2001年，占中国总人口近七成的农村人口只创造了GDP总额的15%，农村人均收入仅为2300余元，与此同时，占总人口三成的城镇人口则创造出GDP总额的85%。显然，农村经济发展的滞后，农民收入水平的徘徊不前，从供给和消费两个方面直接制约着中国经济发展的步伐。

如此大的城乡反差从一个侧面表明了中国城乡二元结构的客观存在，这是一百多年来城乡经济发展不平衡形成的客观结果，历次革命都没有成功地解决这个问题，它也跨越了计划经济时代成为至今仍阻碍中国经济全面快速发展的难题之一。“三农”问题、城乡二元结构问题是我们在建设过程中面临的最大问题和挑战，这两个问题不解决，现代化就不可能真正实现，全面建设小康社会的任务也不可能真正实现。

许毅认为，说到底，“三农”问题的核心在于农业生产方式的落后、农产品市场化的程度低和农民生活水平低。历史上，欧美等发达国家通过产业革命实现了由传统农业社会向工业社会的转变，依靠资本改造了传统的农村、农业和农民，农业与工业、农村与城市、农民与市民保持了相对的同步发展。反观中国，过去长期处在封建制度统治下，近代不完全的产业革命也没有波及到农村，小农经济居于主导地位，农业工业化的任务一直没有完成，“三农”问题也越积越深。“三农”问题发展到今天，既是亟待解决的历史遗留任务，也是摆在人们面前的建设中的新问题。从某种意义上说，小生产比重的居高不下是目前中国最大的基本国情。

城乡二元结构造成了经济增长过程中的消费约束，农村的潜在大市场无法得到充分利用。到2001年，农村居民人均消费支出还不到城镇居民人均消费支出的1/3，这直接造成了“大农村，小市场”

的局面。当城镇居民基本消费日趋饱和的时候，由于农村的消费能力没有及时得到挖掘，中国消费市场空间的拓展受到限制，20 世纪 90 年代以来出现了工业制成品大量积压的现象。这个事实表明，二元化的经济不但隔离了城乡，而且阻碍着市场经济的健康发展，它的存在不但造成农民的贫困化，而且现代工业化的发展目标也不可能顺利实现。

许毅提出，在解决“三农”问题的时候，一定要紧紧把握中国的基本国情，不能照抄照搬发达国家的发展经验和经济模型。对应着“三农”问题的三个核心表现，解决问题的关键在于——变一家一户的小生产为规模化、现代化、集约化的大生产；变一家一户生产的只能上集市经营的农业小商品为有组织、大规模、标准化生产的符合现代化国际国内大市场要求的农业大商品；变因受小生产制约而相对贫困的农村生活为社会主义小康化的现代农村生活。

解决“三农”问题的关键是增加农民收入，出路在于推进农业的现代化和农村的城镇化，而切入点则在实现农业的产业化，因为只有实现了农业产业化才谈得到农产品市场化，经过深加工的高品质农产品上了大市场，农民才能从农产品的增加值中获得更多收益，并且实现农村富余劳动力的非农化，从而切实提高收入，农民的购买力增加了，工业品的市场才能打开，第三产业的发展才有可靠保障，农村的城镇化才能真正实现。

“三农”问题的解决，城乡二元结构的打破，根本途径在于要对农村的生产方式进行革命性的变革，也就是要从一家一户的小生产转变成为更有效率和效益的集约化的大生产。

许毅分析总结了中国传统的一家一户分散经营的小农生产方式的弊端：

第一，小农生产不适应不断提高农业生产要素水平的客观要求。在种子的改良、肥料和农药品质的改善、大型农业机械的购买和使用等方面，传统的小生产者都显得非常无能为力。

第二，小农生产不适应农业生产社会化分工的要求。小农生产包办了农业产前、产中、产后各环节，在生产与流通之间也没有专业化的分工。没有分工就无法实现专业化、标准化、基地化生产，更谈不到实现农业的产业化经营。

第三，小农生产面临日益增加的市场风险。小生产者在获得市场信息方面天然处于不利的地位，除了交易成本无法降低之外，还面临着所生产的产品不适销对路，从而血本无归的危险。

第四，小农生产不利于农业科技进步。小农占有的资源和资本都是有限的，农户没有能力去运用组培、工厂化育苗等先进的生产技术；而由于推广困难，新型农业生产技术进步也受到了限制，如此恶性循环，现代农业的发展将举步维艰。

现存的一家一户的小生产在技术水平、生产规模、质量控制和成本控制诸多方面都很难达到现代农业经济发展的要求，无论是从农户提高生活水平的角度出发，还是从社会经济发展的角度出发，都到了进行一场彻底革命的时候。这种变革是一个系统工程，需要实现农业生产的工业化，因为手工生产提高不了生产力，小生产也无法适应现代市场对农产品标准化、品牌化的要求，只有工业化才能解放生产力，否则农业生产最终还是只能在面朝黄土背朝天的小生产圈子里徘徊。

许毅提出，对“三农”问题要从新的角度、新的思维、新的方法去思考。“三农”问题的解决之道在于创新，要通过实现农业产业化来培育农业生产自身的造血机能。只有当农业实现了集中生产、集中经营之后，农产品才能真正成为商品，只有成为了商品，农产品才真正需要大市场、大流通来支持。这时，市场的建设和发展也就真正拥有了基础，城镇各行各业、特别是服务业才能得到发展，城镇也才有了真正存在和发展的基础。加上先于城镇化实现的农村富余劳动力的转移和农民收入的提高，农业产业化可谓一举三得。与之相反，那些无视产业发展规律，盲目保护落后的做法不能发展农业的生产力；生产力得不到发展，提高收入和生活水平都将只是幻想，那些依靠指令建起来的城镇和市场因此也很难保持持续的生机和活力。

实现农业的现代化、规模化生产经营，要从生产工具的集约化、生产数量的规模化入手，提高农业生产的技术水平和装备质量，实现农业生产的机械化、电气化、信息化。这些要求，都是一家一户的小生产无力做到的。因此，要走集中土地组建农业公司、生产基地和农产品深加工龙头企业，根据市场需要集中生产经营的路子。这既是实现农业产业化的合理方式，也是农户避免现代大市场风险的可靠途径。

作为坚定的马克思主义者，许毅一直高度重视生产力水平与生产关系发展阶段相适应的问题。他认为，与农民被架空在不适应生产力发展的公社生产关系上的时代相比，实行家庭承包责任制是一个巨大进步，它充分发挥了生产积极性，把农业生产力推进到一个新的水平高度，但现在的农民在现有生产力的基础上又产生了新的矛盾，即脱离了市场经济。市场经济是以经济自由为前提的，经济自由要求生产关系与生产力的发展水平相一致。在这个问题的解决过程中，首先需要从上层建筑角度提供充足的制度供给，除了应当长期稳定土地家庭联产承包责任制以外，还要尊重农民的市场主体地位，鼓励农村经营体制的各种创新举措。例如运用资产阶级法权允许土地的转承包，允许农户买断土地经营权，合作入股经营，等等。当农业生产实现了规模化、产业化，农产品品质的标准化、无公害化才有了实现的基础，其市场也就有了保障。过去中国农产品出口经常会遇到因为检验检疫不符合进口国标准而遭退货，从而蒙受巨大损失的情况，要解决这个问题，打破国际农产品进出口的技术性壁垒，最根本的出路也在于推动农业产业化，从而实现农产品生产的标准化，进而达到国际化的标准。无论是农业生产的集约化、规模化还是标准化，可以通过学习工业化的生产模式来实现。这样一来，农产品的质量控制、成本控制、劳动生产率的提高、市场的扩展、商品化和高附加值的实现等等也就都有了保障。

农业产业化的过程是农业的生产、销售、加工环节走向高度分工的过程，也是农业走向市场化的过程。因此，它的发展要以市场需要为导向，以经济效益为中心，以企业化生产为龙头，以基地为依托，走区域化布局、专业化生产、企业化管理、社会化服务，产供销、贸工农一体化经营的社会化大生产的组织形式和生产经营方式，其最根本的特征是农业生产的市场化、集约化和社会化。这是解决中国“三农”问题的根本途径。

许毅提出，农业发展规模化生产首先要把一家一户的农民组织起来，这种组织的过程应当是因势利导的，要用事实来说服农民主动参与集约化、标准化生产。优质高效的农产品生产出来了，大市场和大流通的发展建设也就有了保障。大市场、大流通的进一步发展，使得农业产业化发展到一定规模后，其涵盖范围便会自然而然地开始向农村经济的各个领域快速而有力地延伸并带动农村第三产业的发展。由此，农村可以自然而然地走上城镇化进程，离开耕地的农民们也可以自然而然地融入了城镇经济发展的洪流。这样一来，农村富余劳动力可以得到了最为适当的安排，不但不会给政府和社会造成压力，相反还能创造出比他们留在土地上时更多的社会财富。

许毅结合在山东、河南等地调研的成果总结认为，通过政府引导的市场化运作把农民有效地组织起来，以专业化、规模化生产培育大市场，以大市场、大流通进一步推动大生产，如此良性循环，推动生产和组织流通程度不断升级，是农业产业化成功的发展道路。同时，拥有特殊优势的地区也可以打破常规，根据自身条件闯出独具特色的新路。在条件合适的地区，整个农村整建制地发展壮大成为企业集团也是一个好的经验。但就全国而言，更广大的农村发展还是要依托于农业本身，走农业产业化的道路，从农产品本身的深加工、提高附加值的角度做文章。

在研究“三农”问题的过程中，许毅还跳出农业本身，提出了新时期工农业协同发展的命题。他指出，通过发展农产品深加工，农业发展可以获得更为广阔的市场空间并实现更多的价值；而在农产品深加工服务体系的发展过程中，工业在原料和销售市场两方面也都得到了保证，因此说工农业的发展从来就不是一对矛盾，而是互补的统一体。当前，农业生产的工业化主要需要通过龙头企业对农业生产的带动来实现。龙头企业在资金、技术、经营管理和市场开发等方面都具有单一的农户所无法比拟的优势。龙头企业通过基地与农户相结合，产生了订单农业，其中，农户负责农产品的生产，龙头企业负责农产品的深加工和销售，并为农户提供一些产前、产中服务，双方的利益通过权力与义务的契约关系得到保护。基地成为连接农户与龙头企业的中间环节，而资本则成为贯穿于龙头企业、生产基地和农户的主要纽带。这种生产经营方式缓解了小农户与大市场的矛盾，既能保证农户生产的自主性和独立性，又能实现农产品加工销售的规模性，使契约双方均获得了比单干要大得多的利益。在这方面，山东省诸城市的外贸集团以及潍坊市得利斯集团肉猪养殖体系的发展具有一定的代表性。

在农业产业化发挥基础作用的时候，工业化的任务是利用自身的产业和行业优势来提高农业装备水平和农产品加工水平，利用市场的优势来集聚资金反哺农业，为农业的产业化和农村劳动力的转移提供更为广阔的发展空间。城镇化在其中的作用则是通过城镇聚集人口和产业的功能以及商品集散地的优势，为农业产业化提供直接的市场，形成农村经济区域发展中心，从根本上促进农村非农产业的发展和农业劳动力转移，使农村经济得到有效的升级。它们的发展原则可以简单概括为“三就四为”，既就地取材、就地生产、就地销售；为大城市服务、为大工业服务、为农村服务、为出口服务。

因此，农业产业化、工业化和城镇化是紧密联系不可分割的一个系列问题。不推动农业产业化，试图在传统农业的基础上实现工业化、城镇化是不可能的。同样，离开工业化的带动和城镇化的支持，要实现农业生产方式的革命也是不可能的。在三者协同发展的过程中，农业产业化是起点，工业化是保障，城镇化是依托，三者的发展应当形成合理有序、良性互动的关系。

农业产业化将直接带动农村城镇化，在此过程中，基础设施的建设将获得很大发展。基础设施的建设，需要大量物资投入，为此工业特别是重工业领域包括冶金轧钢、石油化工、水利设施、输变电设备制造等一系列相关生产部门都将获得广大的市场空间，同时在质量上也能不断升级换代，从而在服务于农业发展的同时也促进工业自身的发展。

（二）通过土地流转完善农村基本经营制度

有组织、成规模的土地流转是中国社会经济、尤其是农业经济发展到一定阶段的产物，也是发展现代农业，提升农产品国际竞争力的有效途径之一。它在有效改善土地资源配置效率，加速农业剩余劳动力转移，提高农业经营的规模化、集约化水平等方面有着积极作用。许毅在调研中发现，参与土地流转的各方获取了不少收益和经验，但同时也发现了一些问题，产生了一些疑虑。在年事已高的情况下，为进一步获得第一手材料，许毅委托自己的学生于2009年赴安徽省若干市县对土地流转问题进行了考察。在此基础上，他对土地流转过程中存在的若干问题进行分析并提出了自己的意见建议。

从成效方面看，土地流转在微观与宏观两个方面起到了促进经济发展，加速实现城乡统筹发展目标的良好作用：

第一，实现了农民的显著增收，实现了农民财产性收入的增加。流转出土地的农户每年可以无风险地获得一笔稳定的土地流转费用，节约下来青壮年劳动力可以到当地企业工作或外出打工赚钱，外出不便的中老年人可以作为季节性农业工人为农业龙头企业或农业大户工作。

第二，推动了农业产业化经营水平的提升和农业适度规模经营的发展。土地承包经营权流转既解决了土地季节性抛荒的难题，又使承包经营权向着经营大户、农业企业集聚，从而催生了一批具有一定规模的农产品基地，为实现农产品生产的标准化、品牌化、无公害化奠定了基础，满足了现代市场对农产品的要求。

第三，推动了农业经济合作组织的发展。以土地承包经营权折股成立的合作社通过集中土地统一管理、统一种植、统一营销、期末分红来实现增收，这是生产型合作社的一种新的发展模式，也是一种在农民中间实现资本与劳动联合的发展模式。

第四，推动了农业科技的发展和传播。农业企业、专业大户流转土地后，往往会采用先进的农业技术进行耕作，这对于周边尚未流转土地的承包户来说有着很强的示范和带动作用。

第五，提高了农民的综合文化素质，催生了一批新型农民。加入土地流转合作社的农民，增强了合作意识、具备了经营管理技能；成为农业工人的农民，逐渐培养起了工人的组织纪律性；外出打工的农民，有很大一部分在县乡参加了劳动技能专业培训，取得了相应的专业资质。

第六，带动了二三产业的发展，推动了农村就业现代化的进程，加速了农村城镇化的步伐。土地流转推动了农村剩余劳动力的转移，除了一部分人在农业内部实现了非农化就业以外，其余的劳动力不但为城市第二三产业的发展提供了劳动力，也为农村本地第三产业的发展提供了机遇。

以土地流转为契机，一些地方还开展了新村建设的尝试。在推动土地流转工作的时候，顺应着土地集中连片的要求，试点镇重新制定了土地规划和农村建设规划，通过调整宅基地、合并自然村的方式实现村民集中居住。通过各级财政投入在新建成的中心村进行环境治理，建设道路、供水管网和污水处理设施，建设商业设施、卫生室、文化活动室。此举不但节约了建设资金，改善了村容村貌，使农村人过上了具有城镇标准的生活，解决了农村大量青壮年劳力外出打工导致的“空心村”问题，还增加了土地复垦面积，在耕地红线以外的土地还可以置换到城郊用作工业园区的建设土地指标，支持二三产业的发展。

有组织、成规模的土地流转是一个新生事物，在实践的过程中，无论是流转双方还是作为组织方的基层政府部门，都或多或少地遇到了一些问题，产生了一些困惑和疑虑。

由于角度和角色不同，土地流转参与各方遇到的问题有所不同。作为土地承包经营权的流出方，承包土地的农户对于土地流转的态度存在着明显差异：有一技之长或有非农就业、经营门路的农民对此普遍持积极支持态度，没有其它专业技能或经营门路的农民则有着较强的“惜地”心理，这部分农民宁可自己粗放经营，也不愿转出土地。作为土地承包经营权的流入方，很多农业企业和经营大户遇到的难题主要集中在土地流转期限短和资金不足、经营风险大等几个方面。由于土地承包经营权不能抵押，农民的生活资料和大量生产资料金融部门也都不接受抵押，由此导致了农业企业、经营大户融资难。

在土地流转工作中，不同层级的政府面对的问题也有所不同。在村一级的基层组织，部分干部把稳定土地承包关系和合理流转土地经营权看作是一对矛盾，在推进土地流转，发展适度规模经营方面不敢大力宣传，不敢因势利导，不敢大胆创新，从而错失了很多发展机遇。在县乡一级，存在上下级归口管理不衔接，业务指导不顺的问题。对于省级以上政府部门，面对的最大问题是如何在土地流转的过程中确保粮食安全。

针对以上问题，许毅指出，在中国，发展农业适度规模经营可以有效地解决人的分散问题，开展土地流转工作则可以有效解决土地的分散问题。在这一过程中，土地通过流转集中可以更好地发挥资金载体的功能，同时又能成为资金的来源。因此，土地流转工作对于实现农村发展战略目标，推进中国特色农业现代化有着重要的意义。

与此同时，在社会主义初级阶段，农业领域多层次的生产力与生产关系并存的特点又决定着，各项农业政策要取得实绩就必须在实施过程中考虑各地的实际。20 世纪 90 年代，一些地方的乡镇政府或村级组织，出于发展地方经济的主观愿望或是政绩的考虑，盲目指挥农民调整产业结构，通过行政命令的方式集中土地统一经营，结果由于缺乏市场调研，出现了生产出的农产品找不到销路致使农民血本无归的情况。这种土地流转的做法，不但损害了农民利益，挫伤了农民的生产积极性，还造成了基层干群关系的不稳定。为此，从中国的国情出发，加之农业的弱势地位和农民的弱势群体特征，要做好土地流转工作，各级政府部门应当集中精力，从多角度入手来努力化解问题。具体而言，中央和省级政府部门可以考虑从政策、制度的高度加以引导、扶持，而县乡村级基层政府需要在组织、协调和服务方面多下功夫。

许毅特别强调指出，从以往“三农”领域发展的经验教训中出发，我们不难发现，凡是符合广大农民的愿望和要求的做法，都有益于农村经济的持续发展。尤其是在大力建设社会主义市场经济的今天，农民的自主意识空前提高，市场也成为了一项政策是否真正符合广大农民意愿的试金石。因此，各级政府在土地流转工作中应当加强宣传和服务，通过成功案例的示范让农民看到土地流转产生的效益，通过政策支持、体制革新来去除农民的疑虑。对于一时不愿意参与土地流转的农民群众，要耐心地等待条件成熟，等待这些农户自愿流转。此时，统分结合的双层经营体制将一直是农业持续发展的有力保障。

熟读马列主义理论原著的许毅认为，对于改造农业小生产，恩格斯早已为我们指明了正确的方法。他在《法德农民问题》一文中指出："我们预见到小农必然灭亡，但是我们无论如何不要以自己的干预去加速其灭亡。……我们对于小农的任务，首先是把他们的私人生产和私人占有变为合作社的生产和占有，不是采用暴力，而是通过示范和为此提供社会帮助。"对于一时不愿参加联合生产的小农，恩格斯也给出了解决办法："如果他们下了决心，就使他们易于过渡到合作社，如果他们还不能下这个决心，那就甚至给他们一些时间，让他们在自己的小块土地上考虑考虑这个问题。……我们在这个意义上为了农民的利益而必须牺牲的一些社会资金，从资本主义经济的观点看来好像只是白花钱，然而这却是一项极好的投资，因为这种物质牺牲可能使花在整个社会改造上的费用节省9/10。"

综上，许毅指出，无论实践还是理论都证明，农民群众对土地流转的益处愈是了解，这一工作便愈好开展，也会更快地由自发上升到自觉的高度，而各级政府在此期间应当发挥的作用就是加强宣传和服务，通过成功案例的示范让农民看到土地流转产生的效益，通过政策支持、体制革新来去除农民的疑虑。对于一时不愿意参与土地流转的农民群众，党中央的方针很明确，那就是"赋予农民更加充分而有保障的土地承包经营权，现有土地承包关系要保持稳定并长久不变”，也就是说，要耐心地等待条件成熟，等待这些农户自愿流转。此时，统分结合的双层经营体制将一直是农业持续发展的有力保障。

从以上的分析中我们可以得出两点结论：第一，土地流转有利于发展农业大生产，有利于化解“三农”问题，是符合我国国情的农业改革措施，它的积极作用将在未来不断显现；第二，土地流转是一项政策性很强的工作，在实施的过程中需要因地制宜。因此，无论是有违土地承包者真实意愿的流转，还是一些地方基层政府将土地流转率纳入工作考核范畴，力图迅速提升本地土地流转率的做法，都违背了经济规律，其中隐藏着很大的市场风险，对于农业发展和社会稳定也有着不利影响，必须及时加以纠正。

（三）发挥城镇功能，促进城乡流通

进入21世纪后，许毅着重研究了农村城镇化问题，并将其视为破解“三农”问题的一把钥匙。他指出，早在党的七届二中全会上，毛泽东就已指出：“从现在起，开始了由城市到乡村并由城市领导乡村的时期。”过去，由于种种主客观条件的限制，这种领导没有得到全面的实现，现在随着经济的发展和社会的进步，城市领导乡村的条件已经具备。要发挥城市领导农村的功能，目前我们应当把精力主要着眼于充分发挥现有城镇功能方面。因为，一方面，兴建新的城镇成本过高，不符合当前的客观实际；另一方面，现有城镇的功能尚未得到充分的发挥。因此，应当通过发展现有城镇的功能，为农村经济的腾飞驾起金桥，通过促进城乡经济的一体化，才能从根本上实现农村的小生产革命。

所谓“日中为市”，贸易是城镇的首要功能，其次才发展工业

中心、政治文化中心等功能。在现代经济的条件下，城镇的功能不断增加，但贸易仍是其基本功能。二元经济的连接点，就是城镇的贸易功能，它体现在两个方面：一是从供方的角度讲，城市特别是城镇的生产、生活原材料，大多来源于农村。二是从需方来讲，城镇提供的产品和劳务，除了城镇居民使用一部分外，也大部分流向农村。因此，发挥城镇的连接农村与大产生、大市场的桥梁功能，可以为农业的产业化和农民的小康化提供充分的条件。这里需要加以说明的是，我们所说的农业，是包括农林牧副渔在内的大农业，各地应当根据自身实际，因地因时制宜，充分利用各自的自然条件来发展优势农业项目。

许毅进一步分析认为，城镇在破解“三农”问题的过程中可以发挥四个方面的功能：

第一，发挥城镇商业中心的功能，促进农村经济的市场化进程。市场化的一个重要内容，就是把原来自然经济条件下的产品变成商品，使各项产出都能实现交换。农村商业中心的地位，决定了农村各项产出的商品化，必须通过发挥城镇的商业中心作用来实现。

城镇的商业中心功能，对农村的带动作用，除了一般贸易外，还有很多种形式。其中，比较有效的是订单农业，这对农业生产提出了标准化、集约化经营的要求，从而能够推进农村生产方式的改造。与此同时，为了促进农业经济的集约化、规模化、标准化经营，就必须由市场通过城镇，向农村提供符合其需要的种子、肥料、农药、农业生产资料、农业科技等，从而促进为农业服务的第二产业的发展，并进而推动农村的服务业、运输业等第三产业的发展。而二三产业的发展，直接推进了农村的城镇化，促进了生产的规模化和标准化，而广大农民，则通过订单农业，增加了收入，推进了农民的小康化。

因此，发挥城镇贸易中心的作用，是促进农村生产方式的改造，变小生产为大生产，推进农村全面小康社会建设的重要途径。

第二，发挥城镇生产要素集聚中心的功能，为农村要素配置最佳化创造条件。一般地，城镇拥有各类农村经济所必需的生产要素市场。这些机构基本上都设在城镇，但以农村为服务对象，是农村建设全面小康社会中必需的物质基础。

在市场经济条件下，这些生产要素市场是以利润最大化为目标的，且其利润来源就是农村。同时，农村的市场化进程，很大程度上是一种自发的过程，非常容易导致生产要素的浪费。因此，要充分发挥城镇生产要素集聚中心的功能，除了要充分利用生产要素流动，提升农村经济的活力外，更重要的是要发挥政府对这些生产要素配置的制导作用。俗话讲："城市是四乡八镇的中心"，政府要十分重视城市对农村的领导作用，把政府的职能重点放在生产要素的合理配置上。

第三，发挥城镇农产品加工中心的功能，促进农业生产方式的转型。农副产品的加工中心，是城镇的一个重要功能。而这种功能，大多是以龙头企业为代表的各种农业企业所承担的。这些企业，一般都以城镇为依托，以农副产品为原料，进行规模化生产。为了保证企业原材料的需要，农业企业非常愿意采取公司加农户的办法，来带动农民为其提供生产原料。

公司加农户模式是以公司与农户的合同关系为前提的。农业企业为了保证原料的质量，在合同中除了确定供求关系、使农民生产的农副产品有了直接的销路外，更重要的，还规定了农业企业为农户提供各种生产服务的责任。在这种机制下，农户不仅解决了产品的出路问题，而且解决了种子、肥料、田间管理技术现代化等问题，从而使农业经济不断地实现升级，实现了农业生产方式的转型。但是，这也仅仅是生产方式转型的初级形式，一家一户的小生产还没有真正转变为大户生产。下一步的发展方向应当是朝着促进生产方式转换的方向继续前进，从而达到真正的规模化生产，农民离开土地转变为农业工人，并自然而然地向第二三产业转移，从而走出更宽的致富之路。

第四，发挥城镇就业中心的功能，不断吸纳农村剩余劳动力。随着我国农业生产力的发展，农村剩余劳动力的出路问题，已经成为农村的一大重要问题。发挥城镇就业中心的功能，可以解决农村剩余劳动力的问题，因为城镇为农业经济提供直接服务的行业需要大量不同档次的人力资源。除了为农村服务的二三产业创造的就业机会外，城镇还可以通过重新配置农村资源，开辟新兴产业，增加新的就业机会，例如，在农村发展旅游业增加就业机会，就是农村经济发展的一个新增长点。

许毅提出，在农村市场化程度不高的情况下，要发挥城镇的这些功能，都需要政府的积极引导，需要财政的主动参与，需要财政制定统一的政策加以引导，并从分配上起到龙头作用。在地方财政财力相对不足的情况下，就需要建立起财政与金融联动的机制，通过规范农村的分配秩序，以财政资金拉动民间财力，从而为促进城乡一体化做出新的贡献。

（四）以合作金融助推新农村建设

在研究“三农”问题破解之道的过程中，许毅非常重视金融的作用。他提出，单纯通过财政和政策性金融渠道开展的扶贫、支农项目，在资金的使用绩效方面往往会产生一些问题，从而达不到资金使用的最优化。以往那种单向的“输血”式资金投入方式已经不能满足社会主义新农村的建设需要。在社会主义市场经济条件下，要解决农业再生产领域的资金问题，要使农民普遍脱贫致富，就必须同时发挥好财政和金融的主渠道功能，发挥政府和市场各自应有的作用，变一味向“三农”领域“输血”为不断增强其自身的“造血”机能。

为探寻农村金融改革的有效路径，许毅多次带队到安徽、江苏等地调研农村金融合作组织的建立和发展问题。结合调研取得的第一手材料，他分析指出，农村合作金融组织是在农业小生产向大生产发展过程中，弥补农户与商业金融机构之间“真空地带”的有效组织形式。这是打破我国城乡二元结构过程中的现实需要。

在发展农村合作金融的必要性与可行性方面，许毅认为，除了为农村生产服务，农村合作金融的重要作用在于，它是推动农村合作社经济发展的重要工具。因为与单纯的生产合作相比，金融流通领域的合作更便于将生产能力、素质、经济条件不同的农民联合起来，基本不触及农民自有的生产资料和经营习惯，更适应农村现有的多层次生产力水平和统分结合的家庭联产承包责任制，使得各个经济层次和文化层次的农民都能较好地逐渐习惯合作，使得农民能够在潜移默化中逐渐重新形成集体主义观点，逐渐提高农民互相合作经营管理的能力。同时，合作金融组织也可以发挥信息传导的作用，一方面，上级经济、金融管理部门可以通过对合作金融组织放款数额、放款方向的统计，掌握农村产业发展的规模与质量的大致情况，从而为经济、金融管理部门的宏观决策提供参考，减少决策失误的可能。

流通领域的合作发展到一定阶段，必然会产生整合农产品生产和加工的需要，因为在市场经济中，市场需要的是标准化、品牌化的农产品，而一家一户的生产是无法满足这一需要的。从银山村资金互助社与蚕桑合作社、养猪合作社正在探索的金融组织与生产组织深入合作的实践中，已经清楚地体现出了这一发展趋势。从金融、商业等流通领域入手，向着生产环节逐渐推进，逐渐向“三农”领域注入先进的生产力，一步一步联合，一步一步扩大，实现在生产、流通、消费等各个领域的合作，这是以小农经济为基础的国家发展农业社会化的基本规律和必经之路，只有这样才能逐步消灭差别，使广大农村真正步入小康。以上，就是大力发展农村合作金融的必要性。

从可行性角度看，农村合作金融组织的资金安全性和盈利性都有着可靠的保障。农民普遍有着脱贫致富的愿望，也愿意投入自己的智慧和辛勤的劳动奔小康，只要借贷需求能够得到满足，他们便有了起步的动力。因为多数农民在农副业生产和小商品经营方面都有着比较丰富的经验，在正常情况下，还本付息是不难的。而且从各地已有的经验来看，因为信息对称，加之受到乡规民约的约束，越是小范围内的合作金融项目，发生不良贷款的可能性越小。

从安徽省安庆市若干农村合作金融组织从建立到运转过程中取得的实际经验出发，许毅强调指出，农村合作金融要取得成功，需要政府与市场同时发挥其应有的作用，也就是需要“看的见的手”与“看不见的手”各司其职，分工协作。

从政府的作用角度看，与一家一户的农民相比，政府部门在资金、信息、智力、组织、管理等方面都具有显著的优势。合作金融具有一定的技术含量，对于农民特别是一些物质文化水平都比较落后的农村地区的农民来说，如没有外力的协助在开始阶段很难做好这项工作，对于特别贫困地区来说，还需要政府财政注入一定量的启动资金，并发挥一定的示范作用。形象地说，“扶上驴再送一程”，这是各级基层政府在农村合作金融建立发展的过程中应当发挥的职能。

与此同时需要注意的是，农村合作金融组织不是福利机构，它的生命力需要通过市场化运作来得以延续。农村合作金融是农民自己办的金融互助组织，社员大会、理事会、监事会“三会”齐备，实行民主管理，各司其责，自我约束，主要资金来自于社员存款和金融机构的融资，切实为农民发展生产和改善生活服务，并受到银监部门监管。事实证明，农民非常珍惜自己的创造，也珍惜难得的发展机遇，只要始终在产权明晰的基础上加以市场化运作，真正实现合作，农村合作金融组织就不会重蹈过去农村合作基金会的覆辙。

无论是政府推动的、民间组织发起的还是农民自发组织的农村合作金融组织，政府都要一方面切实加强监督管理，设定具体的量化指标进行绩效评价和考核评估，另一方面又充分尊重和信任农民，注意保持农村合作金融组织的民办性、草根性。这是在这项工作上取得成功的重要原则。

在农村合作金融组织与其它农村金融机构的关系问题上，许毅指出，在市场经济条件下，大型商业金融机构与农村金融合作组织的业务领域存在着天然的划分，对于大型商业金融机构来说，县城、乡镇是他们的主战场，农村中小企业、种养殖大户是他们的主要服务对象。农村金融合作组织则以小见长，基层农村中的生产散户、贫困户、中低收入户是它们的主要服务对象。因此两类农村金融机构完全可以各尽所能、有序竞争、共同发展。

在农民与大型商业金融机构之间，农村金融合作组织完全可以发挥中介和蓄水池的作用，从而成为农村金融体系链条上不可缺少的一环。农民在家门口可以通过资金互助社很方便地调节资金余缺，而大型金融机构则可以通过向农村金融合作组织批发贷款的方式将业务渗透进基层农村市场。此外，各类支农资金也可以通过农村金融合作组织转贷给农户。这样一来，政府财政部门、大型商业金融机构与农村金融合作组织之间可以建立起良好的合作关系，各方都可以由此实现效率的优化。

总之，在市场经济条件下，农村金融市场需要在诸多经营主体的共同参与、有序竞争过程中实现健康发展。成熟的农村金融市场体系应当是多层次的，实力和规模不同的经营主体都可以找到适合自己生存的一块市场，它们共同构成一个完整的行业市场。各经营主体因其规模不同、开展业务的领域和方向不同，彼此之间形成的应当是既充分竞争又相互合作的关系。从这个意义上说，大力发展农村金融合作组织是推进农村金融改革的关键环节。

（五）借鉴国际经验，促进农业经济合作组织发展

在学术研究过程中，许毅一直抱着开放心态，非常注意吸纳世界各国的先进经验。他在研究世界范围内农业合作组织的成功经验之后指出，广大分散经营的农户在生产、加工、营销等领域实现各种形式的合作，是在市场经济中不断争取有利经济地位的有效选择。

他分析认为，发达国家的农业合作组织早期一般都是为了促进营销而产生，随着市场经济的发展，如今农业合作组织的经营范围则早已不限于此，已经扩展到农业生产的各个领域。同时，不同的农业合作组织间也出现了联合的趋势，这种联合既包括同种组织的合并壮大，又包括不同类型合作组织的联合，例如生产合作组织与销售合作组织、消费合作组织的联合，从而把整个农业经营的产前、产中、产后系统地连接起来。

许毅总结认为，从英国、德国、日本、丹麦等国的经验看，农业合作组织在推动农业发展过程中的积极作用，大致可以概括为以下几点：第一，保护农民利益，稳定农业生产。例如日本，在政府指定农业政策时，农协会出面为会员争取更多的有利条件，农户因此可以把精力更多地用于生产经营本身。第二，提高农业生产技术。发达国家形成了比较完善的以合作组织为中介的农业技术推广体系，农业科技成果可以及时转化为现实的生产力。第三，促进农业生产的规模化、集约化。一方面，农民可以从合作组织得到生产技术和营销信息，为自己的生产经营提供参考，另一方面，农民又可以凭

借会员身份更为容易地得到金融机构贷款，用于扩大再生产。第四，降低成本，规避风险。农民因此节约了大量的生产成本和营销成本，同时能够更好与市场对接，避免了因盲目生产而造成的损失。

结合中国农村的发展实际，结合世界发达国家农业合作组织发展的先进经验，许毅提出，中国下一步发展农业合作组织的着力点大致可以从以下几个方面加以考虑：

第一，坚持贯彻自愿原则，合作组织的创办，会员的加入和退出都应当充分尊重农民的自我意愿。

第二，农业合作组织的组建要因地制宜。在经济发达的地方，农民的思想更为积极活跃，开展合作的需求较强，合作组织的建立更多地可以通过农民自发联合和能人带头的方式。而在经济落后地区和农民思想较为保守的地区，政府应当主动出面从当地的客观实际出发，围绕着当地的支柱产业、特色农业组织建立一些农业合作组织，通过示范作用来培育农民的合作意识，在这方面应当充分借鉴日本农协的有关发展经验。

第三，合作组织的经营方式应当以非营利性为主，管理方式应当以“一人一票”的民主管理为主。农业本身是一个弱势产业，我国农民由于在历史上长期处于分散经营状态，弱势地位更加明显。在这种情况下，农民迫切需要从合作组织中获得信息、技术和营销渠道保障，此时如果强调合作组织的营利性，势必会阻碍农民加入的积极性，农民组织不起来就无法实现农业生产方式由小生产向大生产的转变，农民也无法真正致富，在这种情况下合作组织的盈利也无从谈起。当然，以龙头公司通过“一股一票”的管理方式来带动地方农业经济发展的模式也有着许多成功的范例，但在这种非纯粹的农业合作组织模式下，应当由政府出面通过制定相关政策对资本的盈利幅度加以一定的限制，从而保护农民的合法利益，保证农民增收。

第四，将农业合作组织的管理纳入法制化轨道。农业合作组织依法获得法人地位，不但其运作和管理将更加规范，更可以在获得金融支持方面取得实质进展，农民融资难的问题将获得一个可靠的解决途径。同时，通过法律的相关规定，那些以农产品为纽带建立的农业合作组织将进一步突破村镇行政区划约束，获得更大的发展空间。

第五，国家对农业的财政、金融扶持政策可以考虑更多地通过农业合作组织加以落实。在这方面，西方发达国家的经验值得我们借鉴。美、日、德等经济发达国家都明确规定农业合作金融组织是不以盈利为目的的公益法人，免征税收。在财力有限的情况下，各国政府纷纷制定农业金融法规，鼓励成立农村信贷协会、农村信用合作社及其他非正式金融组织，政府则通过税收、补贴、担保、贴息等手段加以引导调控，借以支持农业的开发。在这种方式中，国家对农业生产发展的扶植，更多是通过对农村金融的扶植和补贴加以实现的。与行政体系相比，农村金融部门更熟悉瞬息万变的市场，对于农村经济发展的实际需求也更敏感，因此这种通过扶植农村金融来带动农业发展的方式将更加富有效率。

二、促进中西部地区和民族地区的经济发展

许毅研究认为，中部崛起、西部开发、民族地区的经济发展是紧密结合的一系列问题。西部大开发实际上是国内经济一体化的过程，涉及东部、中部和西部，而且很多西部大开发的建设项目也居于中部地区。作为内陆地区，中西部地区同时也是少数民族聚居的地区，由于历史原因及自然条件的约束，相比较而言，在中西部地区内部，在经济社会发展方面少数民族地区往往要更为落后。要全

面建设小康社会，构建和谐社会，就必须使城乡得到协调发展，彻底解决三农问题，为此要特别重视中西部地区的开发，在此少数民族地区又成为其中的重点和难点。除了改善人民生活的需要，西部地区特别是少数民族地区的经济发展对于民族团结、巩固国防等战略任务的实现也有积极作用。从这个角度来讲，发展少数民族地区经济，不但是提高少数民族群众生活水平的现实需要，同时对我国国民经济整体快速发展、提高综合国力、顺利迈向小康社会也具有全局性的战略意义。

（一）东引西联，实现中部崛起

许毅指出，无论气候条件、资源条件还是地理条件，中部地区都极具优势，这片地区蕴育了中华民族几千年的文明，自古以来就是中国的政治经济文化中心。改革开放后，虽然中部地区与东部沿海地区的经济发展拉开了差距，但这种差距是相对的，中部地区的潜力仍然相当强，它在交通、资源、农业等领域的优势仍然存在。改革开放后，中部地区的落后关键在于观念上以及组织和引导市场能力上的落后。

中部地区是西部大开发过程中，东部地区西进的必经之路，也是国家投资西部地区的必经之路，更是西部地区的资源、产品向全国扩展的首选市场。因此，中部地区在西部大开发中，关键要发挥好桥梁和纽带的作用，在支持西部大开发中发展自己。中部地区的任务，是要在东部的富而思进和西部大开发中，做到两肩挑，实施中部崛起战略。

许毅提出，中部崛起战略，就是要充分利用西部大开发带来的机遇，实现东引西联战略，发展中部经济，最终实现全国经济一体化，实现共同富裕的战略目标。

所谓西联战略，就是说，国家对西部的投入、西部地区向全国市场的发展，都离不开中部。中部地区要利用这种优势，抓住西部大开发给中部地区带来的政策机遇、市场机遇、资源机遇，发展自己。例如，国家通过积极的财政政策，对西部地区的基础设施进行了全面改造，使西部地区在完善自身基础设施的同时与全国接轨。西部地区的基础设施建设，有很大的一部分要落在中部，如公路网建设，从投资的公路里程来看，甚至可以讲是中部地区的项目。这就是西部大开发给中部地区带来的政策机遇，国家要给西部地区优惠，很多政策都必须通过中部才能实现。又如，国家在制定积极的财政政策中，对西部地区环境的保护与建设进行了必要的倾斜。西部地区保护环境所需要的树苗、草种等是一个很大的市场。中部地区毗邻西部，气候条件很好，花卉、苗木业很发达，这就理所当然地会成为西部环境保护和建设的资源提供者。这是西部大开发给中部地区带来的市场机遇，中部地区要利用地域优势，抓紧占领西部开发出来的市场，利用西部市场发展自己。再如，为了充分利用西部地区的资源，国家通过积极财政政策投入大量资金，实施“西气东引”“西电东输”工程。这些工程，需要中部地区保证输油管、输气管、电网等顺利地自西向东铺设，这也是西部大开发给中部地区带来的发展机遇，西部地区的资源和商品都要先经过中部，才能进入整个国内市场，并进而打入国际市场。中部地区要分享这些资源，来发展中部经济。

与西联战略相对应的是东引战略，中部地区是东部地区西进的必经之道，很多东部企业，是通过先在中部设立分公司或销售点，再实施西进战略；而东部地区的商品，有很大一部分是通过中部地区的市场辐射到西部的。东部地区的资金、技术等资源，在西部地区的资本市场、技术市场发展还不完善的情况下，有相当的一部分也要通过中部地区中转。中部地区实行东引战略，就是要利用东部地区西进战略带来的机遇，通过东引，达到调整中部地区经济结构，并进而与东部地区一起为西部大开发服务。

（二）发挥资源优势，促进西部开发

许毅认为，开发西部主要是发展农牧业和开发资源的问题，归根结底是市场的培育和发展、人民的共同富裕问题。这一过程没有政府的组织引导不行，不发挥市场在配置资源中的作用也不行。制定开发西部的有关政策，就要通过正确处理好政府与市场的关系，达到充分发挥这两方面的作用，把西部的资源优势与东部的人才、资金、技术等优势有机的配置起来，达到共同发展、共同富裕。

西部发展的战略方向，同样涉及西进和东引两大战略：

一是西进战略。根据邓小平提出的“两个大局”的战略思想，在开发西部的过程中，东部沿海地区要多拿出力量来支持西部地区发展。同时，在东部经济在先富一步的优势下，本身就需要在西部拓展市场中发展自己。因此，东部地区在继续扩大对外开发的同时，就有必要根据当地经济发展的特点，制定西进战略，以积极的势态，投身到西部大开发中，为西部经济发展作出贡献，在西部大开发中壮大自己。

二是东引战略。西部大开发的主战场在西部，西部地区要通过发展其本身经济，与东部地区接轨，最终实现国内经济的一体化。因此，西部地区就必须制定东引战略，一方面，按照建立社会主义市场经济的要求，重新调整当地的生产力布局，调整生产关系，使之逐步与东部较发达地区接轨，迎接东部以及海外向西部开发的投资。另一方面，通过发展当地经济，接受东部地区以及海外投资所带来的机遇与挑战，抓住机遇，迎接挑战，完善自己，发展自己。

许毅认为，西进战略和东引战略，就是中国制定西部大开发政策的目标，而东引战略是主要的内容。其中需要制定的配套政策很多，西部地区投资硬、软环境的建设，中心城市或开发区的建设，农业现代化、农村城镇化的建设等方面的政策是最关键的。

东引战略的首要任务是吸引东部地区以及海外企业来西部投资。在目前西部地区市场化程度不高的情况下，要做到这一点，首先就要在西部营造一个良好的投资环境。从技术层面，许毅提出，在市场经济发展初期，政府在基础设施上的投入，不仅是促进市场经济发育的前提，也是促进市场经济发展的第一推动力。因此，在西部大开发的初期，国家对西部要做好“五通”：

（1）“通”路，解决西部地区的物资流通问题。主要是做好东西部大通道的贯通，包括公路、铁路、航空体系的建立和健全。

（2）“通”电，解决西部大开发的能源问题。西部地区的能源储藏量十分丰富，但开发能力不高或者开发后利用率不高。“通”电工程，一方面要解决西部能源不足地区的能源问题，另一方面还是通过对西部地区能源的开发，在满足当地能源需要的同时，通过“西电东送”“西气东输”等工程，把西部地区的能源输送到东部，促进全国经济的发展。

（3）“通”水，解决西部地区的水资源问题。西部地区是中国水资源的主要源头地区，对解决全国的水资源问题有着不可推卸的责任。因此，“通”水工程，要从根治水土流失入手，全面落实“天保”工程和“退耕还林”“退耕还牧”等工程，在西部地区加快实施可持续发展战略，以改善生态环境为中心，保护黄河、长江中上游的水资源，防止沙化和水土流失。同时，西部又是中国严重缺水地区，水是制约西部地区经济发展的最重要因素之一。因此，要在西部大力提倡合理用水和节水，完善西部城市和农村的供水系统，引进先进的农业灌溉技术，以提高水资源的利用率。

（4）“通”信息，解决西部地区的通讯问题。现在是知识经济时代、新经济时代、信息时代、网络经济时代，没有信息的传递系统，就不可能有经济的繁荣。“通”信息，就是要通过改进西部地区的通讯条件，加快西部地区信息产业的发展速度，加快西部地区与东部地区和国际市场的接轨进程。

（5）“通”资本，解决西部地区的资金问题。西部地区的金融业不发达，融资困难，国家有必要通过完善西部地区的金融体系，提高西部地区的融资水平。因此，有必要在现有条件下，按经济区域对金融机构的设置进行必要的调整，按经济发展水平确定基层金融机构的权限，逐步在西部发展资本市场，提高国内金融机构在西部大开发中的作用；根据中国加入 WTO 后的形势，在健全国内金融体系的基础上，采取有关措施，鼓励、吸引外资银行进入西部地区进行投融资；制定有关优惠政策，鼓励非银行金融机构、商业资金、民间资金向西部投资。

与此同时，制定相应的优惠政策是东引战略的关键。经过三十多年的改革开放，与先富起来的东部地区相比，西部地区的各种条件相对落后。尽管西部地区的工资水平、土地等资源成本大大低于东部，但由于劳动生产率低、资源的开发利用能力低，东部企业仍缺乏到西部投资的意愿，也存在着一定的投资风险。为此，西部地区的政府必须制定政策，运用利益机制，吸引东部的技术和资金。

在制定西部大开发优惠政策的过程中，要特别注意两个方面的问题。第一个问题是，必须对区域外的企业一视同仁，实行国民待遇。从中国实际看，东部地区经济发展到现在这个程度，已经有必要实现战略性的转移，把一部分在东部失去优势的企业搬迁到西部；一些资源枯竭型的行业要到西部寻找新的生机；市场拓展型的企业要在西部这个巨大的市场就近发展分厂；等等。东部经济需要西部市场，需要西部资源，它有西进的需求。而我们西部大开发要吸引的，重点也是东部地区的企业。如果一下子就去吸引外资、外国的大公司进入西部，恐怕不仅外国人不感兴趣，西部也不一定能有接收的能力。因此，西部大开发的各项优惠政策，必须从实际出发，对区域外的各类企业一视同仁，不管是中国人，还是外国人，只要能进入西部投资开发的，一样都能享受西部的优惠政策。只有这样，东部地区的大量企业才能依靠其地理优势，率先打入西部，成为西部大开发的主要力量。

西部大开发优惠政策中要注意的第二个问题是，各项优惠政策必须有利于西部地区人民观念的改变。因为以经济利益为中心的各项优惠政策并不能够解决全部问题，使东部的企业愿意进入西部。因为在经济发展中，人是关键因素，观念的转变十分重要。开发西部直接关系着西部地区广大人民的利益，因此，西部地区人民必须发挥主人翁精神，以积极的势态，主动参与，而不能等靠要。西部地区要自觉承认落后，才能克服落后，更不能小富即满。要把落后视作压力，进行赶超，而不能把落后视作资本，作为向中央、东部要钱要物的依据。习惯势力的改变是艰苦的，要做大量的工作，关键还在领导。

许毅认为，西部地区要发展，就必须调动西部地区本身已有的资源，通过政府的正确引导，进行重新的组合，从而以开发区、示范区为龙头，发展中心城市，最终带动周边地区经济的发展。在此基础上，他提出了开发西部地区的几点注意事项：

第一，开发西部要实现几方面互动。国家要主动给西部地区一些政策，发挥政策的优势。但国家对西部的支持，要在范围、程度上有所控制，它只能在西部大开发初期，通过基础设施的投入，给西部大开发一个第一推动力。在今后的西部开发中，国家只能在创造良好的开发环境上有所作为，在带动市场、组织市场、引导市场上有所作为，而不能代替市场。政府要在西部大开发中摆正位置，发挥作用，就必须认识规律，学会运用杠杆，用好各项调控经济的手段，吸收西方国家先进的管理技术，提高政府工作的效率。从财政税收的角度讲，只有认识了客观规律，才能正确处理好取与予的关系，才能有正确的用财之道、生财之道和聚财之道。

第二，开发西部的战略要十分注意和可持续发展战略的配套。西部是中国资源最丰富的地区，也是中国资源破坏最严重的地区。长江、黄河的源头均在西部，但都已经出现了大量的水土流失；石油、黄金等战略性资源的破坏性开采，也在西部屡见不鲜。植被破坏、资源的低效开发，是当前西部经济发展最普遍的方式。必须通过西部大开发战略，改变这种状况，在实施西部大开发的同时，把天保工程等可持续发展战略的具体措施结合进去，从而促进整个国民经济的持续稳定发展。

第三，要注意走群众路线。政府要发挥主导作用，关键在领导。领导重视不重视，是开发西部成功与否的关键，但群众是创造历史的英雄。科学技术的开发应用、客观经济规律的掌握，靠的是广大的科技工作者、科学家、经济学家、社会学家等各方面的专家，没有他们，政府也很难有正确的决策。因此，必须建立渠道，广泛吸收各方面意见，尽量提高各项决策的科学性。同时，开发西部的实践者是西部的广大人民，必须要十分珍惜他们的积极性，以保护人民利益、调动人民的主观能动性为出发点，改进政府的工作，提高政府的效率。只有这样，才能带动西部地区人民，使开发西部的战略真正落到实处。

（三）内外条件并举，推动民族地区经济发展

中国是统一的多民族国家，平等、团结、互助是社会主义民族关系的本质特征，只有实现民族平等，国家才能长期稳定和发展。但由于历史、自然等多方面的原因，一些民族地区的经济社会发展

仍然很落后，民族之间、地区之间的发展存在较大差距。

许毅提出，带动少数民族地区的经济发展，缩小它们同沿海发达地区之间的差距正是民族平等这一重要原则的具体实践。要缩小城乡差距，缩小贫富差距，少数民族地区的发展至关重要。在中国的经济发展中，存在着中西部地区落后于东部沿海地区的实际情况。中西部地区同时也是少数民族聚居的地区，由于历史原因及自然条件的约束，相比较而言，在中西部地区内部，在经济社会发展方面，少数民族地区往往要更为落后。要全面建设小康社会，构建和谐社会，就必须使城乡得到协调发展，彻底解决“三农”问题，为此要特别重视中西部地区的开发，而少数民族地区又成为其中的重点和难点。除了改善人民生活的需要，西部地区特别是少数民族地区的经济发展对于民族团结、巩固国防等战略任务的实现也有积极作用。从这个角度来讲，发展少数民族地区经济，不但是提高少数民族群众生活水平的现实需要，同时对我国国民经济整体快速发展、提高综合国力、顺利迈向小康社会也具有全局性的战略意义。

无论是人均 GDP 还是人均财政收入水平，少数民族聚居的省和自治区都要低于其他省份。要使少数民族地区尽快脱贫致富，最重要的是要因地制宜，要根据不同地区的特点，根据不同民族的发展实际和生活习惯，发挥他们各自的特点和固有优势来发展少数民族地区的经济，使当地的社会综合发展水平得到迅速的、跨越式的提升。少数民族地区要发展，必须从外部条件和思想观念转变两个角度同时入手。

许毅分析认为，从外部条件来看，少数民族地区的地理环境一般都比较复杂，高山、丘陵、草原、森林、荒漠众多，长期生活在这些地区的少数民族群众也就此养成了各自的生活习惯和文化特色。少数民族地区自然环境条件普遍恶劣，环境限制性因素较多，城市化水平较低，但同时又有人文历史悠久、民族风情独特、地域空间辽阔、生物与自然资源丰富的优势，也有悠久的种植和养殖传统，这为少数民族地区发展本土化经济、民族特色经济，创造了极为有利的条件。少数民族地区的经济发展必须坚持充分发挥“生物多样性、民族文化多样性”的基本方针，立足于少数民族地区的基本区情，充分利用国际国内分工的积极因素，依据产业比较优势，加快推动产业结构转换调整，利用丰富生物与民族文化多样性的资源优势，建立区域性的本土化民族特色经济，构筑具有民族特色、区域特色的产业结构体系，力争在国际国内分工中取得更为有利的地位。

与东部地区农业发展相比，少数民族地区农业的发展具有很多独特之处，为此除了发展农作物的种植，提高农产品的品质之外，更重要的是要根据地区实际，发展农业的多种经营和特种农业，尊重传统并不是要完全保留原样，而要在此基础上有进一步的发展和创新。

少数民族地区同样面临着“三农”这一发展中的难题。农民问题的核心，归根结底就是如何改变农村的小生产方式问题。全面小康要求农村实现农业产业化、农村城镇化和农民生活小康化，这不能仅仅停留在理论认识上，而要落实在农村的改革与发展中。目前大多数政策措施，只抓住了农村、农业、农民问题中的一些难点问题，但没有抓住农村小生产改造这一核心问题。而只有实现农业生产的集约化、规模化、科学化、标准化，推进生产关系的调整，促进小生产走向大生产，促进农民从小户经营转向农业现代化经营。

农业生产方式的改造具有多层次性，对于贫困地区的少数民族群众来说，首要的任务是先脱贫，然后才谈得上致富奔小康的问题。转变农业生产方式不是都要发展大棚种植，同时要纠正那种发展经济就必须一味招商引资，就必须发展制造工业的思想，而要从发展特色经济作物种植，发展农业深加工入手。应当从一开始就对少数民族地区发展战略有一个全新的认识，发展不仅仅是增加少数民族贫困人口收入、确保基本的生存条件，而是要为少数民族提供进一步的发展机会。新世纪应调整西部少数民族地区传统追赶战略的政策导向，由过去单纯关注缩小经济发展差距，转向社会发展、知识发展并重，由以往单纯注重消除收入的贫困，更多地转向消除知识和人才的贫困。为此要在发展少数民族群众的教育上下功夫，改变过去基础教育力量分散、规模小、师资薄弱的状况，要集中资金和人财物力办寄宿制学校，按照统一的标准大量培养少数民族地区建设需要的各级各类人才。各级政府应当制定有利于促进少数民族自身开放和发展变革的现代化策略，这样才能切实消除少数民族地区的贫困现象，促进少数民族地区的社会进步与发展转型。而且，各少数民族地区不能简单地模仿或照搬东部地区的发展模式，而应该在学习与借鉴、改造与创新的基础上，最终形成具有本民族特色的发展模式。

从财政角度而言，国家一直采用财政转移支付、补助手段来调控地区差距，并取得了一定的成效。但是，在客观上存在着少数民族地区为了执行中央政策而不得不“拆东墙，补西墙”的情况，使得本已不足的自身财力在使用中更加捉襟见肘，难以为继，只能在吃饭财政的小天地里回旋，根本谈不到推动经济社会的发展，在客观上造成越穷的地区就越穷的局面。针对这种实际情况，中央财政的基本指导方针应当从过去传统的输血政策转为培养少数民族地区自身生财能力提高的造血政策。在政策的具体实施方面，要改变以往中央财政“零敲碎打”的拨款方式，变分散补助为集中补助，不要把项目资金管得过细过死，不要逐项目下指标、搞配套，要变资金使用的指令性为指导性，要相信并充分调动少数民族地区财政自身管项目、管资金的能力和积极性。我国幅员辽阔，少数民族地区的实际情况更是千差万别，“大一统”的中央财政拨款方式很容易造成资金使用效率的低下和浪费。

在有必要中央财政直接援助少数民族地区的领域，应当调整援助资金的使用重点，过去那种资金覆盖领域无所不包的天女散花式的援助方式削弱了资金的使用效率，而且偏重于政府投资生产性项目的使用方式已经不适于当前市场经济发展的需要，当前应当以民族贫困地区基本生活保障、医疗卫生基础设施建设和农村义务教育作为援助重点和优先领域，形成中央财政帮助少数民族贫困地区求生存，少数民族地区自己求发展的局面。

许毅同时指出，要增强少数民族地区的总体经济实力，不能只把目光放在国家财政这一个途径上面，更重要的是还要将财政、信用、资本市场的作用充分结合，要将少数民族地区逐步引入到社会主义市场经济的潮流中来，既保护少数民族地区相对脆弱的经济实力，又尽可能地发挥市场的导向作用，发挥民间资本的巨大潜力。

西部地区和少数民族地区的主人要认识到自己的区位优势，要通过灵活使用土地出让、税收优惠等措施吸引来自各方的资本和投资者。投资者的共性是追求利益、害怕风险，因此，西部地区和少数民族地区的主人在观念上要有一个为投资者提供安全感、化解风险的机制。这些地区的领导和群众首先要克服等靠要的思想，更要克服“宰一刀”的思想，一定要使所有投资者获得投资的安全感和有利可图的感觉，这样资金的进入才会顺畅，少数民族地区的发展速度才能加快。

三、市场经济与宏观调控的关系

在计划与市场的关系问题上，曾经有人说许毅是保守派，反对改革，但这种说法是不对的。通过改革开放后的研究实践，许毅认为，社会主义市场经济必须是在宏观调控下的市场经济，让市场这只“看不见的手”发挥资源配置的基础作用，因此政府这只“看得见的手”的作用是绝对不可偏废的。他还认为不能把政府和市场分配同发展生产对立起来，把上层建筑和经济基础割裂开来，也不能不分析社会主义和资本主义条件下市场经济的不同机制，或把国家财政参与国民经济分配作为一种负担。政府要真正站在全局的角度，引导企业和居民，以市场为导向，着力发现和研究市场需求，制定长远的财政经济发展战略。

对于社会主义市场经济中的价值规律，许毅始终坚持“宏观能动论”。他指出，价值规律不仅要求在单个商品的生产中使用必要的劳动时间，而且要求把全社会总劳动时间按比例分配在不同类型商品的生产劳动上，也就是要求对整个社会生产力进行合理配置。在这种社会生产力的配置中，国家应当是能动的。只有以国家为主体，自觉地应用分配杠杆，在宏观上通过改善资源配置和调整需求的总量、结构，使“需要”与“满足需要的手段”协调发展，才能使再生产减少盲目性，从而顺应价值规律。

许毅指出，社会主义市场经济体制是同以公有制为主体多种所有制并存、以按劳分配为主体多种分配方式并存以及把人民的当前利益和长远利益、局部利益和整体利益结合起来的宏观调控结合在一起的。因此，社会主义市场经济的主要特征可以概括为以下三点：以实现共同富裕为目标；以国有经济为主导，以公有制条件下的国家资本主义为主体，多种经济成份共同发展，其中国有经济要占据主导地位，主要体现在控制力上。为了与市场经济结合，国有企业必须建立明晰的产权关系，公有制必须实现多种实现形式，发展多种所有制共存，是建立在社会主义国家宏观调控基础上的市场经济，这既体现了社会主义国家的控制力，同时也是防止两极分化，实现共同富裕的客观要求。

在市场经济条件下，国家对国民经济进行宏观调控的最终目的是不断改善人民生存条件的质和量。根据马克思主义再生产原理，消费是目的，需要是动力，生产是满足消费需求的条件和手段，只有一切从现实条件做起，不断向前，发展了生产力，有了充足的物质保障，马克思提出的消灭三大差别的任务才能在生产发展中逐步实现。

（一）社会主义初级阶段国家宏观调控的内涵

宏观调控是政府对宏观经济运行以及宏观经济主要变量的调节和控制，是政府干预经济的一种职能。通过宏观调控行为使宏观经济运行保持在正常的轨道内以适应社会经济发展的要求，如实现宏观经济运行的基本稳定，避免或抑制宏观经济运行中的过大起伏和波动等。这也就是西方学者所说的："政府和私有部门在解决基本经济问题方面相互作用，相互影响。政府通过税收控制相当一部分社会产品，重新分配收入，并且控制着个人追求自身利益的程度。"[3]国家要达到实现宏观调控的目的，首先应根据市场经济的原理，以全社会为对象，按照价值规律的实现论和再生产原理来预测五年、十年、五十年乃至更远期的发展前景和目标。邓小平提出的"两个大局，三步走"是近 50 年的发展规划，在这个目标基础上，国家应当根据"需要是同满足需要的手段一同发展的，并且是依靠它来发展的"这一马克思主义再生产原理设计远期消费的发展水平和生产力发展的指标以及资源配置的大体设想，在国家规划的基础上，组织区域经济的协调发展战略。在这个基础上，考虑不同大类消费品的生产发展趋势。在建立了这种可见度的基础上，再运用西方经济学中的发展经济学原理进行规范分析。区域经济规划应当发挥各地区的比较优势，由中央政府做出指导性的方针，即在全国一盘棋的条件下设计各地区的产业发展重点，即分工协作原则。在这个全国和区域规划的基础上，再制定投资的总投入量和各地区投资的分配量。据此编制财政分配与资本市场承担分配的比重，包括银行、股市、基金等各自的比重。并相应提出财政、金融的总政策以及各自的政策。此外还应包括对各种经济杠杆的利用，发挥其各自应有的作用，例如利率、汇率、税率、价格、工资等等，做到需要解决哪个领域就熟练运用哪种杠杆，从而形成一个有主观能动作用的国家制导规划以及市场运行过程中的宏观调控与预测机制。

宏观调控是政府干预社会宏观经济运行的意志、行为的表现形式，是一种主观见之于客观的管理、调控经济的方式。中国正处在市场转型时期，市场发育的不完备和产权界定不清晰常常导致市场失效，此时政府的干预就显得尤为重要，这就要求宏观调控主体在调控中必须准确认识把握和遵循客观经济规律，这样才能使宏观调控符合宏观经济运行的需要，顺应宏观经济运行的机理和客观规律，实现进行宏观调控的意图与宏观调控的目标。强调宏观调控和国家上层建筑的职能，还要力求克服调控的盲目性和瞎指挥的风气，要克服以个人意志代替客观意志，就需要领导和专家相结合，实现政治民主和经济民主。

（二）市场调节与宏观调控的辩证关系

宏观调控是现代市场经济，也是中国社会主义市场经济的有机组成部分。现代市场经济既不是绝对地只选择市场调节，也不是绝对地只选择政府干预，总是在不同程度上把两者相结合。宏观调控是以市场机制的作用为基础，平行于市场机制作用并在市场经济之内发挥功能的调节方式。市场机制以宏观调控的作用为前提而发挥功能，宏观调控则以市场机制的作用为基础而发挥功能，两者不存在谁先谁后的问题，而是互补、配合、协调的关系。在现代市场经济中“市场和政府这两个部分都是必不可缺的。没有政府和没有市场的经济都是一个巴掌拍不响的经济。”

在社会化大生产过程中，市场是有效配置资源的场所，市场利用价值规律对经济进行调节的作用表现在三个方面：一是促使资源合理配置，调节生产和需求；二是促进技术进步，提高产品质量；三是调节商品生产者的经济利益，实现优胜劣汰。但市场同时也有着自身无法克服的缺点，它在市场信息的收集和发布、市场调节功能的健全和到位、利益调整的程度以及公正公平等方面都有很大的局限性。由市场发展的自发性、盲目性导致的波动性、跳跃性、非均衡性，集中表现为经济波动，并造成两极分化。正是因为存在这些缺点，中国在社会主义市场经济体制建立的过程中才有意识地强调了“使市场在国家宏观调控下对资源配置起基础性作用”，这里面的“使”就充分明确了国家与市场的主客之间的关系，也充分体现马克思主义的国家学说，即任何市场的运行都要以国家为主体，依据客观规律，市场和经济结构的调整以及机制的形成都要在国家的制导下进行，脱离国家的制导，市场终究将走上无序竞争的混乱之路。

对于内在功能发展比较完善的市场经济，政府干预活动可以分为两个层次，一个是微观层次，一个是宏观层次。在宏观层次方面表现为宏观调控，例如制定产业政策、制定长远的发展规划，调节经济周期、合理引导和分配社会资本等，在微观方面则表现为微观规制，例如就反垄断和负的外部经济行为加以立法，解决信息不对称问题，建立清晰的产权制度等。当前，西方发达国家的政府在经济领域从事的活动基本属于此类。而中国市场经济框架已初步建立，但仍有很多方面需要进一步探索和完善，在很多时候存在着市场失灵现象。中国不能完全实行自发的市场化发展，必须通过国家加以制导。只有这样，才能解决城乡二元经济结构、东部沿海地区经济相对发达，中西部地区经济发展滞后等问题，也才能解决发达的社会化大生产与落后的自然经济和小生产并存的问题。以上现状的存在决定了中国社会主义市场经济建设的长期性和复杂性。在这个过程中，如果完全依靠市场的力量来调整经济结构、调节资源的配置，市场发育和经济建设反而会遇到更大的困难，因为在市场经济条件下，资源和资本会流向投资少、见效快、经济效益高的行业和地区，如果不加以正确引导，目前的二元经济结构不但得不到及时的调整，反而会继续拉大差距，贫富两极分化的程度也会继续加深。因此，在发挥市场力量的同时，必须加强国家的宏观调控。但是，在此过程中要特别注意研究国家制导与市场调节相结合的问题，完全的脱离实际的国家制导是官僚主义，完全靠市场自发调节则是放任自流不负责任的表现。

以国家为主体调控宏观经济，决定了资源配置的目的，是依据客观规律制导生产力的发展和生产关系的调整，而不是简单地对社会产品进行再分配，这与目前建设的公共财政框架并无冲突之处。但这些任务又是单单靠强调以服务社会为主的公共财政所无法完成的，必须通过政府这只“看得见的手”来制导生产、分配、消费和交换的各个环节，使社会再生产得以顺利、有序、高效地运行，使市场配置资源基础性作用得以发挥。当然，国家对经济的制导的重要前提是要在认识客观经济规律的基础上发挥主观能动性，而不是瞎指挥。宏观调控所发挥的制导作用必须是科学的、发挥主观能动性的制导。因此，为确保政府在制导经济中的主动性，我们必须研究社会经济发展中的各方面问题，充分掌握各方面发展的规律，研究社会经济发展过程中事前、事中和事后的矛盾，提高调控工作的能见度，加强可控度，使宏观调控真正按战略目标有步骤分阶段地有效制导社会主义市场经济的发展。

四、以财政手段调结构，实现统筹发展

中国地广人多，各地区之间、城乡之间经济社会的发展程度都有所不同。许毅从马克思提出的“最高纲领”与“最低纲领”的关系出发，提出了在国家的统一运筹下，以财政为主要工具和纽带，协调各地发展，最终实现共同富裕的大思路。

许毅认为，从财政工作的角度看，要处理好宏观经济结构调整问题，就要解决好两个分配关系：第一，处理好对各行各业各方面的投资分配，这是国民经济结构问题，是保证社会再生产顺利实现的问题。第二，处理好收入分配关系，以调动各方面积极性的问题。

许毅提出，国家必须在综合平衡的基础上加强指导，引导宏观经济结构的发展方向，避免“重复建设，以小挤大”，同时要把社会生产引导到合理调整产业结构、地区结构和技术结构的方向上来。这个问题解决好了，体制改革和结构调整就能起到互相促进的作用，否则就不是促进，而是互相干扰。国家要管理社会，国家要做的，就是财政要管的，政权与财权不可分割，所以必须跳出财政本身来看财政。要发挥国家调控宏观经济的管理职能，财政就必须具有调控社会化资本的分配和使用方向的功能，因此财政管理必须涵盖整个国民经济收入的分配，财政政策的制定也必须与国家的长远发展目标和规划相一致。在社会主义市场经济条件下，国家财政担当的任务主要应当包括调控社会经济结构、产业结构、所有制结构，调节贫富差距、改善人民物质文化生活水平等各个方面的内容。

许毅指出，马克思所说的全人类的解放，“三个大大”的实现，三大差别的缩小，是一个整体的长远事业。社会主义财政应当从理

论和实践两个方面实现有机结合，共同向着以科学发展观为指导的社会主义广义财政的方向发展，强调财政在完成国民收入再分配任务之外更为宏观、更具有战略意义的历史使命。在社会主义广义财政中，财政的国家分配职能应得到进一步的发挥，建立起以财政为中心的宏观调控市场的各种制度。应当建立起以财政为中心的各种国家基金制度，对于基本建设、科学发展、社保、环保、国家行政支出、中央和地方支出、国防支出、援外支出，以及更细化的包括三农支出、新农村建设支出等等，都有着通盘的考虑，并实现与信贷、资本市场、外汇等部门的有机协作。

许毅认为，商品生产本身是社会化的，从根本上说，商品交换、商品经济、市场经济乃至全球经济反映的都是社会化的程度问题，它们体现了生产社会化程度由小到大的发展过程，社会化的程度越高，标志着生产力的发展水平越高，经济发展水平越高。因此，社会主义制度的先进性首先应当体现在社会化程度、深度和广度的不断拓展上。在社会主义市场经济条件下，要解决小生产与大市场的矛盾，必须加强全社会的组织和引导，对此财政的作用责无旁贷。

社会主义国家的财政，应当是服务于社会化的财政，要发挥促进生产力联合的作用。社会主义的社会化，必须是建立在全国一盘棋统筹发展的基础之上。为了维护政权统一与政令畅通，财权不能过于分散，也不能完全下放到各个部门和地方。否则，在部门利益和地方利益的驱动下，会重新出现“王爷经济”“诸侯经济”的混乱局面。因此，必须建立分级负责制，要建立中央、省、县三级政权，明确其相应的事权和财权。各级政府也应当建立自己的预决算制度，而不是过去那种完全集中的高度统一。同时，为了将社会化资本加以有效管理，在财政职能管理之内的，应当建立完备的国库支付制度。证券市场和保险市场的资本应当在监管部门的统一监管之下按照经济规律运作，而社保基金作为国家的后备，应当在国家的管制之下合理经营，避免出现风险。

财政的间接分配应当管理全社会的社会化资本，将社会化资本的使用方向向着实现马克思主义最低纲领和未来的最高纲领的方向引导。此外，财政的一个重要功能与职责是通过制定相关政策来引导不同行业的发展方向和发展速度。从这个角度讲，财政不仅仅要管好固定资产投资、基本建设投资，还要对全社会的企业投资加以宏观调控。因为现代社会的劳动分工日益细致，产业间、行业间、企业间互相结成了一个你中有我、我中有你的经济体，其中任何一环出现问题必将产生消极的连锁反应，造成社会的动荡，在价值规律自发的作用下这种情况发生的可能性是很大的。从而必须由国家出面对全社会的经济进行事前预警和事中、事后的解决。在市场经济条件下，国家不能对企业的经济行为加以直接干预，而需要采取间接手段。例如，会计通则和准则的制定是财政部门对国有及民营企业的财务运行的指导，也是引导企业纳税的一个手段，同时又是指导各个产业部门进行成本核算的重要依据，是衔接政府与市场的重要桥梁。马克思将会计的功能精辟地归结为“观念的总结，过程的控制”，财政可以通过它对个别企业、行业乃至全社会的生产过程和结果发挥重要的宏观调控作用。这类大家看得见的财政对社会事务的宏观指导，未来应当下大力气加以研究。

许毅提出，社会主义财政的国家分配职能应得到进一步的发挥，应当建立起以财政为中心的宏观调控市场的各种制度，其中包括以财政为中心的各种国家基金制度，对于各类支出都要有通盘考虑，并与信贷、外汇等部门开展有机协作。

许毅主张，为了建设社会主义小康社会，首先应从市场经济客观规律出发，站在全社会的高度，来预测未来五年、十年、五十年乃至更远期的发展前景和目标，来设计远期消费的发展水平和生产力发展的指标以及资源配置的大体设想，在国家规划的基础上，组织区域经济的协调发展战略。区域经济规划的制定应当发挥各地区的比较优势，由中央政府做出指导性的方针，在“全国一盘棋”的前提下设计各地区的产业发展重点。在制定出全国和区域性规划的基础上，再有针对性地制定财政、金融政策。此外，还应当熟练运用各种经济杠杆，如利率、汇率、税率、价格、工资等杠杆，既要发挥其各自应有的作用，又要有意识地使各个杠杆的运用形成合力，形成国家制导经济社会发展的规划。

早在十几年前，许毅就提出了建立“大国财政”的初步思考。他指出，除了研究国内的社会发展，社会主义广义财政还应当把眼界扩展到全世界的范围。一方面，国家财政承担着应对全球化特别是国际经济一体化给中国带来的压力和挑战。为此，具体财税政策的制定既要为国有企业创造良好的发展条件，更要把有限的财政性资金集中起来，充分运用价值规律和市场机制，调整财政支出的方式，引导资本的积累，促进产权的整合，为民族企业做大做强提供保障。另一方面，当今世界进入了信息时代，国与国之间都有着千丝万缕的联系，过去各国独立实施的财政金融政策如今已发生着广泛的互相影响，因此广义财政的研究应当从开放性角度切入，符合党中央提出的建设和谐世界的构想。为此财政部门必须配合国家的外交活动需要，在经济援外方面发挥应有的职能，从而在世界上广交朋友，为自己赢得更大的外交空间。

五、坚持马克思主义主义原理，借鉴西方经济管理理论

许毅从不固步自封，他是思想开放活跃的理论家。他除了结合最新的实践不断刷新自己对马克思主义经典理论的认识，并利用得

到深化认识的理论指导实践，他还注意辩证地看待西方经济管理理论，主张取其精华为我所用。

许毅指出，在财政领域存在着两种错误倾向，一种是思想僵化的教条的马列主义，顽固地认为公有制的发展越纯越好，任何使之实现形式多样化的做法都是修正主义的表现；另一种是脱离我国的实际国情、盲目照抄照搬西方发展经验的教条主义做法，持有这种主张的人有建设社会主义的热情，但由于不了解社会主义在社会制度、发展阶段、文化背景等方面同西方资本主义国家存在根本的差别，致使其主张的理论和政策与实际严重脱节。

要避免在理论和实践中犯以上两种错误，就必须从实事求是的原则出发，与时俱进，洋为中用，以马列主义、毛泽东思想、邓小平理论以及“三个代表”重要思想为指导，以西方先进的财政经济管理体制和制度为方法，探索出一条适合中国社会主义初级阶段市场经济体制建设的财政发展道路。

许毅认为，学习西方的财政管理经验，可以提高中国的财政管理水平，但西方的公共财政是建立在资本创造利润的价值观之上，它是在资本的统治下为资本利润最大化服务的，存在着很大的缺陷，很难解决“市场失灵”的问题。西方古典经济学最大的贡献是发现了劳动创造价值的理论，但同时又犯了从现象出发的错误，混淆了现象与本质之间的区别，因而在劳动创造价值论的同时，又陷入了资本、土地、劳动创造利润的混合论。

近现代西方经济学发展了数理经济和模型，所谓实证分析法模式所设置的条件都是假设的，甚至是理想化的，如果不加以区分拿来就套上，必然会使理论和研究都陷入歧途。因为现实条件并不具备，假设的理论不能描绘现实，只会使自己迷惑了自己。西方经济学混淆了本质与现象，把一切都作为投入，因而一切都以投入产出的资本保值增值为固定模型，以至弄不清分配与流通的关系。如果把这些理论不加分辨地引入社会主义市场经济建设中，就会混淆资本支出与货币支出的关系，效用与增值的关系。

完全意义上的公共财政理论并不等于简单的吃饭财政，因为即使在公共财政建设完备的西方国家，各种基础设施和公用设施，也历来属于社会公共需要的范畴，它只能由政府出资兴办，或部分吸收民间资本与政府共同兴办，也就是说，真正的公共财政并非不搞建设。搞公共财政的目的在于根据社会主义市场经济条件下社会公众的意愿来提供公共物品，满足社会成员的社会公共需要，从而通过财政与市场的分工与合作，充分发挥两种机制各自的优势，尽可能提高全社会资源配置的效率，使有限的资源更好地满足全社会成员不断增长的物质文化生活的需要。这与计划经济条件下，政府既是最高行政当局，又是所有者和经营者，政府直接拨款搞大大小小的生产建设性项目的做法是有明显区别的，其区别点就在于是否考虑了社会公众的客观意愿。在资本主义社会，资产阶级通过公共财政进行再分配的目的是利用以国家为主体的分配活动为私人资本更好地剥削创造外部条件，也就是说，资本主义的公共财政实际上是为资产阶级的阶级利益服务的。只有在社会主义市场经济条件下，由于广大人民群众是国家的主人，行使当家作主的权利，公共财政才能在再分配中表现出真正意义上的为社会公众提供公共产品，满足社会公共需要的特征，公共财政的公共性才能得到真正意义上的体现。

许毅认为，财政的直接分配与间接分配都有一个提高分配效率的问题。为此，必须借鉴西方财政管理中的一些经验，实施以加强财政支出管理为目标的一系列改革措施，以提高财政直接分配的资金——各项预算支出资金的使用效率。马列主义财政理论是我们应当牢固坚持的，但西方国家在某些管理方面的应用科学也是值得我们借鉴的，如理财管理、资本边际效益核算等等，这些都是经济发展的重要动力。我们过去比较忽视支出管理，虽然有会计通则等制度，但管理是分散琐碎的，与总体的分配政策是不联系的，今后在这方面要花更大力量去加强。西方可借鉴的支出管理其最大的优越性在于注重资本边际效益，可以自觉提高资金的使用效益，是强化经济核算和加强自律的最佳动力，这在商品经济条件下，应当为我所用。为了加强理财管理，应当大力发展律师、会计、审计等社会中介机构，要鼓励它们形成规模经营，发展诚信服务，为社会化的理财管理做好服务和保障。

许毅引用了马列经典来说明这一问题，他指出，列宁在十月革命后不久批判"左"的错误时，明确指出：必须向资本主义的第一流专家学习组织托拉斯的本领，否则就不配称共产主义者。列宁认为，建设社会主义，必须从资本主义社会吸收一切有用的文明成果。他并没有把托拉斯这种垄断资本主义的企业组织形式视为资本主义的专利，而是把它看作组织和管理社会化大生产的一种有效手段。"只有那些懂得不向托拉斯的组织者学习就不能建立或实施社会主义的人，才配称为共产主义者。因为社会主义并不是臆想出来的，而是要靠夺得政权的无产阶级先锋队去掌握和运用托拉斯所造成的东西。我们无产阶级政党，如果不去向资本主义的第一流专家学习组织托拉斯式的即象托拉斯一样的大生产的本领，那便无从获得这种本领。"

许毅提出，学习西方的财政管理经验，可以提高我国的财政管理水平，但西方的公共财政是建立在资本创造利润的价值观之上，由于在社会制度方面存在着其自身无法解决的根本缺陷与矛盾，因此很难解决"市场失灵"的问题。就我国而言，市场失灵的根源则在于国民经济结构，即生产力结构、生产关系结构和科技结构存在着不平衡性，由此造成了不同类使用价值不能顺利实现交换，从而产生经济危机的隐患。而这种不平衡性，在市场经济条件下，主要是源于市场的自发性竞争所带来的资源浪费，这是不可能靠公共财政就可以解决的，必须通过提高财政间接分配的质量，对再生产过程进行调节，才能从根本上解决市场失灵问题。

第五章

以外债研究为切入点的史学思想

在研究现实问题的同时，许毅也是兼做财经历史问题研究的一位大家。他认为，财政经济理论本身是一种历史的积累，不懂它的过去，就无法正确认识它的现在，更无法开辟其未来。他在史学方面的主要贡献表现为对根据地财政经济史和近代中国外债史资料的整理出版与研究。许毅把马克思主义理论运用于历史科学研究，在研究历史的过程中，始终贯穿着“实践→理论→实践”的唯物史观，坚持“实事求是”的治史原则，坚持“从史料做起”的治史道路，强调主观认识与历史实际相统一，重视掌握第一手资料。在许毅的史学思想中，处处闪现着与普通历史研究者不同的思维火花，这些火花对于中国财经史研究领域的充实与发展起到了极为重要的作用。

一、革命根据地财经史研究：唯物史观的践行

许毅不仅学识渊博，才思敏捷，而且善于独立思考，执着追求

科学真理。他一贯坚持马克思主义的立场、观点和方法，自觉地运用唯物史观对现实与历史进行深刻分析。他不仅是一位卓越的经济学家，而且对历史学贡献巨大，开创了中国近代经济史研究的新局面，在海内外学术界产生了巨大的影响，意义极其深远。

1975 年组织上为许毅彻底平反之后，经当时财政部部长张劲夫的批准，许毅约请刘正言、冯田夫、白镜等，成立了一个革命根据地财经史资料研究组，从遭受“文革”破坏的财政部档案室中，系统地整理革命根据地财经史资料，和这些老同事闭门研讨，进行理论和思想上的准备。

1976 年以后，在中国社会科学院许涤新、国家计划委员会齐燕铭等人的提议下，许毅承担起了主持编写革命根据地财经史的工作。他认为，研究新民主主义经济在革命战争年代是如何产生、发展及其内在联系的规律，这是一项填补中国史学研究空白的任务，需要大量科研人员的参与，组织工作是首要的。于是，他组织沈经农、刘正言、赵效民、朱班师、赵正延、周士敏以及时任江西省委宣传部部长的穆青、江西省财政厅副厅长的星光等，杭州大学的金普森、夏和坤、厦门大学的叶振鹏、孔永松，以及江西省委党校、江西大学、福州师大等高校的部分同志参与编写。为了完成这项任务，许毅坚持从积累资料做起，他们横跨闽、浙、赣三省，沿着当年毛泽东秋收暴动后上井冈山的道路，做了半年的调查，又在瑞金做了半年的资料整理和研究工作，最后编辑完成上千万字的 12 本资料汇编，并编撰出版了 110 万字的《中央革命根据地财政经济史长编》（以下简称《长编》），对我党建立根据地以后积累的丰富财经工作经验，以及全党和毛泽东早期的财经思想进行了有益的探索和实事求是的总结。

在编写过程中，许毅一再强调，对所搜集到的史料应作出判断，确定史料的性质，然后对史料作合理的编排。凡原始资料涉及几个章节，都不加以割裂，保持资料的完整性，此类资料编入某一个章节后，其他地方不再重复，资料来源都严格注明来源，如属口碑史料，则注明藏于哪个纪念馆或档案馆。在许毅的带领下，当时的学术群体扎扎实实从搜集原始资料入手，以达到"原创性"。做到编书不是按逻辑的推导或预先在头脑设定某些"框架"，而是从具体的史料中概括出观点，这样的唯物史观经得起时间的检验。

史料的发掘、整理和出版，关系到历史科学的盛衰和分支学科的建立。《长编》的编撰，形成了一支比较完整的从事根据地财经历史研究的队伍，以及一套科学的研究方法，为许毅后来全面策划组织各革命根据地财经史料整理和近现代财政经济史研究积累了经验，打下了基础。

事情有了好的开局，就一发而不止。许毅认为，整理和研究中国革命根据地财经史，是一项关涉国家发展的重大事件，总结党在特殊历史时期财经工作的经验教训，有利于当前和今后财经工作不走弯路、阔步向前。在他的具体领导下，全国有关高校的学者和各地财政科研人员，走遍全国各革命纪念馆、档案馆，访问当地革命群众，历尽艰辛，完成了各抗日根据地和解放区财经史的编写，先后完成了湘赣、湘鄂赣、鄂豫皖、川陕、湘鄂西、晋察冀、晋冀鲁豫、山东、晋绥、华中、华东、华北、中原以及东江、琼崖等中国革命不同历史时期各革命根据地的财经史料的收集整理和编辑出版工作，其中一些较大的根据地还编写出版了财经史。各地先后出版的根据地财政经济史料选编达 37 种，共 4200 多万字；根据地财经史 18 种，共 560 万字。所有这些成果，为进一步研究根据地财经打下了基础。

许毅认为，这些革命根据地财经史的编写意义重大，不仅填补了中国现代财政史的空白，搜集和积累了大量珍贵的革命史料，总结了革命战争时期财经工作的经验，同时也为认识财政本质，认识财政分配对巩固上层建筑和调整生产关系，巩固社会经济基础的能动作用，建立社会主义财政学新体系等一系列研究工作奠定了基础，也形成了一支比较完整的从事根据地财经历史研究的队伍以及一套科学的研究方法。

许毅深知，历史研究是多方面的，有的着重于史料的搜集整理，有的着眼于具体历史问题的研究，然而，这一切应当服务于历史认识的最终目标，那就是阐明历史发展的全过程。因此他从不以史论史，而是运用历史与逻辑相结合的方法，从史学研究中探讨人类社会发展的一般规律与中国社会发展的特殊规律，将历史的诸多方面融入历史的整体，而又能从整体上把握多方面的相互关系与相互作用。

在革命根据地财经史的撰写过程中，许毅一直强调唯物史观的基本观点，就是关于生产力和生产关系、经济基础和上层建筑、社会存在和社会意识的原理。正如他在《长编》的序言所写的："我们研究历史，就是为了系统地整理历史经验，分析历史运动的规律，使我们能够知道它们的产生和消失之间、前进的变化和后退的变化之间的普遍相互作用，从而掌握其规律，把握住决定时代发展的主要方向"。根据这样的研究思路，他将《长编》按资料内容分成八个章节，第一章讲中国新民主主义革命总路线和工农武装割据的道路，和由此产生的根据地财政经济路线的任务，这是新民主主义革命时期根据地财政经济史的总论。第二章讲土地所有制的革命，这是新民主主义革命的中心问题。随后的各章是工业、农业、商业、金融、财政，最后是土地革命及根据地的新面貌。这样一种安排，目的在于既说明财政经济的特殊矛盾和特殊性，又要求反映历史的全貌和发展过程的一般规律，实际上正是许毅唯物史观在财经史研究领域的切实践行。

二、外债问题研究：史学研究的新维度

在中国近代史上，外债问题是一个十分重要的问题，它既是一个经济问题，又是一个政治问题。中国的外债是随着资本帝国主义的军事经济侵略而出现的，而且随着中国逐步变为半殖民地半封建社会，外债在不同的历史时期表现着不同的特点。作为资本帝国主义侵略中国的一种手段，外债既给中华民族带来了深重的灾难，但同时也促进了我国近代生产力的发展。正如恩格斯所说的："没有哪一次巨大的历史灾难不是以历史的进步作为补偿的。"

在整理革命根据地财经史资料的过程中，许毅意识到外债对于中国近代发展的重要影响，外债是中国资本原始积累的一种特殊形式。于是，他开始以外债问题为切入点，联系清代洋务运动和外债的关系，着手研究近代中国原始积累的特殊形式和资本主义生产方式发生发展的特殊过程。许毅认为，中国社会主义的经济基础直接来源于资产阶级专政下的官僚垄断资本主义，要弄清具有中国特色的社会主义，就必须弄清旧中国的资本主义生产方式与生产力水平，弄清中国近代百余年处于两个"半"字（半殖民地、半封建）之中的境遇，从而认识我国建设社会主义的复杂性、艰巨性和意识形态缔造的难点。

20 世纪 80 年代初，财政部党组和张劲夫部长对外债问题研究十分重视，委托许毅系统整理中国近代外债档案资料。经过十多年的努力，许毅组织专业研究机构和档案部门以及有关专家，开展外债史料的整理搜集工作，并亲自主持、编写了《清代外债史资料》（上、中、下三册）、《民国外债档案史料》（1－12 卷）、《民国历届政府整理外债资料汇编》（2 册），此外他还主编了《清代外债史

论》、《北洋外债和封建复辟》两部专著。这些工作前后花费近16年时间，完成了总计一千多万字，于1988年至1992年间由档案出版社等出版发行。这些共同构成了我国迄今为止最为齐全的外债史料，也是关于中国外债史研究、中国资本主义发展史研究的奠基工程。

可以说，从外债的角度观察中国近代史，揭示近代生产关系发展演进的特殊形式，是当时史学研究的一种全新维度，是作为经济学家的许毅在历史研究领域给予史学界的巨大贡献。

在外债史研究中，许毅提出一系列颇具见解的观点。2002年，他在《近代中国外债及其二重性研究》一文中明确阐述了外债二重性的观点。他指出，世界历史中，依靠借债特别是外债实现工业化或进行经济起飞的例子不胜枚举，更为引人注目的是修筑铁路等基础设施外债，它成为外债史上的一大奇观。美国的铁路，新西兰的铁路、港口和公路，中国近代的铁路网与矿山，拉美的铁路港口等基础设施，基本上都是利用外债建立起来的。举借外债是利用外资的一种重要方式，可以弥补国内资金和技术的不足，从而推动本国经济的发展。这是外债的积极性一面。

许毅认为，仅仅看到外债的积极面是不够的。外债是资本输出的一种重要形式，它往往成为债权国干预债务国内政甚至控制其财政经济命脉和主权的重要手段。在世界经济史上，因外债而财政经济命脉被控制的有之，如近代的俄国、西班牙、希腊；因外债而遭武力威胁和封锁的有之，如墨西哥、委内瑞拉等拉美国家。第二次世界大战后，美国的马歇尔计划，其意图和目的就是要把欧洲控制在手，其对日本、韩国、我国台湾的所谓援助，更是建立在为其远东战争提供补给线上，名为援助，实为控制。正因为这样，也就发生了当今的欧洲与美国，日本、韩国、我国台湾与美国的控制与反控制斗争。在这个问题上，中国也有着惨痛的经历，饱尝了奴役性外债的苦楚，体验了被逼得勒紧裤带还债的滋味，至于外债同殖民地的关系就更不用说了。同时，外债还有资本吸血的本性，诚如列宁所说的那样，它要从一头牛身上剥下两张皮来，第一张皮是从贷款取得的利润，第二张皮是在同一笔贷款用来购买产品或材料时的利润。另外，外债是需要还本付息的，或举债过多，或管理不善，或用非其地，则会发生债务危机及政治经济危机。这已从20世纪80年代世界性债务危机和90年代亚洲金融危机中充分反映出来。

整理外债史料是一项基础性工作，是历史资料的归集，而主编关于清代外债和北洋外债的论著，是断代专题史，不能全面反映近代外债与近代社会生产力、生产关系变革之间的关系。随着研究的逐步深入和长时期的思考，许毅酝酿把中国近代以来各历史时期的外债置于从清末到现代一百多年的历史发展中进行整体研究。他希望从历史研究的因果关系入手，通过对近代中国社会发展道路的探索，说明中国共产党人怎样使中国摆脱“百年屈辱”，实现了中华民族的伟大复兴。在他的领导下，四卷本《从百年屈辱到民族复兴》系列丛书历经五年的紧张编写，于2005年全部出齐，并于2006年完成了丛书的修订再版工作。2007年10月，这套丛书获得了第五届吴玉章奖一等奖。许毅主编的这套丛书，对晚清外债、北洋外债、国民政府外债和新中国外债四个阶段的外债史进行了全面系统的研究，覆盖了自外债产生以来的全部历史。对各个时期的外债债项、外债成因、抵押和偿还以及近代中国外债的主要特点作了完整的分析，确立了一整套外债研究的体系，对我国的外债史研究和外债事业都是一个重大的推动。

以往不少学者在研究近代中国外债史时，局限于就债论债、就事论事的方法，影响了中国外债史研究的深入。许毅在这套丛书中克服了史学界的这一倾向，他以严谨的治学态度，坚持历史与逻辑的统一原则，把外债放在政治、经济、军事、外交等社会发展中去分析研究，用辩证的观点洞察外债与社会发展变革之间的关系。既要看到外债对我国近代社会的影响，更要看到它对我国近代生产力的发展和生产关系的演变以及社会制度变革的作用，从而把握中国近代社会发展的进程和规律。在四卷本的丛书中，体现了许毅的许多思想火花。

第一卷《清代外债与洋务运动》，许毅以外债为切入点，从洋务运动着手分析中国资本主义生产方式的形成过程，研究中国资本原始积累的特殊性和中国资本主义的特色，进而研究中国资产阶级革命的历史依据。

第二卷《北洋外债与辛亥革命的成败》，许毅指出，反动腐朽的北洋政府为了复辟封建专制，不惜出卖国家主权而大肆举借外债，资本帝国主义利用外债控制中国政治经济命脉的罪恶。不过，北洋外债在客观上也对中国近代化生产力发展起到促进作用，特别是促进了中国近代工矿、铁路、航运、电信、金融等的发展壮大，即外债促进了中国资本主义的发展和资产阶级力量的壮大，它直接引发了中国完全意义上的资产阶级民主革命——辛亥革命。

第三卷《国民政府外债与官僚资本》，许毅认为，外债与国民政府时期官僚资本的形成、发展和膨胀息息相关，外债对抗日战争胜利起到重要作用，外债与国民政府的最后失败也紧密相关。

第四卷《新中国外债与中国特色的社会主义》，实际上是一部以外债为切入点、研究新中国以后政治经济发展的历史，着重说明了中国在经过百年屈辱之后选择社会主义的发展道路的历史必然性。许毅认为，在20世纪五六十年代，我国实行社会主义计划经济有其必要性和正确性，新中国前30年所取得的巨大成就为我们新时期的改革开放创造了前提条件，中国现在仍处于社会主义初级阶段，建设社会主义市场经济，外债、外资在中国的社会经济发展中会起到重大作用，在发展社会主义市场经济中要正确利用资本的纽带作用。

三、“两声炮响”：马克思主义指导下的史学思考

“两声炮响”，是指1840年英国殖民主义者对中国发动的侵略战争炮声和俄国十月社会主义革命的炮声。许毅认为，这“两声炮响”的背景不同，性质也不同，但对我国生产力的发展和生产方式的变革都带来了深远的影响。可以说，我国之所以成为社会主义国家，是与这“两声炮响”密切联系在一起的。要建设一个具有中国特色的社会主义国家，首先就应该研究我国现代化生产力的形成和发展，特别是决定社会主义制度的生产方式的演变过程。只有这样，才能认清中国社会主义初级阶段的国情。

（一）“两声炮响”带来中国式原始积累

许毅对整个历史的研究，意在印证马克思主义生产关系一定要适应生产力性质这个生产方式运行的基本规律。他认为，财政史的研究重点应当放在对经济基础与上层建筑交互关系的把握上，尤其要特别注意研究上层建筑对经济基础能动的反作用。在这种思维的引导下，他在学术探索中形成了系统的财政经济史研究思想。他认为，财政经济史研究本质上就是社会历史的研究，即应遵循生产力再生产规律、生产关系再生产规律及生产方式再生产规律，真正做到下联系到生产力，上联系到上层建筑，真正把财政经济放置于当时的社会条件下，从社会、政治、文化等方面对其进行剖析，几管齐下，描述立体的而不是平面的、动态的而不是呆板的历史画卷。

正是沿着这样一条马克思主义指导下的史学思维，许毅在完成早期的革命根据地财经史料和随后的外债资料汇编工作后，开始思

考中国特色社会主义是如何来的，有什么特殊性。他指出，新中国的经济建设虽然与新民主主义革命时期的根据地财政经济实践相联系，但是中国的社会主义生产方式不仅仅是从新民主主义经济发展而来的，更主要的来自于资本主义经济基础，因此要弄清中国特色社会主义，一定要弄清旧中国的资本主义生产方式的形成。

许毅对中国资本主义发展过程以及社会主义制度建立的历史基础等问题，以1988年发表的《“两声炮响”与我国资本主义生产方式和社会主义生产方式形成的关系》一文为代表，逐步形成了对历史学界和经济学界具有重大影响的观点。他从历史研究的因果关系入手，通过对近代中国社会发展道路的探索，说明了中国共产党人怎样使中国摆脱“百年屈辱”，实现了中华民族的伟大复兴。

许毅在《“两声炮响”与中国资本主义生产方式和社会主义生产方式形成的关系》一文中提出：“我们研究政策，深化改革，认识社会主义的初级阶段，就必须认识中国资本主义生产方式和社会主义生产方式形成的特殊性。弄清中国100多年来这种处于‘半’字之中的境遇，从而认识我国建设社会主义的复杂性、艰巨性和意识形态缔造的难点。我们从资本主义生产关系的形成到资本主义生产方式的形成，过渡到新民主主义和社会主义的各个阶段，是一层一层发展的。但是，却同‘两声炮响’有关系，同两个‘半’字有关系，这是中国特有的国情。因而要弄清这个特点，就必须研究历史，特别是全部近代史，找出客观规律，对社会发展起到促进作用。”

许毅“两声炮响”思想的核心是揭示了中国资本主义生产方式的特殊性，即中国式原始积累。马克思主义认为，资本主义社会的经济结构是从封建社会的经济结构中产生的，后者的解体使前者的要素得到解放。这里说的资本主义的发生过程，指的就是资本原始积累过程。要素得到解放说的是创造资本关系的过程，只不过是生产者和生产资料分离的历史过程。这是典型的资本原始积累和资本主义生产关系形成的过程。在这方面，英国是最典型的。许毅说："中国资本主义生产方式不是依靠传统的典型的资本主义原始积累发展起来，而是依靠特殊的原始积累形成的。"他认为，中国式的资本主义生产关系的创造过程，不是从自身的生产方式中一步一步地游离出来的，而是在外国资本主义的入侵之后，由于受压迫、受侵略，不但挨打，还要割地赔款，为了赔款，就要举借外债；为了自强，就同时引进外资、引进技术，发展近代工矿企业、铁路、邮电、航运等，从而发展了生产力。这样取得的资本和为归还本息所采取的一切筹集资金的形式，都是中国式的原始积累的特殊形式。一般的落后的国家和非典型原始积累的资本主义国家，大多要采取这种形式。

许毅认为，中国式原始积累有三种形式。第一，晚清洋务运动利用国家权力形成的集中而有组织的社会力量，购买洋枪洋炮来武装自己，买机器来发展军事工业，稳固自己的统治和镇压人民革命运动。可是它的结果是发展了中国新兴的近代化、社会化的大生产，这是产生中国资本主义生产关系的特殊性。第二，国家政权利用国家财政，直接动用国库或国家信用（包括内外债）来创办工业，这是中国式的第二种原始积累的形式。这种形式其他国家也有。第三，大官僚（包括曾国藩、李鸿章、左宗棠、张之洞以及后来的蒋、宋、孔、陈等）利用职务上的便利，挪用或侵占公款，创办近代化的工矿企业，这是第三种中国资本原始积累的形式。洋务运动所创办的近代化工矿企业都是官僚资本，这些资本是官僚鲸吞了人民的血汗，挪用了公款而来的，所以这是中国资本原始积累的一种特殊形式。这种原始积累的形成当然包括了官僚们的侵吞、挪用公款，以及官商勾结，贪污盗窃。所以恩格斯说："在黑格尔那里，恶是历史发展的动力借以表现出来的形式。”①

许毅提出，中国早期的资本主义发展，是由封建统治者及外国资本共同主导下的产物，由于国内封建生产方式并未改变（虽然，资本主义生产关系已经产生，但尚未形成资本主义生产方式，根源在于封建统治者对原有方式的暴力维护），外国资本的掠夺性、入侵特征，使中国社会呈现半殖民、半封建性特征。这里，他运用马克思主义的观点、立场、方法，分析了中国早期资本主义发展的本质，而且以此为基础，展开了他对中国近百年社会变迁的经济及历史的分析，从而最终引出了为什么我们要坚持走有特色的中国社会主义道路的理论。

总体说来，许毅提出的中国特色来源于“两声炮响”，中国特色的原始积累和生产关系发展符合马克思主义揭示的规律，他的“两声炮响”著名观点是马克思主义指导下中国特色的史学思考。

（二）中国特色的社会主义道路来自近代历史

长期的社会发展和社会实践使许毅坚信，马克思主义理论必须与中国社会发展实践相结合，必须走中国特色的社会主义道路。在这方面，他既反对本本主义，也反对经验主义。在许毅看来，走中国特色的社会主义是当代中国的最大国情需要，是中国社会实现现代化的现实选择。

许毅指出，从国情看，我国社会生产方式在鸦片战争以前的两千多年里，一直处于封建主义生产方式的统治下，鸦片战争宣告中国封建主义生产方式的结束，从此中国逐步变成半殖民地、半封建社会，而半殖民地、半封建的中国社会正是中国资本主义产生的起

① 《马克思恩格斯选集》第4卷，人民出版社1972年版，第233页。

始。然而，中国社会的现代化是不可能在半殖民地、半封建的社会中完成。他说：“俄国十月社会主义革命的一声炮响，给我们送来了马克思主义，从而使中国革命从旧民主主义阶段进入到新民主主义阶段，此后在中国共产党领导下，坚持马克思主义理论与中国革命实践相结合，在土地革命基础上建立了工农民主政权、通过没收敌伪资本和官僚资本，在农村实行土改、建立起新民主主义的经济基础。”正是在这样的历史背景，为社会主义生产方式的建立和社会主义经济制度的建立奠定了基础。

对于资本主义生产方式的确立和代表资产阶级根本利益登上历史舞台的国民党，许毅认为应客观、历史地去认识。国民党获取国家政权后，标志着代表资产阶级利益的资本主义生产方式正式取代原有的封建主义生产方式，无论国民党怎样反动，怎样叛变革命，其代表更为先进的生产力这一点是应该肯定的。社会化大生产的产生及资本主义生产方式的确立，不仅产生大量资产阶级，而且造就资产阶级的掘墓人，即庞大的无产阶级队伍，而这一点正是产生中国共产党以及由中国共产党领导的新民主主义革命的基础所在。而社会主义制度的建立——指基本生产资料实现了公有制，使其真正成为社会化的生产资料，生产社会化同生产资料社会化相一致，从而使这一部分生产资料摆脱了资本私有的制约，克服了私有制以来的人受生产资料奴役状态，第一次把人从奴役中解放出来，成为真正的人，成为生产资料的主人；劳动者的劳动在联合组织的条件下第一次变为直接的社会劳动，同社会化的生产资料相结合，在符合本性的条件下，创造人类自由幸福的生产方式。因而它的上层建筑就成为工人阶级领导的、以工农联盟为基础的人民民主专政的社会主义国家。虽然还存在着个体经济、私人经济等多种经济成分，但它不能成为国家统治的主体。所以弄清生产方式这个问题很重要，否则我们就无法理解我们社会是怎样发展的。国民政府既是资产阶级的代表，就应该肯定资本主义生产方式在中国已经形成。如果这一点不能肯定，那么辛亥革命是中国完全意义上的资产阶级民主革命也不能成立，随之而来的新民主主义革命和社会主义革命也就不能产生。因此，肯定新民主主义革命就必须肯定旧民主主义革命，肯定共产党为中华民族的贡献也必须肯定国民党的历史地位，肯定现在的有中国特色的社会主义，也必须肯定中国早期的资本主义发展。我们走到今天，可以说是历史演变的必然，尽管这当中有众多的偶发事件，但道路未变，渊源未断，割裂历史我们就看不清今天的路为何如此走来，甚至就会走向用西方的理论诠释中国的发展，导致无知和浅薄。

许毅指出，从现实看，中国国情的特殊性注定了中国社会发展过程中所面临的特殊性，我们无法照搬别人做法，也不可能用别人证明可行的办法来解决自己的问题，现实的特殊性必然要求我们采取具体而又特殊的解决办法。他坚持用马克思主义的观点看待中国社会的变迁，并对中国社会变迁的本质，对中国社会生产方式的演变进行分析和研究，得出什么是中国特色社会主义的结论。在他看来，“一切事物都是在不断地发展变化的，但我们研究问题的立场、观点、方法不能变，马克思主义不能变，更不能丢”。正是基于对中国国情的深刻认识和对马克思主义理论的深刻理解，许毅在诸多重大问题上保持着十分清醒的头脑，特别是在改革开放取得重大成就，中国特色的社会主义市场经济框架初步建立后，社会上产生诸多思潮和流派，片面理解中国的改革开放，甚至对中国特色社会主义内涵的理解产生模糊认识时，许毅坚持马克思主义理论与中国实践和结合，坚持中国特色社会主义理论指导，公开明确、旗帜鲜明地反对机械、僵化地照搬马克思主义，同时公开明确、旗帜鲜明地反对盲目照搬西方理论、鼓吹自由化的各种错误思潮。他曾不止一次地告诫说：马克思主义研究问题的立场、方法、观点不能变，但其具体应用要随着时间、地点、条件的变化而不断做出符合时代发展要求的创新。所谓马克思主义立场和观点，就是在经济和社会的发展过程中，生产关系一定要适合生产力是一个最基本的经济规律，两者的相互适应是一个不断演进的过程。一定条件下适合生产力的生产关系慢慢又会不适应生产力的新发展，两者总在动态的发展中获得平衡。

总之，许毅对中国特色社会主义内涵的理解和认识是：中国社会主义的实践及中国社会的改革变迁源于适应中国生产力发展的客观需要，源于生产关系与上层建筑反映生产力发展而引发的必然调整与改革。这种调整与改革不是凭空产生的，更不是在所谓西方经济理论及各种思潮引导下实现的，而是中国社会发展的必然反映和具体体现。不承认这一点，就不是实事求是的态度，就不是马克思主义的态度。近代百余年间，在中国革命和社会实践中，每一个问题的最终解决无不是基于对中国国情的认识和实事求是的态度。对中国国情的认识持实事求是的态度，就是要充分认清中国社会存在的具体问题，而这当中，生产力发展现状及生产力发展的需要，是我们解决问题的关键所在。只有坚持这一点，才能解决我们面临的问题。而坚持这一点，也就意味着是坚持马克思主义的立场、观点。因为马克思主义始终坚持在所有社会中“生产关系一定要适合生产力的发展，这是一个基本规律。”舍此观点我们不可能有其它的解读和结论。

四、独树一帜的财政史研究方法

正是基于对中国特色的深刻而清醒的认识，许毅高举发展中国特色社会主义大旗，并在此基础上揭示了财政史的研究方法。关于历史研究的方法论，许毅曾多次强调指出，研究历史发展规律的目的不是就史论史，而是帮助我们认识和检验今天政策的是与非，进而更好地把握将来。具体到财政史的研究，从方法论的高度看，一定要运用马克思主义为我们提供的科学的世界观和方法论，运用辩证唯物主义和历史唯物主义，把握生产关系和生产力、上层建筑和经济基础的矛盾运动规律，以马克思主义再生产原理为分析工具去进行研究。

许毅认为，财政史是财政学与历史学的交叉科学，作为政治经济学的一个分支，本身具有十分丰富的内涵。然而，在财政史的教学与研究中，就财政论财政的倾向相当严重，致使一部财政史变成了一部就财政制度论财政制度，就财政思想论财政思想，脱离生产力、生产关系的演变和经济基础与上层建筑的矛盾运动规律，变成无源之水、无本之木的制度罗列、思想罗列。如此一来，既不能反映当时的社会经济状况，又找不到历史发展的规律，这是造成财政史教学与研究缺乏生气的直接原因。

如何把生产力与生产关系、上层建筑与经济基础既适应又不适应的矛盾统一的“普遍规律”运用到财政学，特别是财政史的研究中去，这是财政理论工作者必须认真思考的重大理论问题。许毅认为，为了更好地把握这一“普遍规律”，无论是改革还是总结历史规律，都必须以革命和改革都是解放生产力、发展生产力作为出发点和归宿。对此，他明确指出，我们的研究方法应从三个规律入手，这就是：（1）生产力再生产规律；（2）生产关系再生产及生产方式再生产规律；（3）社会关系再生产规律（涵盖上层建筑与经济基础的相互作用规律）。

关于生产力再生产规律，许毅指出，人是社会的人，是社会的主人，人为了生存就要与自然界作斗争，解决衣、食、住、行的问题，所以就要进行生产，而发展生产首先要发展生产力。所谓生产力，按马克思的经典解释，就是指人们征服自然、改造自然的能力，这个能力由生产工具、劳动对象、劳动者三个要素组成。马克思的这个科学定义是很明确的，绝不能用庸俗经济学的萨伊定律来解释，必须根据马克思“劳动创造价值”理论来研究生产力三要素再生产的规律。生产力再生产，首先要物质资料的再生产，包括生产资料再生产与生活资料再生产。而在物质资料再生产中，生产手段是决定的因素，它是社会发展与进步的指示器。有了生产手段就要有劳动对象，即原材料、辅助材料等，有了劳动手段和劳动对象，没有劳动力还是不行。劳动力与劳动手段、劳动对象相结合，这种结合的形式即各个不同时期人们共同活动的方式，就构成了这一社会的生产力。根据这种认识，生产资料再生产与消费资料再生产的相互关系就明白了，毫无疑义，为求得生活资料的发展，就应该首先发展生产资料，特别是生产工具，因为消费资料的生产是要靠生产工具来生产的，所以马克思对社会再生产的规律，归结为：“需要是同满足需要的手段一同发展的，而且是依靠这些手段来发展的。”① 马克思的这个原理告诉我们，需要是目的、是动力，生产是手段、是条件。

关于生产关系再生产及生产方式再生产规律，许毅指出，无论是物质资料的再生产，还是劳动力的再生产，“这一切都只能涉及再生产的不同要素的量的方面。但不涉及它们作为进行再生产的资本或作为再生产出来的收入在总过程中所起的作用”。所以上述关于生产力再生产规律的认识，都是为了解决我们在研究社会主义市场经济中，有关不同生产要素配置即资源配置的数量方面的基本原理。

关于社会关系再生产规律，许毅指出，根据马克思主义基本原理，生产方式决定社会经济形态，也决定整个上层建筑。社会的经

① 马克思：《资本论》第1卷，人民出版社1975年版，第559页。

济结构是有法律的和政治的上层建筑竖立其上并有一定的社会意识形式与之相适应的现实基础。一定的生产力所产生的生产关系的总和，这个总和是涵盖了上层建筑、意识形态的现实基础，所以作为经济基础的生产方式，是判定社会经济形态的根据。我国的上层建筑是工人阶级领导的、以工农联盟为基础的、人民民主专政的社会主义国家。在这里已经说明了，同社会主义生产方式相适应的只有生产资料公有制和由这种生产关系总和所决定的经济运用规则及经济规律体系。离开了社会主义生产资料公有制、社会主义生产方式，就不能称之为社会主义，也就不能有四项基本原则。正如马克思所说："社会制度中的任何变化，所有制关系的每一次变革，都是同旧的所有制关系不再相适应的新生产力发展的必然结果。"他提出：一定的生产关系包括其中的生产资料所有制形式从跟不上来说是由一定的生产力所决定的，所有制的变革，是生产力所决定的，新的生产力决定新的生产关系，当它已经居于统治的主体地位时，这种"物质生活的生产方式就制约着整个社会生活、政治生活和精神生活的过程"。

基于上述对人类社会基本矛盾的剖析，许毅把这一基本矛盾规律及三个层次的辩证关系，运用到财政学特别是财政史的研究中，使研究工作真正做到下联系到生产力，上联系到上层建筑（即国家政权），并把生产关系上升到生产方式的高度。从此，财政学才真正摆脱收、支、平、管的狭隘眼界而进入宏观经济学领域，建立起经济与财政相互交织、国民经济结构与社会经济结构协调、利益分配与要素分配结合的广义财政学新体系。也只有这样，财政史的研究范围才得到拓展，才突破沉闷的令人窒息的空气，与生动的市场经济联系起来，成为研究经济运动规律、社会发展规律、指导实践的学科。为解放生产力、发展生产力发挥其应有的史学的资治功能。

许毅认为，我们研究历史，就是为了系统地整理历史经验，分析历史运动的规律，使我们能够知道它们的产生和消失之间、前进的变化和后退的变化之间的普遍相互作用，从而掌握其规律，把握住决定时代发展的主要方向，力求少走弯路，争取以最少的学费取得最大的胜利。要达到这点，在马克思看来，有一件事情是重要的，就是要找到他所研究的那些现象的规律，而特别重要的是这些现象的变化和发展的规律，这些现象由一种形式过渡到另一种形式、由一种社会关系制度过渡到另一种社会关系制度的规律。所以马克思关心的是一件事：用准确的科学研究来证明一定社会关系制度的必然性，同时尽可能完全地指出那些作为他的出发点和根据的事实。为了这个目的，“他只要证明现有制度的必然性，同时也就证明了另一制度的必然性，证明这种制度必然要从前一制度中生长出来，不管人们相信或不相信这一点，不管人们意识到或意识不到这一点”①。

在史学研究中，许毅主张一定要运用马克思主义提供的科学的世界观和方法论，运用辩证唯物主义和历史唯物主义，运用上层建筑和经济基础、生产关系和生产力矛盾运动规律和再生产原理去分析，从而探讨人类社会发展的一般规律和中国社会发展的特殊规律，由此他也形成了有独创性的、史论结合的历史研究新体系，并为我国的历史学研究提供了一种全新的方法。

运用这种方法，许毅提出了许多独到的见解。例如，他通过鸦片战争以来中国遭受的百年屈辱、中国共产党领导无产阶级进行的28年革命斗争历程，以及国民政府时期中国资本主义具有的软弱性和依赖性这两个特点，概括出了新中国社会主义公有制以及工业化发展的三个来源：四大家族的官僚资本、日本在华资产、英美在华资产。又如，他在《不但善于破坏一个旧世界，还将善于建设一个

① 《列宁选集》第1卷，人民出版社1972年版，第32~33页。

新世界》（2004年）一文中，系统总结了建国以来财经工作的经验教训，通过对从新中国建立后几个重要历史阶段的回顾，得出一个结论，那就是：改革开放后取得的辉煌成就与建国后的前30年全国人民在被封锁包围的条件下，在政治、经济、社会、国防等各方面做出的巨大努力是分不开的。前30年中取得的内政外交成就为随后的改革开放事业创造了条件、打下了基础，那些把改革开放前的计划经济说的一无是处的论调是完全站不住脚的。可以说，在当时四面受围、一穷二白的基础上，实行以156个建设项目和票证供应为主要内容的计划经济完全是面对着特殊的国际国内政治经济形势所采取的特殊措施，而正是这些措施为我们的改革开放事业奠定了客观基础。没有前30年，就没有改革开放后的成就。建国以来的发展是连贯的、循序渐进的，那种随意割断历史、随意否定过去成就的观点是完全错误的。

五、对历史怪圈的反思与总结

列宁在《论国家》中指出："为了用科学的眼光观察这个问题，最可靠、最必需、最重要的就是不要忘记基本的历史联系，考察每个问题都要看某种现象在历史上怎样产生，在发展中经过了哪些主要阶段，并根据它的这种发展去考察这一事物现在是怎样的。"① 许毅始终主张在历史研究中寻找规律性的东西。他指出，必须避免片面地就以历史的某一事件或某一人的事迹来孤立地研究历史，不能孤立地、机械地、仅仅从现象出发看问题，而要注意研究历史的发展规律。要从史学的研究中认识现阶段中国社会发展过程的历史烙

① 《列宁选集》第4卷，人民出版社1972年版，第43页。

印，运用历史与逻辑相统一的方法，从纷繁复杂的社会现象中探求事物运动的本质和规律。为此，必须运用马克思主义的有关基本原理对问题进行全面分析，从而找出其中的本质问题，只有这样才能得出科学的结论。以马克思主义为武器对历史规律的进行研究和把握，既是正确的历史研究方法，也是指导实践的客观要求。2004年，许毅撰写了《以史为鉴，打破中国历史上社会发展的盛衰周期律》一文，明确提出：在实际工作中，一方面要充分收集历史资料，把握事实的总和；另一方面，在收集资料的基础上，要运用辩证法来探寻历史上王朝变迁、社会更替的原因和动力，通过把握诸多历史事件的内在联系来解释各个历史阶段存在的合理性和消亡的客观原因。同时，还要注意运用社会基本矛盾理论分析社会制度的变革，牢牢把握住这样一个原理，即社会制度的任何变化，所有制关系中的每一个变革，都是同旧的所有制关系不再相适应的新生产力发展的必然结果。

通过历史研究找寻规律，许毅是从2004年的《不但善于破坏一个旧世界，还将善于建设一个新世界》一文开始的。他在文中指出，自秦统一中国直到清朝的“康乾盛世”，农耕经济时代一直在世界上居于领先地位。康乾时代我国成为世界上最富有的国家之一，但由于“盛而骄，富而奢，奢而贪，贪而腐，腐而朽，朽而亡”，从而受到资本帝国主义列强的欺凌，丧权辱国，割地赔款，使中华民族遭受了百年的屈辱，也使人民负担日益沉重，陷入水深火热之中。自1840年到1949年，各民族仁人志士经过百折不挠、前仆后继的英勇斗争，终于获得了全民族的解放，打碎了旧世界。在中国共产党的领导下，进入到建设新世界的时代。

针对中国封建社会财政经济的盛衰演变规律，许毅指出：整个封建农耕经济时代不断发生着王朝更替与盛衰的演变，这里有个带有普遍性的规律——每个王朝前期的上层建筑都能勤勉廉洁，励精图治，特别注意减轻民负，改善人民生活，实施符合客观经济规律的政策措施，也就是上层建筑为经济基础的发展起到了积极的推动作用，从而使生产关系的发展能够适应当时社会生产力发展的需要。在这一时期，人民生活的改善成为王朝兴盛的显著标志。而在达到鼎盛之后，随着生活的富足，统治者就开始大兴土木，穷兵黩武，横征暴敛，违背了经济发展规律，造成生产关系的发展与实际社会生产力的不适应，因此走向衰亡。他在《由康乾盛世到嘉道中落的教训》一文中深刻指出："清代由盛而衰，由繁荣到覆灭的教训，值得汲取。周期率是人为的，不是必然的规律。中国沦为半殖民地的主要原因是内因，外因是通过内因而发生作用的。因此，我们研究历史，就是为了研究人类文明的发展过程，研究社会发展的规律，提高对客观规律的认识，提高自觉性，避免盲目性。提高对客观规律认识就是提高人对宏观规律的能见度，能见度大了，能控度就加强了。这是从必然王国走向自由王国，为解放生产力，发展生产力，消灭剥削，消除两极分化，实现共同富裕的幸福和未来解放全人类的必由之路。所以我们在牢牢记住这些沉痛教训的同时，一定也要记住：'没有哪一次巨大的历史灾难不是以历史的进步为补偿的'的规律。因而要研究社会发展的规律，汲取教训，提高自觉性，积极为社会主义事业而奋斗"。

后来，许毅在《中国古代财政的盛衰与变迁》一文中又深化了这一看法，总结了历史启示。他从中国古代秦、汉、唐、明、清五个王朝入手，对其财政状况的盛衰变迁历程作了分析。他认为，五个朝代所处的时代背景不同，其财政状况的发展轨迹自然有所差异，但是历史的发展总有其规律性，古代财政的盛衰变化也不例外。纵观五个朝代的财政，都经历了一个由盛而衰，经过财政改革又由衰转盛的变迁过程，而财政改革的核心内容就是改变原有的落后的生产关系，使之适应生产力发展的要求，并最终促进生产力的进一步发展。生产关系与生产力的矛盾是财政改革的根本原因，只有抓住这一根本矛盾，改革才能真正取得成效。许毅在此基础上总结了中国古代财政史演进留给后人的启示。

其一，生产力与生产关系的矛盾，在任何时候都是决定社会性质、社会发展的矛盾，改革只有真正解决这一矛盾，才能收到预期的效果。社会生产力的不断发展，对当时的生产关系提出变革的要求，而生产关系首先表现为经济利益的分配关系，财政分配又是占主导地位的经济利益分配关系。这样，财政分配的合理与否，决定了生产关系是否适应生产力发展的要求，进而对生产力起着促进或阻碍作用。因此，财政改革的实质或最终目标就是解放生产力、发展生产力。历史实践表明，尽管在不同的历史发展阶段，社会主要矛盾表现不同，但无论是生产力与生产关系的矛盾，还是经济基础与上层建筑的矛盾，以及其他社会矛盾，往往首先并且集中地反映到财政上来，对财政提出改革的要求。封建政府也都把财政作为解决上述各种矛盾、管理社会经济、调节利益分配关系、特别是发展社会生产力的主要手段。历次改革或变法，无不以财政改革为中心内容，财政改革始终处在整个社会改革的核心位置。财政改革是国家运用政权力量对社会经济利益分配格局的调整，关系到各阶级各阶层的政治权利和经济权益，因而成为社会关注的焦点，财政改革往往是非常关键而又敏感、曲折的，改革过程中的斗争又是非常激烈的。财政改革的成功与失败，主要取决于是否符合当时的社会经济条件，能否根本解决当时的社会政治经济矛盾，而不仅仅是能否克服当时的财政困难。历代有所成就的财政改革家，往往都是视野开阔、具有远见卓识和非凡胆略的政治改革家、经济改革家，而不仅仅是理财家。

其二，财政在经济基础与上层建筑的辩证关系中占据特殊而又要重要的地位，因而对经济基础的能动作用是直接而巨大的。在生产力水平较低，商品经济不发达，社会经济结构较简单，国家职能较简约的古代社会，货币的、价格的职能手段还很不成熟，而财政的作用范围则广泛得多，调节手段也重要得多。这样，财政就成为国家借以推动生产力发展，促进生产关系变革，缓和阶级矛盾，加强中央集权的主要手段。通过财政政策发展农业生产，通过发展农业生产来增加财政收入，这是对以农立国的古代社会中经济和财政关系的深刻认识和把握。在改善生产关系方面，典型的如唐后期开始的徭役货币化和归于田地的改革。徭役负担的减轻和取消，弱化了农民的人身依附关系，是对劳动力生产积极性的解放。而通过财政手段夺取豪强兼并势力的部分经济利益，是缓和阶级矛盾、加强中央集权的有效措施。中央集权型财政体制的建立和完善，又是使封建主义制度得到长期延续和高度发展的一个重要因素。

其三，财政是各种社会矛盾的集中反映，财政改革牵涉到社会各方面的利益，因而财政改革不能单兵突进，需要社会其他方面的配套改革，否则难以取得实质性进展。古代成功的财政改革，往往都是与社会其他方面特别是经济方面的改革同时进行，或者是寓财政改革于其他改革之中。土地制度是封建社会的经济基础，因而古代财政改革无不以土地制度的改革为基础并与之同时进行。废井田与土地租税制度的建立，均田制与租庸调制的实行，地主土地私有制的确立与两税法的实施等等，都是如此。古代财政改革家，一般都是宰相或副宰相一级的高级官员，这种角色和地位，使他们容易权衡各方面的利益，协调各部门的关系，使改革能够整体推进下去，财政改革也就能够取得事半功倍的效果。在古代国家管理社会经济的职能部门分工不很明确的时候是这样，在今天的职能部门分工比较明确的情况下，更应注意这条历史的经验。

许毅指出，这些具有规律性的历史启示，是中国古代财政改革史留给我们的宝贵精神财富，我们一定要继承这份思想文化遗产，使其在今天的改革事业中再放光辉。

第六章

以军事与经济互动论述为主线的国防经济思想

许毅作为新四军老战士，他对军队和军人有天然的情感，对国防建设特别关注。许毅的国防经济思想内容丰富，非常深刻。

一、立足生产力要素与战斗力要素配置国防资源

（一）国防经济研究的立足点

许毅认为，人类社会的基本矛盾是生产力与生产关系的矛盾，生产力决定生产关系，生产关系反作用于生产力；经济基础决定上层建筑，上层建筑反作用于经济基础。人类社会的发展过程就是生产力与生产关系、经济基础与上层建筑矛盾运动的过程。就社会生产力的发展而言，生产力发展与生产力保卫的矛盾，则是人类社会

生产力发展中不可回避的主要矛盾之一。研究国防财政与国防经济，必须把握人类社会发展的基本矛盾与主要矛盾的运动规律，探索国民经济与国防经济的矛盾运动内在要求，从而得出国防经济规律研究的科学结论。

人类社会的基本矛盾是生产力与生产关系的矛盾，我们研究任何学问，都必须站在人类社会发展的高度审视问题、研究课题，从而得出科学结论。许毅特别要求学生研究马克思关于社会再生产、生产方式、劳动力再生产的理论与论述，他经常引用马克思这段名言解读生产力要素的再生产："各个经济时代的区别，不在于生产什么，而在于怎样生产，用什么劳动资料生产，劳动资料不仅是人类生产力发展的指示器，而且是劳动借以进行的社会关系的指示器。"许毅认为，通常而言，劳动者、劳动工具、劳动对象构成生产力的基本要素，劳动工具与劳动对象这些典型的劳动资料是生产力水平的重要体现，也是研究国防经济学首先需要重点把握的对象。财政部科学研究所的博士生第一年都要系统研究政治经济学与中国社会主义市场经济的重大问题，许毅特别要求博士生通读何炼成、魏杰主编的《价值学说史》，了解价值的形成与商品增值的源泉。对生产力、生产方式、生产关系与劳动力的再生产的理论深入学习与总结，从而告诫国防经济建设中必须重点把握生产力发展与生产力保卫是生产力发展不可分割的两个方面，是资源配置的两个维度，为研究财政理论、国防经济与国防财政拓展了思路。

许毅认为，国防经济关注生产力发展，也是研究生产力要素配置的学问。他指出："研究财政学，就必须以马克思主义的国家学说为基础。而要科学地掌握马克思主义的国家学说，就必须以马克思主义的哲学原理在社会科学和人类发展史的具体运用，坚持辩证唯物主义的世界观与方法论，从生产力再生产、生产关系再生产、生产方式再生产、经济基础与上层建筑的关系入手，进行全面的了解。

国家财政是国家对社会产品的分配，分配的是社会产品，社会产品的价值从何而来，了解社会产品的总量与结构以及其形成的程序与过程是理解国家财政分配规律的重要前提。

市场经济条件下，劳动者、劳动工具、劳动对象实质上是人力资本与实物资本的具体表现形式，劳动者、劳动工具与劳动对象的结合形成特定社会的生产方式，先进的生产方式、落后的生产方式、社会主流的生产方式并存，并形成与之相适应的社会生产关系，生产方式的复杂性决定生产关系的复杂性。许毅的思想体现了经典论述的精髓，“劳动生产率也和自然条件联系在一起，这些自然条件的丰饶度往往随着社会条件所决定的生产率的提高而相应的减低。因此，在这些不同的部门中就发生了相反的运动，有的进步了，有的倒退了。例如，我们只要想一想决定大部分原料产量的季节的影响，森林、煤矿、铁矿的枯竭等等，就明白了。在社会主义条件下，国家财政对社会产品的分配受制于、且反作用于生产力的发展结构与发展水平，财政分配必须顺应、发展、借助先进的生产方式，革新、改造或淘汰落后的生产方式，实现社会主义财政的可持续发展。社会主义财政作为生产关系，必须顺应并适应生产力的发展与生产方式的变革需要，同时，它也对生产力的发展与生产方式的变革产生反作用。如果适应生产力发展要求和生产方式变革要求发挥作用，就会起到发展生产力、解放生产力的作用。反之，则会约束生产力、阻碍生产力的发展。

人类社会始终存在生产力发展与生产力保卫的矛盾，许毅的思想是恩格斯的经典论述的进一步发展。恩格斯在《家庭、私有制和国家的起源》中指出：“部落把某一地区认作自己的狩猎地盘，并用强力保护它免受其他部落侵犯，或者是设法把其他部落从他们所占有的地盘上赶走……战争就是每一个这样自然形成的共同体的最原始的工作之一，既用以保护财产，也用以获得财产。”保卫生产力是国家从起源时就具有的基本职能。因为“邻人的财富刺激了各民族的贪欲，在这些民族那里，获得财富已成为最重要的生活目标之一。他们是野蛮人，进行掠夺在他们看来比进行创造的劳动更容易甚至是更荣誉的事情。”生产力发展与生产力保卫的矛盾是确定国防经济研究中需要把握的基本矛盾。许毅在许多场合探讨生产力发展与生产力保卫的关系，并对它们之间的内在关系进行了深入揭示。他在研究中国近代国债史时指出，1661 年至 1796 年，中国的经济水平世界领先，但帝国主义通过坚船利炮、鸦片贸易以及不平等条约，把中华民族推向水深火热之中，落后就会挨打。保卫生产力在当代中国依然特别重要，中国必须重视国防建设。一个穷国不可能有强大的国防。许毅认为，邓小平关于生产力发展与生产力保卫的思想仍然是协调发展的思想。邓小平说过：“到本世纪末我们肯定会超过翻两番的目标，到那个时候我们的经济力量强了，就可以拿出比较多的钱更新装备。可以从外国买，更要立足于自己搞科学研究，自己设计出好的飞机、好的海军装备与陆军装备。”许毅关于生产力发展与生产力保卫协调发展的思想，在当前条件仍然具有重要指导意义，当前国防费增长与经济同步增长已经成为常态，生产力发展与生产力保卫协调发展更为直接。当前，考虑到中国生产力蓬勃发展的现实需要，基于生产力保卫的国防建设前所未有地得到强化，而且，国防建设的发展起到了保卫与促进生产力发展的目的。习近平指出：“从国家安全面临的威胁来看，主要存在国家被侵略、被颠覆、被分裂的危险，改革开放稳定大局被破坏的危险，中国特色社会主义进程被打断的危险。”没有强有力的国防建设，我国的生产力发展就可能受阻，更重要的某些国家抱着冷战思维和零和博弈思维，宣扬中国威胁论，总是从政治、经济、军事以及社会领域给中国发展出难题，因而，对中国而言，生产力发展与生产力保卫的协调发展是一个永恒的命题。

一个国家，其社会生产力发展离不开生产力的保卫，而生产力保卫是特定社会生产力（技术）条件下的生产力保卫，即国家特定的物质条件、技术条件、人力资源条件下的生产力保卫，生产力保卫的核心领域是国防建设。国防是国家生产国防安全的活动，国防安全以战斗力要素生产、战斗力的生成为前提条件，而战斗力的生成是战斗力要素配置的结果。具体而言，是特定装备、军事人力资源结合形成适应特定作战对象、特定防务保障环境而形成的特定战斗力。国防经济学研究的，是战斗力配置与生成过程中战斗力要素投入产出问题，但国防经济运动必须立足于生产力发展的需求、以生产力发展为基础，满足生产力保卫的需求。因而，国防经济不能就国防论国防、就军费论军费、就战斗力而战斗力，必须宏观把握生产力发展与生产力保卫的大局。

（二）国防经济是生产力要素与战斗力要素配置关系协调的学问

许毅立足恩格斯的《暴力论》论述，提出生产力要素与战斗力要素协调配置的军事资源配置观。许毅重视经济对军事的决定作用。《暴力论》指出，“暴力本身的‘本原的东西’是什么呢？是经济力量，是占有大工业这一强大的手段。”“没有任何东西比军队的编成、编制、装备、战略和战术更加依赖经济条件了。装备是基础，而它又直接地取决于生产力阶段。”显然，经济力量是生产力要素配置的结果，生产力发展阶段是生产力要素配置发展的具体技术水平与技术状态。许毅认为，人类社会从石器时代到铁器时代，从冷兵器时代到热兵器时代，从机械化装备到信息化装备时代，无不打上生产力发展（技术进步）的烙印，生产力要素的配置决定战斗力要素的配置，战斗力要素的配置反作用生产力要素的配置，生产力要素配置与战斗力要素的配置决定战争规模、模式与战争性质。海湾战争以美国为首的多国部队与伊拉克进行的，是具有时代差的一边倒战争，反映了现代战争中，生产力高度发达国家的信息化军队对机械化军队具有的军事优势。

许毅认为，生产力要素配置目的是促进社会财富的增长，社会主义生产的目的是为了满足人民群众物质与文化生活水平不断提高的需要，资本主义社会资源配置的目的是资本逐利的需要，而资本逐利必然伴随着资本集中与资本积聚。然而，现代社会，无论是资本主义国家还是社会主义国家，都力求建设并拥有强大的常备军，从而需要消耗大量的物资财富与社会资源。因而，社会主义国家需要提高人民群众不断增长的物质与文化生活的需要，必须大力发展生产力，而发展生产力需要和平稳定的社会秩序与生产条件，国家也必须建设强大的国防以保卫生产力；保卫生产力的能力与水平依赖于社会生产力的发展水平，特别是科学技术的发展水平。因而，国防财政经济必须把着眼点放在生产力的发展上，有多雄厚的生产力，有多先进的科学军事科技，才能配置特定规模与特有质量的战斗力要素。许毅明确指出，如果离开了生产力要素的配置这个出发点，就可能发生研究方向偏离与研究结论偏差。

许毅在中国社会主义建设史研究中，十分重视阐述发展社会生产力的重要性。对于发展社会生产力，他认为，毛泽东在《关于正确处理人民内部矛盾的问题》讲得很明白："我们的根本任务已由解放生产力变为在新的生产关系下面保护和发展生产力。"为此，毛泽东提出了中国工业化道路的问题，新中国成立的前三十年，中国的生产力发展也取得了巨大的成就。不过，由于国内外形势的复杂，生产力发展一波三折。在改革开放条件下，邓小平提出了"以经济建设为中心，国防建设服从服务于经济建设"的战略，突出了生产力发展战略，提出到二十世纪末，经济基础雄厚了，就有了国防现代化的条件。许毅认为，发展生产力一直是改革开放以来党和政府高举的旗帜，党的“十八大”后，习主席强调新中国成立以来两个三十年的不可分割，这正是许毅一直坚持的思想。习总书记提出“四个全面”战略，更加突出强调解放与发展生产力是中国特色社会主义道路的根本任务，把“一带一路”、军民融合发展等作为国家发展战略，显示了生产力要素配置基础的重要性以及生产力要素配置与战斗力要素配置一体协调的必要性，这与许毅的主张契合，反映许毅坚守马列主义阵地的坚定性以及其思想的前瞻性。

战斗力要素配置形成的生产关系反作用于生产力发展。许毅认为马克思主义经典著作揭示了这一规律。“军队的历史比任何东西都更加清楚地表明，我们对生产力和社会关系之间联系的看法是正确的。一般说来，军队在经济的发展中起着重要的作用。例如，罗马人在军营里的财产是非家长的动产的第一种法律形式。军队里的作业队或国防工匠公会是行会制度的开端。大规模运用机器也是在军队里首先开始的，甚至金属的特殊价值和它作为货币的用途看来最初（格林石器时代以后）也是以它在军事上的作用为基础的。部门内部的分工也是在军队内首先进行的。”因为军事斗争事关国家命运，必须重视生产力的发展与生产关系的推动作用。为了在战争中获胜，国家必须尽力提高战斗力要素配置效率，从而形成先进的战斗力要素配置关系，即生产关系，从而带动生产方式的改进与生产力的发展。

许毅指出，战斗力要素的配置是为生成生产力保卫需要的战斗力，保卫生产力是战斗力配置的目的，也是战斗力要素配置的逻辑起点，国防需要形成生产力保卫所需要的战斗力，从而决定国防需要配置的资源，以及决定需要国家财政拨款的军费支出。关于战斗力要素，许毅多次提到恩格斯的经典论述：“军队的全部组织和作战方式以及与之有关的胜负，取决于物资与经济的条件，取决于人和武器这两种材料，也就是取决于居民的质和量和取决于技术。”但许毅先生并没有机械地套用恩格斯的理论，他认为技术、管理也可以视为独立的战斗力生成要素。随着军事技术的进步，新的技术兵种不断出现，有的兵种被淘汰或消失。在现代社会，形成了海军、空军、陆军、火箭军及战略支援部队等军兵种，各军兵种有机构成存在明显差距，战斗力的配置关系随科学技术的进步显得更加复杂，技术含量也更高。在信息化战争条件下，联合作战的体系作战能力决定战争的胜负，体现了战斗力配置的一体化、信息化、小型化与模块化的特征。无疑，战斗力生成结构优化的地位提高了，军队需要适应联合作战、生产一体化作战的体系作战能力，才能达到保卫生产力的目的。

在现代，各国一方面需要通过经济发展促进财富增长、就业增加以及资本的有效使用，另一方面需要借助国防建设保卫国家财富、利益以及经济的发展环境，于是就必须有效处理好生产力要素配置与战斗力要素配置的关系。从总体讲，大炮与黄油的矛盾始终存在。一般情况下，国防建设占有资源多了，用于经济建设的资源就相对少了。许毅指出，不仅仅是生产力配置规模与战斗力配置规模要协调，生产力配置结构与战斗力配置结构也需要协调。国家科学技术的档次、国家工业结构往往体现为国防工业的技术档次与国防工业结构，如果工业基础薄弱，也不可能拥有高端的国防工业。反之，工业基础的雄厚也可以为工业企业的“民参军”创造条件，相应促进军事科学技术进步。而且，强大的国防必须依托强大的制造业、依靠大量技术人才。国家实现国防科技军民融合深度发展战略，使先进的军事技术在满足军事需要同时转化为民用资源，吸纳先进民用技术转化为军事资源，推动军事资源与民用资源的互动共享，将为生产力要素配置和战斗力要素的协调配置提供广泛的发展前景。如果能够为战斗力要素服务的生产力要素配置技术与企业都得以充分利用，如果战斗力的配置需要与生产力发展的需求衔接到位，战斗力要素配置在生成有效战斗力同时，也能够引导或服务于生产力要素配置，那么，国家生产力要素配置与战斗力要素配置将处于一种高级的互动境界，将极大地提高生产力要素配置效益与战斗力要素配置的效益。

（三）军工生产是发展生产力的一个重要部门

许毅关于军工部门是发展生产力的重要部门的思想是对经典论述的重申与发展。恩格斯明确论述过军工生产是发展生产力的一个重要部门。“现代的军舰不仅是现代大工业的产物，而且同时还是现代大工业的缩影，是一个浮在水上的工厂……。这里十分清楚的表明，杜林先生所说的作为‘经济情况的决定性因素’的‘直接的政治暴力’，反而是完全受经济情况支配的；不仅海上的暴力工具即军舰的制造，而且它的管理本身都成为现代大工业的一个部门。”许毅关于军工部门是发展生产力的重要部门的思想，在改革开放初期对解释社会主义商品经济，对批驳错误观点极有价值。当时许多人认为计划经济与商品经济是分割的，军工企业应该是计划经济，想想现在军工企业上市筹集资金，显示许毅先生关于军工生产是商品生产的论述当时多么可贵。

许毅特别强调军工生产是生产力发展的一个重要部门，是社会生产力发展的重要标志。军工生产算不算是生产力？算不算是资本主义生产？算不算是商品生产？有人说军工不能算。其实，军事工业向来就是战争中最重要的，同时也是科学技术的先锋。人类自创造工具起，就是为了生存，同自然界作斗争，所以自棍棒、弓弩到枪炮、原子弹，既是同自然界作斗争的工具，也是人与人争斗——保存自己、掠夺别人的工具。所以人类自从有了阶级以来，一切科学技术都与战争有关。首先是为了保存自己，才能够生存，为生存而斗争。军事工业对于科学技术的发展首先要承认它是生产力。所以说，军事生产是资本主义生产方式的一个很大的推动力，军工生产不能排斥在生产力之外，而且首先要承认它是创造生产力、发展生产力的一个重要部门。这是解释中国近现代生产力发展与社会发展的基本的理论逻辑。

许毅指出，新中国第一个五年计划中的156项重点工程，基本上建成了中国国防工业的发展体系，第二个五年计划以及“三线”建设也成绩斐然，国防工业更加强大。中华人民共和国成立的前三十年，中国工业的发展突出了国防工业的地位。在改革开放的后几十年，通过技术引进与改革开放，中国制造业大发展。然而，中国制造业在世界上处于领先地位与新中国前三十年的基础不可分，因为国防工业基础雄厚，也保障了中国国防的武器装备的快速发展与进步，中国的国防工业部门已经成为我国生产力发展的关键部门。当前的军民融合发展战略作为国家战略，也说明中国的国防科技工业对于促进整个国民经济的发展具有先导地位、引领作用。

改革开放以来，大幅度地缩小了传统军工行业国防科研机构的数量与规模，军工的核心能力提高，并通过广泛地利用社会力量参与国防科研生产，形成了核、航天、航空、船舶、兵器、电子六个行业为主体，机械、冶金、化工、建材、纺织等众多民口配套行业组成的、“小核心、大协作、寓军于民”的现代化武器装备科研体系。这个体系以武器装备设计、装配和集成为龙头，以专业化装配能力为支撑，以国家的经济科技为依托。而且，国防科技的民用产业蓬勃发展，在军品生产任务大幅度增加条件下，2014年军工企业的民品生产产值占其总产值的70%－80%，2014年国防工业部门的工业增加值达到13.9%。这说明，国防科技工业在市场经济条件下也是国家生产力发展的关键部门。许毅倡导的军民结合与军民融合，对于今天的国防科技工业发展，仍然具有现实的指导性。

二、国防科技超前发展带动国民经济是大国经济发展的规律

（一）暴力也是人类社会进步的动力

许毅强调，暴力（军事力）促进了生产工具的改进与科学技术的进步。在人类社会的初期，人类使用石块与木棒作为“武器”，是寻找食物、配偶和栖身之所的工具，或用来作为征服他人、获取财产。因为生存需要，武器得到不断改进。随着技术进步，青铜器取代石器和木棒，继而又被铁器取代，冷兵器时代劳动工具的更新换代以及新的劳动工具的普及都与战争需求相联系，是血的教训促进武器的改进，体现了暴力（军事力）对技术发展与应用的推动力。进入火药时代，战争的推动作用十分突出。“奥斯曼帝国的军队，特别是它的骑兵部队极不愿意废除早已用惯了的弓箭。公元16世纪，土耳其的精锐部队拒绝用火枪代替手中的弓。”装备应用的历史说明军事技术改进的阻力与惯性巨大，往往需要通过血与火的洗礼，以生命与鲜血为代价促进技术的应用与发展。没有战争进程中的巨大牺牲，科学技术的推广也没有那么快。不过，在市场经济条件下，利润机制成为技术进步的诱导机制，而武器装备的实用性与性价比才是利润的保证，当代国际军火贸易市场对国防科技的影响至关重要。

由于国防建设满足国家、社会与民众的基本生存需要，因而，一个时代、一个国家最先进的科学技术往往首先产生并应用于其军事领域，而后再由军事领域向民用生产领域转移，从而推动民用产业的升级换代。许毅的这一思想在现在更显得珍贵，这也是军民融

合发展成为国家战略的重要依据之一。

许毅特别重视研读马克思主义经典著作中有关军事工业的论述，并注重用以指导研究和实践。他强调，战争中火器的推广使火器在民用生产中得到广泛运用，从而推进技术的进步，如“在炮兵的压力下，军事工业不得不增加新的纯粹工业部门——工程部门。”炮兵在热兵器时代的地位，爆破与定向爆破对社会发展的影响，炮兵在战争中的地位导致其理论上的突破高潮迭起。许毅多次提到恩格斯的著名论述：“人们认为意大利人塔尔塔利亚揭示了这样一个事实，即在真空45度的射角可使炮弹达到最大的飞行距离。西班牙人科耳亚多和乌凡诺进行了类似的研究。这就奠定了炮兵学的理论基础，几乎在同一时候，万诺乔·比林古乔对铸造技术的研究（1540年），大大改进了火炮的制造法，而哈特曼又发明了口径比例法，用它可以按火炮各部分与火炮直径的比例去计算火炮各部分的尺寸，这就为火炮的构造提出了一定的标准，并为制造可靠的理论原则和以经验为基础的一般规则开辟了道路。许毅指出，恩格斯著名论述对民用工业与产业的发展同样具有实践指导性，激励技术突破促进社会生产力的飞速发展是国防政策的重要导向。

许毅全面研究暴力（军事力）与生产力发展的联系。许毅指出，在世界近代史与现代史中，暴力对社会发展的推动作用十分突出。英国的工业革命仍然有暴力推动的因素。英国的工业革命蒸汽机的发明是煤炭工业发展的需要，而英国煤炭工业大发展则是追逐世界贸易高额商业利润的结果，而18世纪的英国与世界的贸易则是靠海军来维系和保护的，是所谓的地理大发现在向东方的贸易扩张引发了英国的工业革命。对于鸦片战争中中国的失败，马克思指出了中国生产力保卫的严重缺失，究其原因：“闭关自守已经不可能了，即使是为了军事防御的目的，也必须敷设铁路，使用蒸汽机和电力以及创办大工业。”许毅指出，鸦片战争的失败迫使中国实行洋务运动，创办近代工业。许毅强调，第二次世界大战以来，美国的互联网技术、“星球大战计划”都是因为军事需要发展起来的。中国的航天工业、核工业、船舶工业等优势产业也都是通过国防工业带动民用工业的发展。暴力（即国防与军事）对社会发展的推动作用是人类社会发展的重要推动力。

（二）美国国防科技带来了战后美国经济的快速发展

许毅多次指出美国军事科技对美国经济发展的作用，历史可以佐证许毅的观点。第一次世界大战引发了美国的战备运动，美国1916年出台的《海军法案》，批准美国建造10艘战列舰、16艘巡海舰、50艘驱逐舰、72艘舰艇和14艘辅助船只，目标是要让美国拥有“世界最强大”海军。同年批准的《国防法案》，则规划如何扩建美国的地面部队，这都标志着美国军事力量建设达到过去20年的顶点，从而美国武装力量不断地发展，不断地迈向现代化。显然，第一次世界大战期间美国建立世界最强大军队的目标，促进了美国军事科技工业的迅速发展，促进了美国的军事技术成果的积累。而第二次世界大战伊始，罗斯福总统就准备把美国打造为反轴心国的“世界兵工厂”。1940年至1942年间，美国的军火产量翻了一倍，政府也经受住了考验，认为自己已经找到一个可以刺激大工厂转向生产军火的方法。“民主兵工厂”的政策还要求美国的科技—工程界应保持美国武装力量对轴心国享有技术优势。美国研究人员利用自己和英国人的发明，制造出一大批新的军事装备，如雷达、机载和步兵反坦克火箭等，还研制了原子弹。而且，盟国在电子“魔术”战中硕果累累，高水平的密码破译技术在对德国与日本的作战中发挥了至关重要的作用，美国的军事技术成果进一步积累。

正如许毅所指出的，第一次与第二次世界大战的军事工业发展，使美国积累了深厚的军事技术基础。特别是第二次世界大战期间的军工生产促进了美国军事科技的发展，而大量的军事技术转化为民用生产技术，为美国的战后经济繁荣奠定了基础。战后国家经济一般会波动，但 1945 年到 1950 年，美国没有因为战后经济转轨而大起大落，而且 20 世纪 50 年代朝鲜战争后，美国经济也平稳增长(按 1958 年固定价格，1960 年总产值比 1950 年的 37.3%，1970 年总产值比 1960 年增长 47.8%)，20 世纪 60 年代美国经济更是高速增长，超越整个 50 年代。战后 25 年的经济快速发展，显示了美国过去积累的军事科技力存量产生了强大的释放效应。从 1949 年到 20 世纪 60 年代末，因为美国经济的迅速发展，美国的股票市场翻了 5 倍，短短 20 年成为美国 20 世纪的财富爆炸时期。美国的百万富翁从 1953 年的 27000 名增加至 1965 年的 90000 名，1960 年至 1968 年，普通家庭的实际收入增长的 30%。美国第一次世界大战、第二次世界大战积累的科技能量的战后释放，带动了美国经济第二次世界大战后 25 年的经济腾飞，为此，美国真正实现了民富国强。

美国国防科技发展对经济的拉动，不仅仅只体现在 20 世纪 50 年代和 60 年代。美国 1969 年开始实施“阿波罗”登月计划，随后六次登上月球，其对经济的推动作用以及经济效益十分突出。美国 20 世纪 80 年代里根总统时期更是开启了“星球大战计划”，加之供给学派财政政策的激励效应，带来了 1980 年以后新经济的增长与美国经济结构的顺利调整，美国以钢铁、汽车为代表的旧经济在美国的优势地位明显下降，而以电子工业、计算机硬件与软件为代表的新经济取得巨大成就。这里，军事与空间项目为晶体管理提供了最初的主要市场，而且它们的需求可能是行业增长的最重要原因。在计算机的发展中，美国军方与人口调查局是两个最常参与的机构，是计算机发展的重要推动力量。

美国重视军事技术的民用转化，凭借其雄厚的科研条件，成为信息技术开发的最大推动者和信息技术成果的最大享有者。1994 年初，美国率先提出 20 年内耗资 4000 亿美元在全国建立全国信息高速公路的计划，1995 年，美国的计算机占世界计算机总量的 37.76%。1998 年全球利润最大的 20 家企业中，美国独占 12 家。在软件业和开发支出上，微软公司 1998 年的研究与开发支出达 28 亿美元。这些，都充分体现了美国国防科技对美国社会经济的促进作用。许毅强调的美国科技引领经济发展的经验，正是我国经济发展中值得借鉴的科学技术发展与运用路径。

当然，许毅也认为美国经济社会发展走了弯路，并把它作为资本主义制度的局限性看待。发动朝鲜战争与越南战争都明显消耗了美国的实力，特别是 20 世纪 60 年代的越南战争，随后带来的是美国经济 20 世纪 70 年代的“滞胀”。而 21 世纪美国陷入的伊拉克战争与阿富汗战争，更是消耗了美国的综合国力，从而导致美国经济缺乏增长动力。就是说，一个国家，仅仅拥有先进的军事技术是不够的，还必须尽力把已有的军事技术转化为民用技术，从而，国家不仅仅需要保卫生产力，更需要发展生产力。如果借助先进的军事技术为所欲为，忽视了生产力的发展，并不能带来社会经济发展的正效应，也不利于国防建设的长远发展。美国 2008 年的经济危机对世界经济带来拖累，当前的经济压力导致其削减军费支出，也限制了其军事目标的实施以及军工生产部门的有效运行。

（三）中国需要以国防科技发展带动经济社会的发展

许毅十分重视研究中国近代史研究，以求揭示中国生产力发展的阶段性及发展的历史联系。他认为，由于科学技术的落后，中国的近代史是一部挨打的历史。1984 年鸦片战争前中国经济总量也曾经世界第一，1661 年到 1796 年的“康乾盛世”，中国的经济发展水平是世界领先的，乾隆末年，清朝的 GDP 占世界的 1/3。然而，一个国家依靠瓷器、茶叶、丝绸构成的 GDP 没有现代技术含量，在西方国家的坚船利炮面前，只能被动挨打，只能被动地接受鸦片贸易，并不断地割地赔款。没有科学技术支撑的经济是缺乏生产力保卫能力的经济，缺少生产力保卫能力的经济在历史上是一种容易被侵占、被剥夺或者被奴役的经济。刻骨铭心的中国近代史使新中国终于走上了一条独立自主发展国防科技工业的道路，由于独立自主的国防科技工业的健康发展，使中国国防工业自主创新与技术引进相结合，通过军民融合，使未来国防科技带动国民经济健康发展成为具有光明的前景。

生存需要是人类社会最起码的需要，一个国家，没有国防安全，就谈不上满足人们的发展需要与享受需要。国防是国家基本公共品，是满足人们生存需要的防御手段，是国家走向民富国强的安全基础。在中国近代史上，腐败的清政府，推行洋务运动失败了，由于有国无防，国门洞开，人民处于水深火热之中，租界林立，“华人与狗不得入内”，显现了当时国人的地位。中国现代史上，军阀割据只能是鱼肉百姓。随后日本军队侵略中国，“南京大屠杀”这种有国无防的悲剧应该永远让我们警醒。许毅认为，创造安宁的生存与发展环境，只有加强国防建设，为国防建设配置必要的技术、装备与资源，并使国防资源配置效益最大化。

新中国成立后，抗美援朝是迫不得已参与的，但也是进行了立国之战，取得了伟大的胜利。然而，这场战争也说明，依靠缴获武器壮大国防的思路在与发达国家军队作战中行不通，中国必须建立独立自主的国防工业。通过实施国民经济发展的第一个五年计划以及以后的几个五年计划，在毛泽东时代基本建立起了自己的国防工业体系，爆炸了原子弹、氢弹。但由于西方国家的技术封锁，中苏交恶，发展国防科技工业的环境比较恶劣，特别是国防科技工业的经济基础很薄弱。随着国际环境变化，邓小平倡导的改革开放开辟了中国特色的社会主义道路，全面的技术引进与自主创新科研相结合，开启了国防科技发展的新路子。实践证明，技术引进确实能够充实国防科技工业基础，有效提升国防科技工业水平，但是，最先进的军事技术、核心的军事技术是用钱买不来的，尖端国防科技只能依靠自主研发。许毅强调，自力更生与开放引进的关系必须摆正，必须自力更生为主发展国防工业。

改革开放以来，我国的军事技术进步的历程说明，先进的科学技术只有依靠自主创新，像某些国家的国防完全依靠买装备、买武器，结果成本高，效果差，也买不来国防现代化。同样，引进技术也不是经济发展的根本出路。在我国改革开放的初期，确实通过改革开放进行了大量的技术引进，提高了我国的工业制造业技术水平，甚至这些技术对国防工业的发展也大有益处。然而，西方国家对我国的技术封锁政策一直是技术引进的障碍，最尖端的国防科学技术无法通过引进取得。我国的航天科技、巨型计算机芯片技术、核工业技术、发动机技术、大飞机组装技术、航母弹射技术都是通过自主创新取得的。

由于国家发展环境的复杂性、捍卫国家主权、领土完整的艰巨任务以及国防在国家兴衰中的特殊地位，我国的国防科技的发展无疑会长期引领国家科学技术的发展方向。这就需要走军民融合的军事民用技术一体化发展的道路。许毅曾强调，只有把国防科学技术的进步转化为民用产品生产的动力，我国的国防建设与经济发展才会形成长期不竭的发展动力，从而真正实现富国强军的统一。

三、经济与国防协调发展是富国强军的内在要求

许毅特别强调国防与经济协调发展问题，认为国防与经济协调

发展是富国军的必由之路。

（一）经济与国防协调发展的理论基础

许毅指出，恩格斯的《暴力论》明晰地论述了经济与暴力关系的基本原理，经济暴力的基础，暴力对经济具有反作用。暴力（军事力）不仅仅为暴力，必须正确认识到它的本质特征，即暴力以经济为基础，经济利益是（暴力的）目的。恩格斯有经典论述："暴力仅仅是手段，相反地，经济利益是目的。目的比用来达到目的的手段要具有大得多的'基础性'，同样，在历史上，关系的经济方面也比政治方面具有更大影响的基础性。"人类社会的生存需要、物质需要与精神需要，都可以归结为经济利益。暴力以经济利益为目的，说明暴力是国家、组织以及群体获得利益的一种手段。而这种手段的运用又取决于自身的经济条件，在热兵器时代，即近代与现代社会，军事技术落后的军队通常无法达到战争（暴力）目的，即使是冷兵器时代，经济富裕的国家在战争中往往处于优势地位。

许毅指出，暴力以经济为基础，经典著作的基本原理必须坚持，恩格斯从几个方面进行阐述：第一，武器装备的情况是经济情况决定的。强大的工业基础才能提供先进的武器装备，先进的武器装备构成强大的军事力量。第二，战争耗费的金钱是社会提供的。随着军事技术的进步，战争的消耗支出膨胀式的增长，而国家只有雄厚的国民经济实力才能具备支撑战争的巨额消耗支出的能力。第三，经济条件与资源帮助暴力取得胜利。在战争条件下，国家的经济实力与经济潜力、社会财富的丰硕程度、交通条件、后勤保障水平决定战争取胜的可能性。第四，作战方式的变革决定于经济条件的发展与变革，新的作战方式是新的经济运行方式必然结果。第五，科学技术是构成战争力量和决定战争胜负的最强有力的经济因素。这说明国家的军事实力必须建立在经济实力基础之上，说明国家的技术发展水平、创新能力决定军队的军事实力，而且，经济运行方式、管理方式、生产关系决定军队的组织形成、管理方式与作战方式。一个国家的资源配置水平与配置关系决定国家的国防建设水平与军队的作战能力。

许毅指出，恩格斯十分重视暴力的革命性作用。第一，暴力从两个方面起作用。当暴力合乎社会经济发展需要时，它起到推动社会经济发展的作用。当暴力违背社会经济发展客观要求时，会对社会经济的发展起到阻碍的作用。第二，暴力是每一个孕育着新社会的旧社会的助产婆，促进新社会取代旧社会。第三，暴力为战争理论播下科学的种子，军事科学的研究总是探讨战争的发展趋势以及战争的取胜机理。许毅谈到，如果国防建设与经济分离发展，国防建设与经济建设的成本就极为高昂，前苏联分崩离析就是军事力发展不适应社会经济发展的典型案例。前苏联国民经济军事化，重工业超前发展，农业、轻工业、加工工业、商业与第三产业发展明显严重滞后，而国防工业与民用工业各自分割发展，各自循环，缺少互动，最后因为经济停滞而仓促改革，仓促改革导致社会混乱，导致苏联苏维埃联盟解体，并继而导致俄罗斯经济严重倒退，人民生活极为困难。许毅的经济发展与国防建设协调发展的思想顺应了经济发展潮流，是对前苏联教训的总结，在军民融合成为国家战略的今天，国防建设与经济协调发展的思想并没有过时，仍然具有极强的指导性。

当今世界已经进入信息化时代，科学技术发展进入军民一体化发展时代，国防建设与经济协调发展（当前已经上升为融合发展）才是社会经济发展的潮流，国防和军队现代化建设作为国家现代建设的一个组成部分，必须与国家经济协调发展，既要跟上国内外形势的发展，又不能占用过多的经费，影响国家经济建设这个大局。

许毅不仅仅有国防与经济协调发展的思想，而且明确提出了国防与经济融合发展的思想，许毅的军民融合思想在当时是走在前沿，现在对军民融合发展仍然具有指导意义。

2009 年，胡锦涛第一次明确提出军民融合，“走中国特色军民融合式发展的路子。”军民融合发展是在军民协调发展基础上的一大进步，这说明许毅的军民融合思想的前瞻性。2016 年 3 月 25 日，中央政治局会议审议《关于经济发展和国防建设融合发展的意见》，正式把军民融合上升到国家战略。习近平指出：“把军民融合上升到国家战略，是我们长期探索经济建设与国防建设协调发展规律的重大成果，是从国家安全和发展战略全局做出的重大决策。”在军民融合作为国家战略的今天，我们更感到许毅早期倡导军民融合的先见之明。

（二）富国强军的综合国力观

许毅总是从历史上民族兴衰的高度思考问题，从富国强军的大局出发剖析经济矛盾，他特别关注中国全面小康社会的建设，关心国家 2020 年和 2050 年的宏伟目标，提出了中国特色的综合国力发展壮大的综合国力观。许毅非常关注世界上关于综合国力衡量的不同观点，认为要批判地吸收其精华。美国学者克莱因的“国力方程”有他的理论价值，他把国家的基本实体、军事能力与经济能力同等看待，认为它们都是贯彻战略意图与贯彻国家战略意志的基础。然而，克莱因“国力方程”存在明显不足，仅仅强调战时的动员能力，没有体现和平时期经济发展的重要性，没有体现综合国力的动态性。日本学者的综合国力观点显然是为迎合日本希望成本世界大国的企图，把国家的国际贡献能力、生存能力与强制能力作为综合国力的三大要素，把国际贡献能力排在首位。国内学者也得出了综合国力的“动态方程”，认为人口面积、经济实力、科技实力、军事实力等硬件因素，国家战略目标、国家领导体制、国民意识等软件因素与协调系数共同决定国家的综合国力，并进行了实证分析。许毅在分析各种综合国力方程公式的基础上，提出了自己的综合国力的公式，从一个侧面体现了许毅国防与经济协调发展的思想。即：综合国力＝协调系数×（经济能力＋军事能力）×（1－军事能力与合理水平的偏离度）×（1－应急动员能力与合理水平的偏离度）。在这一综合国力公式中，人口与面积是天然的，它在经济能力与军事能力中能够得到充分体现，因而就没有像克莱因教授那样把其作为独立因素一一列举，而科技能力或体现为经济能力、或体现为军事能力，还体现为协调系数。这里特别提出经济实力与军事实力协调的重要性，在和平时期与战争条件下，经济实力与军事实力的协调要求完全不同。在军队忍耐时期，为了国家经济的快速增长、以及因为较长的和平时期预期导致的当时军费的低水平增长，等经济实力增强后再加速国防建设的战略，反映了当时的国防与经济特殊的协调关系，这种协调关系使我国经济获得了快速增长。显然，当中国的经济实力增强后，加强国防建设也成了经济建设协调发展的需要。显然，和平时期与战争准备条件下，对国防建设的重视程度明显不同，协调关系或者协调系数也完善不一样。

许毅指出，向往美好生活，追求生产力发展与人民生活改善，是人类社会发展的目标与动力，而国防作为生产力保卫的手段，同时又是促进生产力发展的动力。这是国防与经济关系的基本判断。然而，对于国防建设，既要看到其军事技术引领国民经济发展的一面，又要看到军事资源的消耗性特征，这种消耗虽然有拉动经济的作用，但如果占有资源太多，可能导致国民经济结构失衡。因而，在综合国力的评价公式中，特别重视国防建设占有资源的程度对综合国力的影响，即在与经济发展相适应的基础上配置国防资源，而不是超越国民经济发展配置国防资源，公式中两个偏离度的表述，说明国防建设必须因时因势选择与经济建设的协调关系，没有协调关系，国防建设与经济发展协调的可持续发展就无法持久。

许毅认为，改革开放的三十年，是探索的三十年，实践的三十年，也是创新的三十年。这三十年，我们明白了中国社会主义市场经济的道路是综合国力提高的保障，社会主义市场经济是资源优化配置的基础，处理了政府与市场的关系是资源优化配置的内在要求。改革开放是综合国力提升的手段，技术的引进，管理方式的引进，在全球化视野中追求国内资源的优化配置，发展体现中国特色的制造业，走中国特色的工业化道路，极大地提升了中国的综合国力。这三十年，是科技学术迅速发展的三十年，我们把科学技术作为第一生产力，尝到了甜头。的确，技术引进提升了我国的综合国力，然而，很明确，最先进的技术是无法引进的，这使我们更加明白了科学技术自主创新的必要性，建立创新性国家、创新性城市已成为基本的共识，无论是军工还是民用，民族的自主创新是国家综合国力提升的关键。目前，对于国防与经济关系的认识比过去要清晰许多、明确许多，国防与经济协调发展理论已经升华为军民融合发展理论，军民融合发展已经上升到国家战略。这是以习近平为核心的党中央对国防与经济协调发展理论的升华。其实，也是许毅长期研究探索的愿望所在。

（三）军民兼容思想

所谓军民兼容，是指军事与经济两大部门为实现资源的充分利用和保障国家安全而相互渗透、叠加、复合，在体制、结构、布局、技术、人才、信息等方面，打破军民分割、各自封闭的界限，实现全方位、大深度的融合，使军事与经济两大体系你中有我、我中有你，形成双向优势放大的局面，从而达到能耗倍减、效益倍增的目的。许毅很早提出了军民兼容思想，并明确提出军民融合的概念，展示了军民融合的思维，这种提法在当时是具有超前性的，在现在依然是具有很强的指导性。

军民融合有三种形式，即军民合一、军转民与民参军。军民合一就是指同一条生产线生产的产品既可以军用、也可以民用。在信息化社会，电子产品、交通设施、生活用品、生活基础设施等往往军用与民用没有界限，这些军民合一的生产领域没有军品与民品的差异与标签，是军民融合的典范。军事技术与军工生产的军转民是军民融合的核心领域，用军事技术开发民品，把军工生产线转化为民品生产线，过去我们视之为军事需求有限条件下，有效开发军事技术和发展军工企业的重要途径。随着改革开放的深入以及我国制造业的不断壮大，民品生产领域的技术档次全面提升，许多技术对于军事科研与军品生产也具有借鉴价值（军事技术的进步也不可能面面俱到），民参军成为我国发展军事技术与军事工业可能或缺的渠道。因而，国家有关部委出台相关政策鼓励民参军行为，特别是近几年，民参军已经形成常态机制。

许毅认为，走中国特色的军事兼容的军民融合发展道路意义重大。在世界各国军事技术与民用技术一体化发展的潮流中，走军事兼容的军民融合发展道路是兼顾经济与国防的低成本发展道路。当前，党中央把军民融合上升为国家战略，是对过去研究成果的升华，需要从民族复兴的高度和经济可持续发展的高度认识军民融合的重要性。如果军民分割发展，就需要在国防与经济两个领域分别配置资源，而国防与经济融合发展，就可以将国防与经济融为一体，一体化地配置资源，从而形成资源配置的有效节约，军民融合理论与许毅长期坚持的基本观点契合。再者，就军转民而言，它不仅仅关系到军事技术开发活力的问题与军工企业发展后劲的问题，而且关系到我国的经济结构优化与产业结构升级的发展战略落实的问题，许毅长期热情支持军工企业转民用，为企业出谋划策。在今天经济进入新常态条件下，不再实施粗放式的经济增长，而是通过供给侧与需求侧的改善来发展经济，那么军转民导致的技术开发就形成了经济增长的强大动力，毕竟，我们国防工业形成的技术储备的军转民潜力需要加以挖潜。另一方面，由于国防是国家生死存亡的大事，国家必须把国家的整体资源能够及时融合成抵抗威胁、反击侵略的军事能力，军队的装备、物资、人才、后勤保障需要通过市场进行有效的社会化保障。许毅的军民兼容（军民融合）思想在今天依然具有强大的生命力。

许毅谈到，有效地实施军民融合，首先必须体现各地军民融合发展的特色，这对于当前中国军民融合的深度发展极具指导性。在中国，有的省市作为老工业基地，其军民融合突出军转民的特点，有的省市大量新的科技园区，其民参军有起色，有的省市是基础设施建设进步快的海洋经济发展区，有的是驻军多的军队后勤保障社会化示范区，因而，走军民融合的发展道路，必须结合各地的特点，创造出一条适应各地特点的军民融合发展道路。其次，军民融合发展必须强化组织协调。军民融合发展主体涉及军队、科研院所、军工企业与民参军企业与政府部门，为了军民融合的有序发展，必须改变过去的各军民融合领域分割、军地组织机构和领导机制相互独立的局面。成立实体性的军民融合发展委员会，制订军民融合发展政策与制度，协调军民融合各领域的深度发展，调整不同军民融合主体的利益，统筹推进军民融合发展项目。再次，军民融合发展必须重视规划引领。国家需要引领全国军民融合发展的引导性规划，地方也需要相应的军民融合发展综合规划以及专项规划，只有把国家规划、军队规划与省级军民融合规划有机结合起来，才有利于加速军民融合的深度发展。再其次，军民融合发展必须借助科技自主创新。国家通过科技发展战略在经济与军事领域全面推进，把军事技术必须尽早、尽快地转化为民用产品的生产能力。因为国家大量的顶尖研究所、顶尖科学家都从事军事科研，只有这些军事人力资本与科技资源得到充分运用，才能形成国家创新的不竭动力。最后，军民融合发展必须重视公共政策扶持。美国、欧盟等发达国家十分重视对军民融合发展的公共政策支持，为促进各地的军民融合发展，需要统一制定军民融合发展的土地利用政策、科技促进政策、收益分配政策、财政税收补贴政策、金融融资政策，以激励军民融合发展的宏观秩序与微观主体的积极性与创造性。

（四）国防经济是社会主义市场经济的有机组成部分

中国选择了社会主义市场经济的经济体制，那么，国防经济是什么？许毅多次指出，军品是商品，国防经济的核心是军品生产，国防经济的主要矛盾是军品生产与消费的矛盾，国防经济是社会主义市场经济的有机组成部分，必须建立军品生产的市场经济机制，才能确保国防经济的有效运行。

军品是商品，是用来满足战斗力生成需要的特殊商品，军品的价格必须反映商品生产物化劳动的价值转移与活劳动的消耗，军品价格能否正确地反映商品的价值，关系到社会资源合理配置的可能性。由于我们一度不承认军品的商品属性，结果军品价格失去市场参照系，计划低价导致军品生产的上游产品价格被压低，而同样的产品，由于民品价格被理顺，军品价格则不存在价格调整余地，军品与民品生产的不同比价导致军品生产在资源吸纳中处于不利地位。军品市场本身是国民经济大市场的组成部分，在社会主义市场经济条件下，资源的价格是整个国民经济市场环境决定的，不受军品市场所左右。军品作为最终产品，如果执行低价政策，会阻碍上游产品、中间产品的价格理顺，从而妨碍整个国民经济价格体系的理顺，也不利于军事装备与武器生产机制的完善。

军品市场是商品交易市场。我国军费中装备费、生活费与维持费各占总额的1/3左右，生活费采购的基本上是军民通用的生活用品，而装备费支出又包括通用装备与专用装备的采购支出，就是军事用途很强的装备采购又分为国内市场采购与国际市场采购。另一方面，军工企业的军品，既供给军队，也供应国际市场。军品交易基本上由市场机制主导，军品生产与消费的垄断性并不影响其竞争性。在强调军民融合发展的今天，许毅对军品市场机制的认识更显示了它的超前性与指导性。

许毅多次谈到军品市场的基本特征：第一，军品市场是国内市场与国际市场统一的市场。我国长期处于和平时期，其装备的先进性与实用性需要通过战争进行检验，那么，武器装备在国际市场上的应用本身就是检验装备战斗力的重要途径。第二，军品市场的主体：军工企业必须广泛地吸纳各种资本，以提高军事科研的研发能力与军品的生产能力。军工企业的研发与生产仅仅依靠国家财政的拨款、依靠自己的自有资金是不够的，它们必须进入金融市场，取得足够的科研与生产资金。第三，军品价格是军品市场的重要传导器，是军品生产与消费的衔接机制。军工企业的实力，军工企业的发展前景，往往由其科研实力与产品生产实力决定，军品价格的理顺是军工企业融入金融市场的需要，也是企业进行研究开发，增强核心竞争力，理顺利益分配关系的需要。在现代社会，没有纯粹的、单一的军工企业，军品民品生产一体化是必然趋势。那么，军品价格机制的理顺就更加重要，军品生产与民品生产的利益必须通过合理的价格机制得到协调，正确的体现利益才能均衡不同产品的资源配置吸引力与均衡的推动不同产品的生产。第四，军品生产合同制度、招标、投标制度是军品市场管理的重要方式。军品生产是大生产，军品市场必须融入国民经济大市场，这就必须用市场经济的管理方式促进军品生产与军事科研。军品生产合同制度、招标与投标方式可以有效地衔接研发、生产与消费，化解军品研发与军工生产的风险，并形成优胜劣汰的激励机制，它是市场经济的内在要求，也军品市场完善的内在要求。

许毅提出，军品市场的完善与发育，必须处理好如下关系。

一是军品市场与民品市场的关系。对企业而言，仅仅生产单一产品是没有出路的，企业必须形成优化的产品生产结构，既有当前的主打产品，也有未来的主打产品。军品生产企业仅仅生产军品往往缺乏活力，就 2009 年世界军火生产公司“SPIRI100 强”而言，完全的军火公司只有 10 家，而军火销售额不到其总销售额 10% 的公司达 12 家，说明军品与民品的产品多元开发是军工企业发展的共同选择。世界各国实施军民融合战略，军事技术转民用开发民品作为一种通行的战略，已经成为各国经济发展的引擎。这说明军工企业民品开发的极端重要性，它是降低国防技术开发成本，增强国民经济发展活力的必然选择。

二是处理好军品生产市场机制与计划机制的关系。社会主义市场经济体制中，市场机制起基础性作用，但国家的装备发展、装备研发必须通过规划计划加以落实，两者并不矛盾，可以有机结合起来。计划协调主要的军品研发、生产与消费的关系，实质上是落实市场的供求衔接，而计划的落实仍然通过招标、投标方式进行，并没有否认或破坏市场机制，它与计划经济条件下的纯计划机制完全不同。企业的生产与销售完全基于市场视野，而计划经济条件下企业没有市场概念。因为整个经济的大环境是市场经济起基础性作用，政府与企业都立足于市场，计划也是立足于市场的计划。

三是处理好军品生产者与购买者之间的关系。国内外的军工企业是生产者，军队各部门、各单位以及外国的军品采购者是购买者，虽然军品采购具有计划性，但国内外大量的军品生产企业与国内外的大量军队采购单位仍然需要通过有效地合同制来衔接生产与消费，从而促进生产的集约化、消费的高效益。实施合同制，合理的价格机制越来越重要，对社会来说它作为资源优化配置的信号，是市场经济体制中生产者与消费者平等交易的标志。对企业而言，价格机制作为企业生产活力的标志，作为企业资源吸纳的手段，必须公平规范。显然，在计划经济条件下命令式的生产者与消费者关系在市场经济条件下只能是政府政策调节的平等的市场交易关系，由于军品生产企业本身就以国有资本为主，政府政策的间接调节十分重要，作用巨大。

四是处理好军品科研中专业科研与企业科研的关系。我国的国防科技工业体系，包括军工企业、军工高校以及军工科研院所。无论是从军民融合的高度，还是仅仅立足于国防建设的立场，科技发展与科技创新都是军工产业与军工企业的生命，特别是国防尖端技术的创新。专业的研究所、高校研究机构往往是军事技术创新的主力，而军工企业科研也发挥着越来越重要的作用。为了激发军工科研的活力，一方面需要促进军事科研成果在军事领域与民用领域的应用，另一方面需要加强企业科研的力量建设。最好的机制就是专业科研与应用科研协调发展、有机结合起来。

（五）国防经济动员思想

我们追求和平，而和平往往取决于国家的军事威慑力。能战方能止战。因而军队必须准备打仗，准备打胜仗。许毅的威慑换取和平的思想与习主席能战方能止战的思想很一致、很接近。现代战争虽然是信息化的精确打击，但战争消耗却依然十分惊人。第一次海湾战争，战争消耗支出 710 亿美元，其他盟国支付了 530 亿美元，美国自身还负担了战争费用的20%。2003年开始的第二次海湾战争，美国花费7630亿美元，而同时进行的阿富汗战争支出，自从2001至2014年底，美国政府累计为战争拨款7650亿美元，还花费1250亿美元用于支付战争筹款的利息。此外，还有医疗成本，预计达到1340亿美元（包括伊拉克和阿富汗两场战争）。因而，现代战争仍然是综合国力的较量，一个国家，即使经济基础雄厚，也必须在和平时期就建立起有效的国防动员体系，以支撑战时的国防动员需要，许毅作为淮海战役的后勤动员的中层组织者十分关心国家的国防动员建设，这也是军民融合体系建设的重要内容之一。

许毅强调：第一，必须建立强有力的战略物资储备机制。国家首先需要建立自己的战略物资储备体系，油气资源、工业生产所需的原材料、战争消耗所需要的物资与装备，都是和平条件下国家战略物资储备的内容。在经济国际化形势下，在友好国家的工业生产基地本身就是重要的战略物资储备基地。然而，除了建立优化的战略物资储备体系，更重要的是改善战略物资的供应渠道，建立多元化的战略物资进口通道，特别是确保战时从友好国家进口所需战略物资。这些提法在现在仍然具有先进性，具有借鉴意义。第二，国家的战时动员潜力在于人民群众的大力支持。中国是人民群众当家作主人的社会，人民群众具有巨大的创造力与战时动员的能量。那么，和平时期就需要在社会建立应急动员体系，财政金融动员、人力资源动员、医疗保障动员、物资油料动员、人防动员、救灾动员都需要建立专业的动员组织与动员队伍，形成战时动员机制，战时与平时共用。现代化战争虽然是信息化战争，没有前方与后方之分，但人民群众的热情支持仍然是战争胜利的重要因素。第三，在可能的条件下，战时动员仍然需要运用市场机制，而不得已情况下，则运用管制机制。战时经济是市场经济的基础上展开的，利用已有的市场机制进行战时动员有利于减少动员阻力、节约动员成本。市场经济必然运用有偿动员模式，如对战时租借民船、损坏青苗给予经济补偿是通行的动员方式。即使是战争进入困难时期，物资紧张、通货膨胀，国家需要运用管制机制，也不能忽视价格机制的作用，仍然需要管制机制与价格机制相结合，确保战时动员的高效率。管制机制通常是计划分配机制与市场机制结合的动员机制，是战时动员物资紧缺条件下有效的动员方式。第四，必须认真研究战时经济政策以服务于战争动员需要。战争有自己的特点和自己的规律，世界上既然存在霸权主义，存在战争风险，就必须研究战争、通过提高军队威慑力与战时动员能力才能防止战争。战时经济政策从调节对象而言包括战时经济总量调节政策、战时结构调节政策。具体而言，又可分为生产调节政策、消费调节政策、贸易调节政策、价格调节政策、财政金融调节政策、人力资源调节政策，等等。这些政策，在战时条件下相互影响、互为条件，必然全面协调。

四、财政分配与国防现代化的关系

许毅在《中国特色社会主义财政论》中指出，国防能力是生产力的重要组成部分，生产力与战斗力是统一的。强化国防对生产力的保卫作用是财政的基本职能，军事科技与军事工业对生产技术的推动又是财政经济力量发展壮大的直接动力。处理好财政分配与国防建设的关系，既有利于发挥军民结合、以军带民的威力，又有利于理顺经济关系，增强战斗力，加快国防现代化事业进程和提高综合国力。

（一）马克思主义的军事财政观

许毅带领助手和学生梳理马克思、恩格斯的军事财政思想，从而发现马克思、恩格斯对军事财政问题研究非常深入。马克思主义的军事财政观内容广泛、思想深邃，对研究中国军事财政分配具有重要的启示作用。

恩格斯在《家庭、私有制和国家的起源》中研究了军事财政的产生与发展的过程，他指出在原始社会没有私有制、没有国家、也没有军事财政。恩格斯分析了国家以及军事财政产生的三种方式，即雅典国家、罗马国家和德意志国家军事财政的产生方式，说明了军事财政随国家的产生、发育而产生与发展。恩格斯的《暴力论》以及马恩在其他著作中对暴力与经济的关系进行了深入的剖析和论述。经济对军事起决定作用，因为经济是战争的物资基础，经济决定军队的建设状况。就经济是战争的物资基础而言，是经济原因导致战争。这表现为经济对战争的起源起着根本性的作用，经济发展不平衡特别是贫困与战争有着紧密的联系，资源配置对战争有着越来越直接的影响。而且，国家的经济状况决定战争的结局。就经济决定军队的建设状况而言，军队本身就是经济社会发展到一定阶段的产物，军队的武器装备是以经济为前提的，经济条件决定军队的组织形式，经济发展水平决定军队的人力资源状况。

许毅认为，马克思、恩格斯对军事消费的研究是军事财政研究与军事财政分配的指南。马克思、恩格斯对军事消费的论述可以归纳为三个方面：第一，军事技术、人、交通状况等体现的生产力要素的革命制约军事消费的质量、数量与结构；技术的进步导致军事消费产生质的飞跃，技术每天都在无情地把一切东西、甚至是刚刚开始使用的东西当作已经无用的东西加以抛弃。新技术的采用提高了军事消费的档次，使军费消费的规模增大了。人这一生产力与战斗力的共同要素的素质决定军事消费的质量、数量与结构，人的认识能力决定武器的正确运用，决定作用方式的变革。铁路、电报也是战斗力生成的重要工具。第二，军事工业所体现的生产力要素配置水平与配置关系决定军事消费的质量、数量与结构。军事工业是生产力，军事消费的增加必须以工业的发展为基础。军事工业基础的结构决定军事消费的结构，军事工业结构与基础工业结构需要协调发展。第三，军事消费对生产力发展具有巨大的促进作用与破坏作用。军事消费推动生产力发展包括火器的采用促进科技的发展，军队首先开始大规模使用机器，战争导致新的生产部门生产与发展，新的生产关系、生产组织形式因军工生产而产生。军事消费也形成对社会经济巨大的破坏力，从而阻碍生产力的发展。

马克思、恩格斯对军费的性质、负担、增长规律以及军费不足的局限性有大量的论述。认为战争消费的实质上是对社会产品的消耗，税收与公债是国家军费取得的基本形式，剥削阶级国家的军费支出是对劳动人民的剥夺。军费增长有自己的规律，当时的战时条件下，军费呈几何级数增长。而且，当时的军费不足成为一个广泛的现象。军费的膨胀，使战争的时间缩短，而战争的准备时间延长，迫使国家必须在战争持续时间、兵役制度方面做出新的选择。

（二）立足于国防科技与国防工业运行的军事财政观

许毅提出不能就军费论军费，必须跳出国防看国防，必须从世界局势的演变，从国家经济运行的全局，从战争发展的规律，研究战斗力需要与军事消费。他特别强调生产力与战斗力的相关性，特别重视国防科技与军事工业运行在国防财政分配中的地位。在国防经济研究中，有的人很容易站在部门利益的角度，或者只站在军队某一部门的角度思考问题，看不到国防工业这一生产力生成的基础条件，往往得出不正确的结论。

国防科技工业是一个独立的国民经济部门。但不能简单地把军队、国防科研、军工企业作为性质相同的一个部门。军队作为军品的购买者，军费支出是军事工业部门产品价值的实现形式，军费支出转化为军工企业的补偿成本与生产利润。而军事科研部门的支出，有的通过科研成果转化为产品成本与利润获得补偿，有的军事科研则存在失败的风险，其支出无法借助科研成果通过军品生产成本与利润加以补偿，则需要各方面（国家、生产者、消费者）共同分担风险。只有如此，才能正确地处理国家、军事科研单位、军工企业与军品消费者之间的关系，从而有效地确定财政政策，运用财政资金，形成国防科研的创新激励。

许毅强调，军事科技投资必须开放性地依靠全社会资本与科研力量，吸纳国内外顶尖科学家进行军事技术的研究与创新，国内外非军事单位科研院所的力量、军事单位科研院所的力量、军队科研院所的科研力量以及军工企业的科研开发力量，如果可能，都需要充分利用起来。同样，科研经费的投资也需要多元化，国家资金、社会资金、企业资金都是军事科研发展的重要推动力量。其中，重要的是借助竞争性的科研招标投标机制，借助全社会的科研活力促进军事科研的创新。

国防技术的创新与开发是国防工业企业的发展的动力。显然，军工企业也是社会主义市场经济体制中的企业单元，由于军事科技的超前发展，它还肩负着军事科技转民用、带动民用产品生产的重任。这正是当前军民融合战略实施“军工＋”的重要内容。既然军工企业是社会主义市场体制中的经济单元，就需要遵循市场机制，军工企业就必须具有较强的科技创新能力、科学管理能力、资金积累能力、产品开发能力、自我发展能力，等等。

对于军事财政分配而言，也需要考虑分担军工企业与科研院所的科研风险，通过风险分担合同与人力资本激励政策激励军事科技的创新活力，通过建立开发资金、通过军品与民品的合同采购引导军工科技集团提高军品与民品的开发能力，通过税收政策、补贴政策支持高技术企业、中小企业的军品民品的研发、生产与销售。需要注意的是，中央财政与地方财政对于促进军工科技与军工生产的激励应该各有侧重，并且需要充分利用市场机制，防止经费投资的交叉浪费与低效率。

（三）军费与经济协调增长的军事财政观

许毅非常关心中国的军费增长问题。军费是国防资源配置的价值表现形式，是战斗力生成过程中国防成本的具体体现，而且，随着经济的增长，它的规模越来越大。因而，需要立足于社会资源配置，立足于生产力保卫，立足于战斗力生成，适应军费分配规律与内在要求。军费是国防领域资源配置的价值形式，它意味着军队战斗力生成的资源配置问题，军队消耗武器装备与军需物资，意味着国防工业军品生产可能占有相应的资源总量。显然，国防工业不是孤立存在的，它是建立在基础工业之上的，它需要消耗大量的燃料、原材料与固定资产，它又与国防工业与国家的基础工业体系有机地结合在一起。军费分配关系到军队战斗力的生成，也关系到军事工业结构和国民经济结构的协调，关系到社会资源的配置效益，这主要是借助市场机制与计划规划达到目的。

国民经济基础与财政分配规模决定国家军费分配的规模。国家财政就如同分蛋糕，如果参与分配的主体是确定的，蛋糕大，大家就分得多。在改革开放之初的 1978 年，中国的国内生产总值才 3650. 2 亿元，而 2016 年 GDP 已经达到 74. 4 万亿元，2016 年中国国防预算达到 9543. 54 亿元。这是改革开放之初的 1978 年无法想象的，更是新中国建立之初难以想象的。中国经济的迅速发展为中国的国防建设提供了军费保障动力。许毅曾在各种场合满腔热忱地呼吁通过军费的增长强化国防建设。

从新中国成立到现在，虽然军费的增长具有波动性，但中国的军费规模总体上是随经济总量的增长而逐步增长的。然而，军费支出占GDP的比例、占财政支出的比例在和平条件下却呈现下降趋势，许毅认为，这与和平时期的长度相关联，和平时期越长，就越可能忽视国防建设的风险。就中国国防费的增长而言，改革开放之初，在以经济建设为中心的战略指导下，中国的国防费不仅相对规模下降，就是固定价格的军费绝对规模也大幅度下降，特别是1985年到1998年，中国的国防费处于负增长或低水平增长，而1998年以后，随着国家综合国力的增强，中国军费保持了十多年两位数增长的态势。这在国内被学术界称之为中国军费的补偿性增长，从长期看，实质上是经济增长与军费支出的同步增长。许毅认为，总体上看，长期地保持国防支出与经济同步增长是趋势。

许毅强调，国家的军费支出规模应该是军费需求决定的。同时，军费需求还得看国家有无实力满足这个需求，如果没有这个实力，或者满足这个需求非常困难，则军事需求不现实，并不可持续。从国防建设与军费增长可持续的立场分析，国家的军费支出只能与经济增长协调同步。然而，必须明确，国家的军费支出本身是国家财政支出的一部分，也是国家财政支出政策的一部分。现实中的中国军费支出两位数增长基本上与国家的财政政策契合，反映了国家财政重视军费支出对国防建设与经济拉动的双重作用。就是说，军费政策本身也可以是国家经济调节的工具，它可以和国家的科技政策、采购政策、税收政策、价格政策、金融政策、贸易政策有机地结合起来。中国的国防费增长政策安排是慎重和积极的，既反映了国防建设的需要，也反映了拉动经济的需要。可以说，1998年以后的中国军费的增长，由于满足了国防建设与经济拉动的双重需要，其效益是比较高的。

（四）军费结构优化的军事资源优化配置观

军事资源配置，其目的在于生成战斗力，在于建设一支强大的军队。因而，军事资源配置的重点在于军队建设计划的优化，表现为军费结构分配的优化，体现为军队战斗力生成结构的优化。另一方面，国防工业的资源配置服务于军队战斗力的生成，其科技成果又需要转化为国民经济发展的动力。因而，军费结构优化在军事资源配置中具有决定性的不可替代的地位。

许毅认为，军费结构也需要优化，要对应地研究国防能力结构的优化。由于现代战争是多军兵种的一体化联合作战，因而需要生成由多军兵种合成的综合战斗力，即太空战能力、空战能力、海战能力、陆战能力、电子战能力、网络战能力、后勤保障能力等能力的综合，还包括各种指挥能力、调控能力及具体作战能力的综合。那么，军费分配及其结构优化就必须立足于这一前提条件，充分反映信息化战争时代联合作战能力建设的需要。一是要研究现代战争模式决定的战争消费特点。二是要研究联合作战对各军兵种战斗力生成的具体要求。三是要研究战时各军兵种联合作战的特点及战争筹划的需要。

现代信息化战争，多为局部战争、小规模战争，具有精确打击与精确保障的特点；但是，大规模战争的可能性不可排除其战争消耗可能比机械化战争消耗量还要大得多。中国未来可能面临的仍然是大规模作战，仍然需要考虑大国或者大国联盟介入的可能，即战时消耗要从最坏的局面着想，相应地，国防建设及军队战斗力生成也需要充分考虑战争升级与战争持续可能性，并以此为标准，打造各军种力量以及取得实现主权维护目标的能力。对具体的大规模作战需要而言，必须对导弹战袭击能力、空军空袭能力、海军的拒阻能力、陆军的机动能力进行全盘筹划，通过和平时期军费支出的结构优化与军队建设计划的落实，达到战时能打仗、打胜仗的目的。

（五）军费支出管理效率观

马克思指出，许多生产方式与管理方式往往是从军营最先开始的。就军费管理而言，美国国防部长麦克拉马拉20世纪60年代最先在国防领域实施规划、计划、预算制度（PPPS），取得了令人满意的效果。在20世纪90年代的新公共运动中，美国政府在规划、计划、预算制度（PPBS）基础上，大力推行规划、计划、预算与执行制度（PPBE），提高了绩效管理的地位，使财政支出管理效率大幅度提高。

许毅强调军事资源必须通过先进的管理提高配置效益。军事资源配置效益包括军事资源配置的规模效益、结构效益、体制效益与机会成本效益等。军事资源配置规模效益是指军费支出的规模必须适度，用于国防的基本的军费支出需要必须保障，而军费支出也不能过高，以免形成对国家经济的拖累。军费支出由防务压力决定，又取决于国家战略与国防战略。军事资源配置的体制效益也十分重要，有活力的军事资源配置体制与缺乏活力的军事资源配置体制的军费支出效益是不同的，如在抗日战争和解放战争中，我军的资源配置体制不断改进，特别是解放战争三大战役中，军事资源配置体制很适应战争供给与保障需要，资源配置效益就特别高。在当前的条件下，强调军委主席负责制，强调财经纪律与廉政建设，形成了良好的军事资源配置环境与体制机制，是军事经济制度效益与体制效益的反映。

军费支出管理过程需要建立具有中国特色的PPBE管理制度。军费管理，必须规划先行，军费本身是战斗力生成资源配置的货币表现，军费分配必须依据军队的战斗力生成规划，没有规划，就没有绩效：军队建设规划需要军队建设项目计划来落实。军队的建设计划是军队建设规划的具体化，它依据国防战略，国防战略又服从于国家发展战略。因而，军费分配是国家战略、国防战略以及军队建设规划的落实与具体化，规划、计划、预算制度充分体现了国防战略规划的地位与作用，需求牵引、规划主导军事资源配置是基本原则与导向。国防建设规划必须由强力部门主导。美国由国防部主导，在中国应该由中央军委主导。

规划需要转化为军队建设计划，即演变为具体的军队建设项目计划，由于军队建设由各军种和部门分别进行，因而军队建设计划需要各军种、各部门的广泛参与。一般而言，军队建设的规划是长期计划，而这里的计划则是中期计划与年度计划，中期计划有五年计划、三年计划以及年度计划。计划部门必须接受规划部门的指导，从而使军队建设规划具体化、项目化。美国的军队建设计划通过包括丰富的内容，按功能与任务划分，美国《未来年份国防计划》包括战略力量、常规力量等 11 项计划，反映了军队建设的具体建设项目需求。

军队建设计划与军费预算需要同时进行，在制定军队建设计划时，既需要接受军委规划部门的指导，也需要各级预算部门的参与，有多省钱办多少事，军队建设计划必须考虑到军队建设预算拨款规模的可能。通常而言，制定军队建设计划的过程也是军队建设项目预算的确定过程，而军队项目预算也有年度预算、三年预算与五年预算之分。国防预算的效力取决于全国人民代表大会通过与否。一旦人民代表大会通过，国防预算就具有法律效应，不能随意地改变，追回或者追减都需要通过法律程序。年度预算管理拓展到中期预算管理是世界各国军事预算管理的方向，美国军费预算分为预算年计划与非预算年计划，中国也需要借鉴它的预算管理经验，实施中期预算管理。

许毅非常关注军费支出绩效管理问题的研究。他曾谈到，在预算管理过程中，项目支出绩效管理是军费预算管理中特别值得重视的管理环节。美国等西方国家的规划、计划、预算与执行制度（PPBE）就是突出了绩效管理的绩效预算管理。绩效管理的核心就是绩效目标的管理，考察预算支出是否达到了绩效预算管理的目标。一个项目，它有自己的建设目标，达到了建设目标，就说明项目具有绩效，而没有达到建设目标，很可能是骗取经费，或者经费被挪用。军费项目绩效目标的确定，有的项目体现为宏观绩效目标，有的项目则体现为中观绩效与微观绩效目标，不同的绩效目标决定了不同的管理程序与管理要求。无疑，就军费预算绩效管理而言，预算项目的绩效是最基本的绩效管理对象，而预算执行单位的经费使用绩效、军费支出部门的管理绩效也是绩效管理中不可忽视的管理对象。军费支出绩效管理重在绩效反馈与绩效责任的落实，只有把绩效结果与军费支出预算的调整结合起来、绩效管理与预算执行单位与人员的权责利结合起来，才能真正体现军费支出绩效管理的意义。无疑，军费支出的绩效管理已经广泛展开，还需要引向深入，走向科学化管理轨道。

第七章

以理论与实践结合为特色的培养人才思想

许毅是我国著名的经济学家、财政理论大家，同时，许毅更是一名财经领域的教育家，他的培养人才思想对财政科学研究所乃至全国财政系统财经教育影响巨大。

一、培养高层次财经人才是财政科学研究所的第一要务

原财政部财政科学研究所研究生部成立于1978年。当时正处我国结束十年文革，恢复高考，恢复研究生教育，教育处于拨乱反正、百废待兴时期，财科所刚刚恢复，许毅敏锐地觉察到财政科研工作的恢复发展与人才培养密不可分。许毅受财政部党组的委托恢复科研所，可是科研所恢复以后遇到的最大问题是科研人才的严重不足，

于是，许毅把原来科研所疏散到全国各地的老科研人才重新集结起来，并从部里业务司局借调部分业务骨干充实到科研队伍中。但是，仍然面临全国财政系统的人才严重不足问题。他认为，要解决这个问题，只有靠科研所自己培养人才。记得财科所成立时，毛主席曾说过：科研所要多培养几个硕士、博士。许毅没有忘记毛主席的教导，在他的主导和推动下，财科所在国家部委机关中第一个成立了研究生部，第一批培养出自己的硕士和博士。1978 年科研所开始招收第一批财政与会计专业硕士研究生，1982 年招收第一批财政与会计专业博士研究生，均是国家教育部与国务院学位委员会批准的第一批招收硕士、博士研究生的单位。当时，中国社科院、原国家计委经济研究所及其他部委研究所均未成立研究生培养机构和招收硕士、博士研究生。由此可见，许毅在培养高层次财经人才方面、开展财政会计研究生教育方面独具慧眼、独树一帜。

二、财经人才的培养必须坚持理论与实践相结合

许毅认为，财科所培养人才，应区别于其他高校，必须发挥自身擅长财政政策研究和贴近财政实践的优势，突出理论联系实践的特点。因此，他特别注重发挥财科所作为部门研究机构的长处，请具有较高层次的科研人员和财政部各司局业务骨干作为研究生部的任课老师和论文导师，把最新的科研成果、财政部最新政策信息作为研究生授课内容，使研究生得到一般院校无法及时得到的国家大政方针与政策信息等理论政策热点知识的培养，从而大大提高了学生对理论政策热点、财政实践工作中难点捕捉的敏锐性和判断力。另一方面，对于研究生部公共课程聘请院校的师资担任授课老师，解决某些课程师资不足的矛盾。许毅对研究生部的教学和课程设置、

师资配备等方面倾注了极大热情，经常找所领导和研究生部领导商议研究生部学生课程设置和师资配备问题，经常邀请财政经济理论与实践专家给研究生授课，使学生能接触理论与实践一线专家讲授的经济财政热点问题。在许毅的带动下，除了课程内容体现理论与实践相结合的特点外，还表现在论文选题上，坚持以当时财政经济热点问题作为论文选题，无论现状问题分析，还是提出的政策建议，都是围绕现实财经问题展开。既锻炼了学生对财经热点问题的了解和把握，也为学生毕业后更快适应实际工作要求，做好了知识准备。后来的几任所长沿袭了这一传统，使财科所研究生培养始终呈现理论与实践相结合的显著特点。

在许毅的推动下，研究生部教学的另一个特点是坚持用马克思主义经济学理论引领学科建设。首先教会研究生运用马克思主义方法论研究和分析中国现实财经问题。这是许毅长期财政理论与政策研究的一个显著特点，他在各种研究论文中喜欢引用马克思的原著中的某段论述作为研究问题的理论依据，而且有些对财经问题有专门论述的语言多次引用，许多学者评价许毅是“马克思主义中国化”的推动者。当时，在国内各大学普遍学西方经济学的热潮下，研究生部仍然秉承许毅倡导的坚持马克思主义理论教学的优良传统，在教学课程和内容上把马克思主义政治经济学和《资本论》作为必修课程，在财政学的教学中注意运用马克思的社会再生产理论、剩余价值论等理论研究财政热点问题，同时也设立了西方经济学课程，形成中西合璧的财政理论与政策教学体系。许毅是一个坚定的马克思主义者，他坚持用马克思主义理论、观点、方法研究和分析中国现实财经问题，特别在我国改革开放过程中每一重大转折时期，许毅总是能运用马克思主义基本原理研究中国现实财经问题，提出自己独到的看法与见解，比如有计划商品经济、社会主义市场经济体制、国有企业改革、三农问题等重大理论问题，许毅都有自己一系列的论述，有自己独到的看法，在理论界产生过重大影响。他主张将这些科研成果直接作为研究生课程学习的内容。科研所其他老师担任的研究生课程教学中，也秉承许毅马克思主义理论与方法思考中国现实财经问题的做法，这种潜移默化的传承，成为了研究生部教学的鲜明特色。

注重调查研究也是财科所培养研究生的一大特点。许毅从成立研究生部以后，就特别注意利用贴近实践部门的优势，要求研究生重视调查研究。许毅无论主政科研所期间，还是退居二线之后，一直重视调查研究，调查研究的问题既有财政工作中热点、难点问题，也有自己思考的理论政策问题，通过调查研究发现问题的症结，解开自己的疑惑，找到解决问题的钥匙。许毅每次去调研都是带着自己的研究生或所内研究人员，从调查提纲和调研中提出什么问题以及如何向工作在第一线的实践工作者提问，许毅都是耐心细致指导，跟着他调研的研究生都反映许毅提出的问题比他们深刻许多，每次起草调研报告都是许毅亲自参与和指点，反复修改。许毅要求科研所的研究生必须挤出时间，与导师一起实习调研，学会独立调查研究，解剖麻雀，在导师指导下独立完成调查报告写作。这样既有利于导师对研究生言传身教，增进彼此了解，也有利于提高研究生调查研究的能力。有的研究生开始不太适应这种做法，把调研看成额外负担，但经过调研实践，尝到了甜头，认识到调研与实习是提高研究能力和认识能力最好方法。正是因为注重研究生调查研究能力的培养，财科所毕业到工作单位以后能较快进入角色，动手能力、适应能力明显优于院校毕业的研究生。

三、财经人才培养应注重拓宽宏观视野

许毅身为著名财经理论家，总是以宏观视角，从经济财政整体

入手，对一些重大财经理论与政策问题进行研究和思考，敏锐的眼光、辩证的思维、高屋建瓴的分析，总能给决策者和研究者带来深刻启迪。他指导的研究生，深受其言传身教的影响，大都能融他的思想于理论研究及论文写作之中，选择一些重大财经问题作为论文选题，进行深入调研分析，提出较有深度的思考与建议，受到学界同行的肯定与赞赏。

鲁昕 1991 年考取许毅博士研究生，她的博士论文《准预算管理论》以许毅的广义财政论为理论基础，针对当时国家可调用的财力在社会财力增长背景下逐年下降、财政供给不足而缺乏有效解决办法、预算外财力规模浩大而财政却没有动员能力、国家需要解决结构问题却没有支付能力等一系列结构性矛盾，提出从分配入手，用预算管理方式对预算外资金进行规范管理，以增加财政供给总量规模和国家调整经济结构的支付能力，进而解决结构性矛盾。许毅在为《准预算管理论》所作的序中评价道："我作为她的导师，对于她运用马列主义经济理论解决中国现代化建设中经济问题的能力是感到很满意的，也是我们培养方向在她身上的具体表现。"第一，运用生产方式决定分配方式这一马克思主义基本理论，提出了大生产大分配的思想。社会化大生产条件下的社会主义生产方式，与之相匹配的分配方式必然是大分配，因此，管理国民经济的分配体制需要用大分配的思维逻辑设计改革思路，解决改革中的问题。适应社会化大生产要求的广义大分配，从分配的对象范围看，必须是全社会财力的分配；从分配主体层次看，必须是宏观层次的国家主体的分配；从分配政策效益优化看，是以抬高宏观经济运行质量为基点的分配。第二，根据大生产大分配的思想，提出财政分配应该提高组织动员全社会财力的能力，而不能仅限于税收收入。财政分配是国家组织动员资源用于经济结构建设、破解结构性矛盾的主导性手段。如果财政分配所能调动的财力资源仅仅是预算内的税收收入，而不是全社会财力，没有相应的政策手段去引导预算外财力资源的流向，势必会影响国民经济结构的有序形成和建设。因此，解决结构性矛盾，必须走出就预算论预算的狭隘理财领域，提高财政组织动员全社会财力的能力。论文通过对当时社会财力运行变化状况的分析，提出了增加财政供给规模最现实的途径是对当时大幅增长的预算外资金实施准预算管理。第三，第一次提出了非税收入的理念与思想。《准预算管理论》完成于 1995 年，当时我国还没有非税收入这一提法。论文第一次提出了准预算财力的概念。准预算财力与预算外财力在概念上的区别在于，准预算财力是凭借政府职能而取得的职能性收入，是从收入属性上来界定的；而预算外财力是没有纳入国家预算管理的财政性资金，是从资金管理方式上来界定的。2004 年，财政部首次界定了非税收入的概念，指出“非税收入是指除税收以外，由各级政府、各级机关、事业单位、代行政府职能的社会团体及其他组织依法利用政府权力、政府信誉、国家资源、国有资产或提供特定公共服务、准公共服务取得并用于满足社会公共需要或准公共需要的财政资金。”可见，准预算财力这一概念抓住了非税收入最重要的属性，即凭借政府职能而取得，在实质上与非税收入表达的是同样的思想与概念，但比官方正式提法早了近十年。第四，《准预算管理论》对解决当前我国结构性矛盾依然具有重要指导意义。当前我国经济中面临的种种问题，例如经济增长动力不足、财政收入增长乏力、产业升级速度缓慢等等，根本原因仍然是“大生产、小分配”问题没有得到解决，即生产方式已经进入社会化大生产，但分配方式还是与大生产不适应的“小分配”。2013 年十八届三中全会《决定》提出，财政是国家治理的基础和重要支柱；2014 年修订的《预算法》提出，政府的全部收入和支出都应当纳入预算管理，这些新提法都体现了大生产大分配的思想。当前正在推进的供给侧结构性改革，也离不开分配改革的配合。解决我国面临的一系列结构性矛盾，仍然要按照大生产大分配的思路来指导分配体制改革，提高财政组织动员全社会财力的能力，才能真正发挥财政在国家治理中的基础和重要支柱作用。

范一飞从事金融工作多年，曾担任建设银行副行长和中投公司副总经理，现任中国人民银行副行长。范一飞副行长虽没有正式进入许毅师门，但最初是由许毅老师推荐到财科所工作和学习，师生之谊颇深，在学术研究和论文撰写中也曾多次受教于许毅老师。他在借调财科所工作期间就在《经济日报》《财贸经济》等报刊发表多篇论文，在财科所研究生部攻读硕士学位期间师从投资专家陶增骥研究员，后又考取中国人民大学跟随著名财政经济学家陈共教授攻读博士学位。他撰写的博士论文《国民收入流程及分配格局分析》是国内较早系统研究国民收入分配问题的专著，为后来相关领域研究打下了坚实基础。该论文从三方面分析国民收入流程及分配问题：一是运用马克思主义基本理论对国民收入的定义和计量方法做了较深入的论述。《资本论》关于国民收入及其分配问题的理论是全文研究国民收入分配问题的理论基础。我国对国民收入内涵的界定沿袭了MPS核算体系对国民收入及分配流程的认识，把国民收入等同于社会净产值，即社会总产值减去生产性物耗余下的净值，包括物质生产部门劳动者的个人收入（V）和社会纯收入（M）。对国民收入的计量采用生产法和分配法。这种计量没有考虑日益扩大的服务活动增加的净产值、核算实物为中心的分析方法，存在明显缺陷。MPS强调产品和收入的物质性，反映物质生产部门提供的国民收入，具有局限性。SNA体系把国民收入作为最重要的总量指标，包括全社会参与经济活动的所有主体在一定时期内所获得的全部收入。显然，后者的计量更加全面和科学。二是深入剖析了国民收入流程和国民收入分配格局。收入流程也就是形成一定分配格局的过程，分配格局是收入分配经历一定程序后的结果。从宏观角度看，再分配是政府改变国民收入分配格局最能动、最有效的手段，直接决定政府活动的规模与方向。收入分配规模格局仅指居民部门内部各子部门、家庭、个人收入多寡的对比状况，归结为居民之间收入差别与平等问题。居民收入差别依靠产出分配解决，再分配的调节作用是有限的。收入分配格局是一定时期各种收入流量累积的结果。短期收入、中期收入、长期收入对收入分配格局的影响是不一样的。主体收入分配格局是各主体凭借掌握要素和投入要素的多少和所起作用大小取得收入所形成的分配格局，政府取得税收除外。要素所有权制度对收入分配格局形成具有决定作用。要素收入在各主体间的分布直接由要素本身的分布格局决定。要素收入功能分配比例只有在经济增长动态运动中得以确立，收入规模格局演变呈倒 U 形状，影响变化的最重要因素是经济发展水平和人均 GNP 高低，社会制度及具体的分配制度、经济体制也是现实的决定因素。三是具体分析了我国主体收入格局与功能收入格局及进一步调整的思路。我国主体收入格局是，政府以双重身份参与国民收入分配，即作为政权组织以非物质生产者身份的“局外人”参与再分配，同时作为生产资料总所有者身份参与生产企业的初次分配，体现社会主义财政的特性。改革开放以来，我国国民收入最终分配格局的基本特征是向居民部门倾斜。影响主体收入格局变化的原因有经济结构尤其是产业结构和企业结构调整、变化的因素，也有体制变革如农业生产责任制、工资奖励制度、国有企业分配制度、价格制度改革的因素，此外也有各种漏洞的问题。判断主体收入格局合理的标准包括是否推动产业结构转换、是否激励经济效率提高、是否推进经济体制转轨和促进社会再生产顺畅运转。规模收入格局中城乡收入差别较大，从 1978 - 1991 年城乡居民收入变化经历了先缩小后扩大两阶段的倒 U 型格局。发展社会主义市场经济，在公有制基础上允许多种经济成分并存，为形成竞争性财产、土地、资源、技术等非劳动要素配置体系创造了条件，是要素价格合理化的重要前提；而政府经济管理方式和调控方式的转变，为生产要素根据市场规则定价创造了条件。为此，要放开初次分配，管住再分配；调整分配秩序，理顺分配关系，硬化约束机制，实现收入分配格局的合理化。纵观全文，《国民收入流程及分配格局分析》综合运用马克思主义收入分配理论、西方经济学收入分配理论及计量方法研究国民收入分配问题，深刻揭示了国民收入分配规模、结构及隐藏其背后的分配关系；从主体收入分配和规模收入分配两个维度对我国改革开放后十余年内的国民收入分配过程和格局进行了深入剖析和准确判断，具有很强的理论意义与现实意义。特别是较早提出生产要素（劳动、资本、土地、技术等）参与收入分配的观点以及政府如何调控收入分配的政策思路，对我国收入分配制度改革和收入分配问题的研究具有非常重要的影响。

王子林是较早跟随许毅研究我国国有资产问题的博士，他的博士论文《国有资产论》是国内较早研究这一问题的专著。论文共分三篇，上篇论述了社会主义国有制质的规定性。中国未经资本主义全面发展直接进入社会主义阶段，“两声炮响”改变了近代中国的前途，1840 年资本主义列强对中国入侵，将中国变成了半殖民地社会；十月革命炮声给中国送来了马克思主义。1949 年 10 月 1 日建立中华人民共和国，我国没有经过资本主义的充分发展直接进入社会主义，我们选择后发展式社会主义道路，在落后的生产力条件下选择决定国民经济命脉的社会化大生产为基础，建立全民所有制主导地位，创立社会主义制度条件，建设成社会主义强国。这是国有企业产生的历史条件。社会主义国有制是社会化大生产的必然产物，一个国家社会生产力的多层次性决定了生产关系的多层次性。全民所有制必然采取国有制的形式，使国有资产成为我国社会主义经济、政治制度得以存在和发展的物质技术基础。国有制在多种经济形式中居于主导地位，国有制是发展社会化商品经济的重要基础，而且也是国家实施宏观调控的重要工具和重要力量。在中篇“社会主义国有资产机制”中，论文论述了国有资产人格化，国有资产部门对国有企业具有所有权，企业具有经营权，个人通过参股和劳动参与国有资产管理。健全社会民主、导向竞争机制、强化责任和动力机制，规范国有资产运行主体的行为。下篇“社会主义国有资产运行”，以九章的篇幅论述国有资产运行，在国有资产所有权管理方式及管理体系中，论述了所有权职能与宏观调控职能的关系、所有权行政管理与商务管理相对分离等问题；国有资产形成及其所有权界定；股份制在国有资产配置中的运用；国有资产整体处置；国有资产重组的政策导向及其分类治理；国有资产保全与制度建设；国有资产收益及再投资；国有资产评估的管理；国有资产报告制度。国有资产运行的各环节相互促进、相互制约，形成有机统一整体，实现国有资产的有效经营。体现了作者对国有资产一系列理论问题的深入研究和对国有资产运行问题透彻分析，其中许多问题的分析结论被后来国有资产管理改革采用或作为政策参考。

此外，余爱水的《军事与经济互动论》、高坚的《国债论》、傅继军的《经济结构与分配政策》、吴方伟的《论社会化资本的利用》、隆武华的《外债论》、杨良初的《社会保障改革与基金管理探析》、黄瑞新的《国防财政论》、彭龙运的《财政管理信息化研究》等，从不同角度对宏观经济运行中、财政理论与政策中的一系列重大问题进行了较深入的研究与探讨，有的论文对当时理论界争论较激烈的问题做出了明确的论述和回答，有的论文被当时财政部与国家有关部委用做相关政策参考。

四、财科所要在培养高层次财经人才上发挥示范和辐射作用

许毅认为，财科所无论是科研还是教学都应为全国财政系统做出表率和示范，成为全国财经人才培养的“黄埔军校”。事实证明，在许毅倡导的理论与实践相结合、坚持马克思主义、注重调查研究的学风的影响下，财科所对全国的财政科研和人才培养发挥了巨大的示范和辐射效应。许毅把毕生精力献给了我国的财政经济研究和人才培养事业，直到生命的最后一刻，他仍在关心中国财经问题和人才培养问题。总体上看，他直接培养及深受他的思想理论影响的财经人才可以分为三个层次：一是他亲自授课和辅导论文的硕士、博士不下 50 人，这些人对许毅的研究方法、学术著作、学术思想大都有深刻的理解，有的还有创新。二是从研究生部毕业的硕士和博士研究生，这些人虽然没有得到许毅面授，但通过上课、学习许毅的学术著作等途径，深受许毅学术思想的影响。截至 2016 年 12 月 31 日，财科院已授学位总数为 3548 个，其中博士学位 695 个、硕士学位 2853 个。财科院培养的硕士、博士许多成为了我国财政系统的业务骨干和中坚，多名博士成为部委领导，有的成为财政、税收、会计等领域的著名专家，有的担任国有金融、证券、大中型企业的领导，成为人中翘楚。三是通过在国家部委、全国各地调研和学术讲座、学术报告，以及许毅学术著作的学习，受到他影响的人更是数不胜数。

许毅生平

许毅（1917－2010）出生于江苏省南通县，1938 年 11 月参加革命工作。他在青年时代就接受了马克思主义和爱国主义进步思想，并于 1941 年 5 月加入中国共产党。

1938 年 11 月，许毅投身革命，参加了如皋抗战支队政工队和苏北敌占区救亡工作团，并担任苏北敌占区救亡工作团联络部长，积极从事宣传、联络等工作，为在苏北敌占区开展抗日救亡工作做出了积极贡献。1940 年 10 月至 1941 年 11 月，先后任“联抗”政治部敌工科科长、“联抗”司令部第一大队教导员、总务科科长副官处主任等职。1941 年 11 月以后从事根据地财经工作，担任“联抗”司令部粮秣处主任、紫石县财政局局长。抗战胜利后，1945 年 8 月至 1949 年 4 月，先后担任苏中行署财政厅粮食科科长、苏皖边区一专署财经处粮库主任、财经分处处长、粮秣总站站长和裕丰实业公司经理。1948 年 8 月至 1949 年 5 月，先后担任华中支前司令部财粮部副部长、苏北支前司令部财粮部副部长、苏北行署粮食局局长，在极其困难的条件下，负责组织苏北片财粮支前任务，为保障军需民用、支援前线、争取渡江战役的胜利做出了重要贡献。

中华人民共和国成立后，许毅自 1950 年 12 月至 1956 年 4 月任华东军政委员会财政部预算管理处副处长、计划处处长、华东税务管理局副局长、财政部经建司处长；1956 年 5 月至 1963 年 11 月任财政部工交司副司长、中国人民建设银行副行长、行长、财政部基建财务司司长；1963 年 11 月至 1982 年 4 月任财政部财政科学研究所（现中国财政科学研究院）所长，并于 1964 年 11 月至 1967 年 7 月以及 1980 年 3 月至 1982 年 4 月任财政部党组成员。在长期担任财政部财政科学研究所所长期间，他积极进行重大财政经济政策研究，在财政理论研究上取得了重大成就，并获得我国首批经济学博士生导师资格，为我国财政科学研究事业和培养财政科研人才做出了突出贡献。

许毅长期从事财政工作，具有丰富的实践经验，对马克思主义经济理论进行了深入钻研，紧密结合国情世情，站在时代的高度，努力构建中国特色的社会主义财政学体系。他是我国财政理论界主流学派——“国家分配论”的创始人之一。早在 20 世纪 50 年代，他注意扬弃西方资本主义“公共消费”“公共财政”的理论影响，提出了“财政学是研究不同社会制度下以国家为主体的分配关系发展规律的科学”的命题。他运用国家分配论的基本观点，对财政学理论体系进行了革新，突破财政学传统的收、支、平（平衡）、管（管理）模式，系统提出了建立社会三大基金（补偿基金、积累基金、消费基金）、实现六项扣除的宏观财政分配论，探讨了财政平衡和国民经济综合平衡的问题，探索了财政分配与社会经济结构的关系。以积累和消费为基本矛盾，许毅为财政学建立起一个不同于收、支、平、管体系的全新的社会主义财政学体系。他主编了《财政学》等多本教材，出版了《读马克思主义过渡期的思考》等专著，为建立具有中国特色的财政学体系做出了贡献。

鉴于许毅在财政学理论研究领域取得的学术成就，改革开放后，许毅成为国家评定的首批研究员兼研究生导师中的一员，1981 年成为首批经济学博士生导师之一，此后又成为首批享受国务院政府特殊津贴的专家之一。

改革开放以来，许毅先后担任的其他社会职务有：国务院经济研究中心常务干事、国务院发展研究中心顾问、国务院学位委员会学科评议组成员、全国哲学社会科学“九五”规划委员会经济组成员、全国人大财经委咨询顾问、全国经济学团体联合会执行主席，中国成本研究会会长，中国金融学会名誉副会长，中国财政学会、中国成本研究会、中国金融学会、中国财务学会、中国国际税收研究会和中国投资学会顾问，北京大学、中国人民大学、中央财经大学等高校兼职研究员。

1982 年，许毅协同杨纪琬等人共同发起创建了中国财务会计咨询公司，由他兼任董事长。1983 年 10 月《注册会计师法》颁布后，中国财务会计咨询公司又成立了中华会计师事务所、中华标准账簿发行部和中南评估公司，并于同年创造了中华会计师事务所群体，到 1995 年，“中华群体”发展到 25 家，成为中国最大、人才最多、水平最高、信誉最好的中介机构，许毅被推举为群体理事会的理事长，他和杨纪琬等先生一道，成为中国财务会计咨询事业的开拓者之一。

许毅自始至终以高昂的政治热情参与改革理论的探索，不断提高自己的认识，形成了关于正确认识中国特色社会主义初级阶段理论体系的一系列真知灼见。他是改革开放以来最早研究“三农”问题的专家学者之一。他通过对西北、东北、山东、河南、两湖、两广等地农村经济的实地考察调研，结合开拓农村大市场、提高农民收入的战略任务系统阐述了自己的观点。他认为，在激烈的国际竞争形势下，要完成全面建设小康社会的伟大任务，必须从农业生产的产业化和现代化入手，实现农业生产的规模化、集约化、标准化和国际化，这样农业产品才能由过去的小商品发展成为大商品，进入城乡大市场并走向国际市场。

在研究当前问题的同时，许毅也是兼做历史问题研究的专家，他在史学方面的主要贡献表现为对根据地财政经济史和近代中国外债史资料的整理出版与研究。他1976年即受命组织革命根据地财经史料的整理与研究，联合各地科研机构和大专院校的专家学者，编撰了《中央革命根据地财政经济史长编》，形成了一支比较完整的从事根据地财经历史研究的队伍，以及一套科学的研究方法。20多年来，他先后组织力量出版的根据地财政经济史料选编达37种，共4200多万字；根据地财经史18种，共560万字。

许毅还领衔组织专业研究机构和档案部门主编了《清代外债史资料》（上、中、下三册）、《民国外债档案史料》（1－12卷）、《民国历届政府整理外债资料汇编》（两册）。这是迄今中国出版最为齐全的外债研究史料，是关于中国外债史研究、中国资本主义发展史研究的奠基工程。接着，他又主编了《清代外债史论》，这些工作前后花费近16年时间，完成了总计1000多万字的资料整理工作。

许毅对中国资本主义发展过程以及社会主义制度建立的历史基础等问题，以1988年发表的《“两声炮响”与我国资本主义生产方式和社会主义生产方式形成的关系》一文为代表，逐步形成了对历史学界和经济学界具有重大影响的观点。他从历史研究的因果关系入手，通过对近代中国社会发展道路的探索，说明中国共产党人怎样使中国摆脱“百年屈辱”，实现了中华民族的伟大复兴。在他的领导下，历经六年，《从百年屈辱到民族复兴》四卷本系列丛书已于2006年全部出齐，并于2007年荣获第五届吴玉章人文社会科学奖一等奖。

1994年9月离休之后，许毅继续坚持马列主义理论的学习和研究，探索改革理论创新，关心财政改革进展，参加重要学术活动，为做好财经工作积极建言献策，继续担任研究生导师，继续发挥着一位老党员的模范和表率作用。鉴于许毅在我国财经界的重要影响和崇高声望，为了光大他的学术思想和严谨的治学精神，2003年9

月，由中国财经界诸多有识之士和许毅培养的弟子共同发起成立了“许毅财经科学奖励基金”。

许毅在长期的革命斗争和社会主义建设中，具有坚定的共产主义信念和严密的组织纪律观念，始终坚决拥护党中央，为中国的财政科学研究事业倾注了毕生精力和全部心血，体现了坚定的政治立场和敏锐的政治洞察力。他坚持党性原则，顾全大局，注重理论联系实际，坚持求真务实，身体力行地研究现实重大理论和实践问题。他工作作风民主，始终坚持群众路线，平易近人，注重对青年干部的培养。他淡泊名利，清正廉洁，作风朴实，自觉以高标准严格要求自己，充分体现了一个共产党员的优秀品质和高尚情操。

许毅忠于革命、光明磊落、实事求是的革命精神；开拓进取、勇于创新的学术风格；生命不息、孜孜以求、与时俱进的精神风范；正直善良、胸襟宽广、宽厚待人的崇高品格；淡泊名利、廉洁奉公，大公无私的高贵情操，永远值得大家学习发扬！

许毅主要著作目录

《流动资金简论》（与王琢、黄菊波合著），上海人民出版社，1959年。

《基本建设财务与信用》（与刘礼新、陶增骥合著），中国财政经济出版社，1964年。

《社会再生产规律与流动资金运动》（与王琢、黄菊波合著），上海人民出版社，1981年。

《中央革命根据地财政经济史长编》（与星光等合编），社会科学出版社，1983年。

《成本管理手册》（与杨纪琬、王振之合著），社会科学出版社，1983年。

《社会主义价格问题》（与陈宝森、梁无暇合著），中国财政经济出版社，1984年。

《财政学》（与陈宝森等合编），中国财政经济出版社，1984年。

《财政理论与实践》，经济科学出版社，1985年。

《社会主义商品经济与财政》，经济科学出版社，1986年。

《经济大辞典·财政卷》（与沈经农等编），上海辞书出版社，1987年。

《改革十年的经济与财政》，经济科学出版社，1989年。

《清代外债史资料》（主编），档案出版社，1990年。

《民国外债档案史料》（主编），档案出版社，1991年。

《治理整顿中的经济与财政》，经济科学出版社，1991年。

《财政、税收、财务、会计实用大全》（主编），经济科学出版社，1992年。

《走向新世纪——中国财政经济理论丛书》（主编），经济科学出版社，1993年。

《许毅文集》，当代中国出版社，1994年。

《市场经济纵论》，经济科学出版社，1995年。

《新编财政税收财务会计实用全书》，经济科学出版社，1995年。

《公有制、产权、现代企业制度》，中国财政经济出版社，1996年。

《清代外债史论》（与金普森、隆武华等合著），中国财政经济出版社，1996年。

《许毅选集》（共三卷），东北财经大学出版社，1996年。

《迈向新世纪的经济与财政》，经济科学出版社，1998年。

《社会主义商品经济与财政》，经济科学出版社，1986年。

《三农问题研究》，经济科学出版社，2004年，增订本2006年出版。

《中国特色论》，经济科学出版社，2004年。

《从百年屈辱到民族复兴》（共四卷），经济科学出版社，2005年出齐，修订版2006年出版。

《读马克思主义过渡期理论的思考》，经济科学出版社，2006年。

《许毅文存》，经济科学出版社，2009年。

后　记

2017年是坚定的马克思主义者，著名经济学家、财政学家、历史学家许毅先生诞辰百年。

许毅先生是中国财政经济界的旗帜性人物，他在将近70年的财经工作生涯中，不仅在服务党的中心工作方面做出了显著成绩，还取得了卓越的学术成就。他始终坚持马克思主义的科学真理，勇于开拓创新，以其深邃的学术思想和严谨的治学精神，为财经学界树立了良好的学风，推动财经科研领域形成了“百花齐放、百家争鸣”的繁荣局面。

为缅怀许毅先生，宣传他的学术思想，弘扬他的学术精神，中国财政科学研究院特组成专门研究小组，研究小组的组长由中国财政科学研究院刘尚希院长担任，副组长由中国财政科学研究院前副院长王朝才和许毅先生培养的博士研究生、北京军区空军副政委余爱水少将担任，小组成员包括：陈冬红、吴方伟、陈少强、柳文、申学锋、黄瑞新和杨良初。

本书写作分工如下：第一章许毅财经思想概述（陈冬红）；第二章以马克思主义为指导的政治经济学思想（吴方伟）；第三章以国家分配论为核心的财政科学思想（陈少强）；第四章以“三农”和结构调整为重点的改革发展思想（柳文）；第五章以外债研究为切入点的史学思想（申学锋）；第六章以军事与经济互动论述为主

线的国防经济思想（黄瑞新）；第七章以理论与实践结合为特色的培养人才思想（杨良初）。全书总纂由余爱水负责。

本书的写作及出版得到了各界的大力支持，中国财政科学研究院副院长罗文光和研究生部主任傅志华以及许毅先生的博士研究生鲁昕、高坚、王子林、王晓光、孔志峰、许安拓、吴琼等对该书提出了大量宝贵意见，中国财经出版传媒集团中国财政经济出版社为本书的出版给予了大力支持，责任编辑杨骁同志为保证本书及时、高质量的出版付出了辛勤劳动，在此一并致以衷心的谢意。

因研究小组水平有限，我们无法全面透彻地展现许毅先生深邃而宽广的学术思想，总结叙述不周之处，欢迎广大读者批评指正。